法政治学方法论研究

基于中国式法治现代化的视角

蒋沁玉◎著

中国经济出版社
CHINA ECONOMIC PUBLISHING HOUSE
·北 京·

图书在版编目（CIP）数据

法政治学方法论研究：基于中国式法治现代化的视角 / 蒋沁玉 . -- 北京：中国经济出版社，2025. 6.
ISBN 978-7-5136-8207-7

Ⅰ. D920. 0

中国国家版本馆 CIP 数据核字第 2025UT3682 号

责任编辑 郭国玺
责任印制 李 伟
封面设计 任燕飞工作室

出版发行 中国经济出版社
印 刷 者 北京鑫益晖印刷有限公司
经 销 者 各地新华书店
开 本 710 mm×1000 mm 1/16
印 张 17. 5
字 数 284 千字
版 次 2025 年 6 月第 1 版
印 次 2025 年 6 月第 1 次
定 价 98. 00 元
广告经营许可证 京西工商广字第 8179 号

中国经济出版社 **网址** http：//epc. sinopec. com **社址** 北京市东城区安定门外大街 58 号 **邮编** 100011
本版图书如存在印装质量问题，请与本社销售中心联系调换（联系电话：010-57512564）

本书为
中央高校基本科研业务费专项资金资助（Fundamental Research Funds for the Central Universities）科研能力提升项目（青稞计划）
“中国式法治现代化视域下新质生产力发展的保障路径研究”
（2024lzujbkyxs038）
项目成果

目　录

第一章　中国式法治现代化与中国法政治学的基本概述

第一节　中国式法治现代化与中国法政治学

一、中国式法治现代化

（一）中国式法治现代化的一般内涵

"法治"（the rule of law）译为"法的统治"。《现代汉语词典》的解释是"根据法律治理国家和社会"①。从中华文字学史考证，该词由"法"和"治"组成。"法"，古体为"灋"，"灋，刑也。平之如水，从水；廌所以触不直者去之，从去"，通"刑""律"。② 在中国古籍中，"法"字词义丰富，范围极广，有"诊法""法律、法令""方法""姓氏""法术""学派""佛法""仪器"等含义，涉及医学、宗教、数学、相法、刑法等诸多领域③；"治"，本义"治水……按今字训理。盖由借治为理"④，于此引申为"借治为理"。据中国古籍记载，"治"字主要包括三层含义：①"治水"，如"敕鲧往治

① 中国社会科学院语言研究所词典编辑室．现代汉语词典（第7版）［M］.北京：商务印书馆，2016：355.

② 张文显．法理学（第五版）［M］.北京：高等教育出版社，2018：66.

③ 在中国基本古籍库中，以"法"为关键词，共检索9000多部图书成书，约23万条举句。

④ 段玉裁．说文解字［M］.北京：中华书局，2013：545.

水，命使敬其事”[①]；②“治疗”“管理”，如“人虽未病，病即死，不可治也”[②]“从关至尺是尺内，阴之所治也”[③]；③“治理”“治身”“治官”“治州”“治民”“治国”“治天下”，如“人伦既正，朝廷既治”[④]“于是韩非疾治国不务求人任贤”[⑤]。

查阅中国基本古籍，“法治”一词的出现频次极高。借助中国基本古籍库，以“法治”为关键词进行全文检索，共获得1800余部图书成书，6000多条举句，横跨16个朝代。[⑥]其中，最早将“法”“治”合为一词记载的文献是《管子》，共三卷、四处[⑦]，提出“以法治国，则举错而已”[⑧]，主张通过制定法度治理国家。在西方，古希腊亚里士多德提出“法治应当优于一人之治”[⑨]，法治应当包括两重意义：已成立的法律获得普遍服从，而大家所服从的法律又应该本身是制定得良好的法律。[⑩]受不同历史时期以及在同一历史时期中不同经济社会条件和历史文化传统条件的影响，不论是古代法治还是现代法治中的资本主义法治和社会主义法治，其内涵和外延各不相同，各国所构建的法治模式也迥然有别。在中国特色社会主义法治理论话语体系框架里，“法治”与“依法治国”含义大致相通，具体是指“广大人民群众在党的领导下，依照宪法和法律规定，通过各种途径和形式管理国家事务，管理经济文化事业，管理社会事务，保证国家各项工作都依法进行，逐步实现社会主义民主的制度化、法律化，使这种制度和法律不因领导人的改变而改变，不因领导人看法和注意力的改变而改变”[⑪]。依据中国特色社会主义道路、理论

---

① 周秉钧．尚书易解［M］.上海：华东师范大学出版社，2010：9-11.

② 王惟一，王九思．难经集注（卷一）［M］.沈阳：辽宁科学技术出版社，1997：5.

③ 王惟一，王九思．难经集注（卷一）［M］.沈阳：辽宁科学技术出版社，1997：3.

④ 卜商．诗序［M］.北京：商务印书馆，1937：14.

⑤ 杨家骆．史记今释［M］.北京：北京联合出版公司，2019：531-532.

⑥ 中国基本古籍库显示，周、秦、汉、三国、晋、十六国、南北朝、隋、唐、五代、宋、金、元、明、清、民国均有文献记载“法治”一词。

⑦ 分别为卷六、卷十五、卷二十一。

⑧ 管仲．宋本管子（第二册）［M］.房玄龄，注．北京：国家图书馆出版社，2018：173.

⑨ 亚里士多德．政治学［M］.吴寿彭，译．北京：商务印书馆，2022：167.

⑩ 亚里士多德．政治学［M］.吴寿彭，译．北京：商务印书馆，2022：200.

⑪ 中共中央文献研究室．十五大以来重要文献选编（上）［M］.北京：中央文献出版社，2011：30-31.

和制度，“依法治国”实质是党领导人民治理国家的诸多治理方略中，将法治确立为能够为党和国家事业发展提供根本性、全局性、长期性制度保障的主要治国方略。

现代化的含义复杂，解释繁多，最早从西欧国家开始。从历史维度来看，“现代化”是人类进入近代以来由传统社会向现代社会转型的一个殊为重要的社会历史阶段，在这个过程中，“传统性不断削弱和现代性不断增强”“每个社会的传统性内部都有发展出现代性的可能，因此，现代化是传统的制度和价值观念在功能上对现代性的要求不断适应的过程”[①]。习近平总书记指出，在推进中国式现代化的历史进程中，“法治和人治问题是人类政治文明史上的一个基本问题，也是各国在实现现代化过程中必须面对和解决的一个重大问题。纵观世界近现代史，凡是顺利实现现代化的国家，没有一个不是较好解决了法治和人治问题的。相反，一些国家虽然也一度实现快速发展，但并没有顺利迈进现代化的门槛，而是陷入这样或那样的‘陷阱’，出现经济社会发展停滞甚至倒退的局面。后一种情况很大程度上与法治不彰有关”[②]。于法理逻辑而言，法治作为重要的政治上层建筑，既是现代化的重要组成，又是实现现代化的必要条件。[③] 从内在价值来讲，法治是近代以来我国长期追求现代化并不断走向成熟的历史产物；从外在保障来讲，法治在中国式现代化中发挥重要保障的功能作用。由此推导可知，现代化与法治内在联结、相互依存、不可分割，现代化事业必然要求法治化：第一，法治是上层建筑现代化的重要体现，是现代化社会在意识纬度的重要表现形式。马克思指出，“现代工业从来不把某一生产过程的现存方式看成和当作最后的形式”[④]，在世界各国现代化建设过程中，生产力的发展和生产关系的持续变革，必然要求法治作出相应变革以适应新的生产关系的要求。在中国式现代化语境下，实现全面法治化是当前我国现代化建设的理性发展模式。第二，法治是现代化社会维护

① 西里尔·E. 布莱克．比较现代化［M］.杨豫，等译．上海：上海译文出版社，1996：18.

② 中共中央文献研究室．习近平关于全面依法治国论述摘编［M］.北京：中央文献出版社，2015：12.

③ 郭晔．中国式法治现代化概念的逻辑构造及其展开［J］.法学研究，2024（2）：4-6.

④ 中共中央马克思恩格斯列宁斯大林著作编译局．马克思恩格斯全集（第四十三卷）［M］.北京：中央文献出版社，2016：514.

和保障生产关系的重要途径。法是社会生产发展到一定阶段的产物，是由统治阶级的“共同利益所决定的这种意志的表现”①，即用于保障生产关系所决定的特定利益。在世界各国现代化建设过程中，法治不仅保障私有制生产关系的发展，也维护社会主义生产关系的正常运转。在中国式现代化语境下，法治被赋予新的变革因素，有以人民为中心的根本立场，坚持党的领导、人民当家作主和全面依法治国相统一的基本格局，拟解决中国式现代化在人口规模巨大、全体人民共同富裕、物质文明和精神文明相协调、人与自然和谐共生、走和平发展道路中的重大法治问题。第三，法治是现代化社会实现“人的全面自由发展”的重要手段。马克思、恩格斯在《共产党宣言》中指出，资产阶级法律不过是资产阶级利益的表现，无产阶级要想获得解放、实现人的自由发展，就必须对代表“资产阶级的生产关系和所有制关系”实行根本废除、必须同“资产阶级关于自由、教育、法等的观念”② 彻底决裂，建立无产阶级的“政治统治”，设立代表广大人民意志的平等且自由的法律。在中国式现代化语境下，运用法治思维和法治方式是解决新时代中国社会主要矛盾的依据，是实现社会主义核心价值观关于民主、公正、平等价值的手段。

坚持走中国式法治现代化新道路，是中国式法治现代化的题中应有之义。中国式法治现代化新道路是法治现代化的社会主义道路、中国道路和人类法治文明的新道路③，创新了法治现代化的中国方案和推进方式④。党的二十大报告提出“在法治轨道上全面建设社会主义现代化国家”，进一步明确规划了中国式现代化的实现路线，为我们全新认知中国式法治现代化与中国式现代化的内在联系提供了科学指引。具体而言，中国式现代化与中国式法治现代化构成了主导与服务、包含与被包含的关系，其中，中国式法治现代化是中

---

① 中共中央马克思恩格斯列宁斯大林著作编译局．马克思恩格斯全集（第三卷）［M］.北京：中央文献出版社，1960：378.

② 中共中央马克思恩格斯列宁斯大林著作编译局．马克思恩格斯选集（第一卷）［M］.北京：中央文献出版社，2012：417.

③ 张文显．论中国式法治现代化新道路［J］.中国法学，2022（1）：9-10.

④ 雷磊．中国式法治现代化新道路的政治意义、实践意义与历史意义［J］.中国法治，2023（2）：30.

国式现代化的“法治篇章”，即中国式现代化在法治领域的集中体现；同时，中国式法治现代化又是中国式现代化的重要保障。现代化建设是涵盖全面、齐头并进的现代化，涉及物质文明、政治文明、精神文明、社会文明和生态文明等众多建设领域，包含工业化、都市化、市场化、新农村等范畴的现代化建设，其中物质文明建设是统筹推进“五位一体”总体布局的首要要求，为政治建设在内的其他四个方面提供了坚实的物质基础，而推进中国式法治现代化又是一项系统工程，贯穿中国特色社会主义事业“五位一体”总体布局“四个全面”战略布局的各个领域，发挥引领、规范和保障作用，服从并服务于全面建设社会主义现代化国家和实现中华民族伟大复兴的中国梦。

（二）中国式法治现代化的研究概况

1. 中国式法治现代化的本质内涵

公丕祥主张，正确认识和理解中国式法治现代化必须明确其本质要求，坚持党的领导作为根本政治保证，坚持中国特色社会主义法治道路作为正确发展方向，坚持在总体布局中构筑法治功能，坚持在世界发展大格局中提供中国方案，坚持在遵从文明社会进程客观规律中创造人类法治文明新形态。[①]黄文艺认为，党的二十大关于中国式现代化的理论是认识、阐释中国式法治现代化的重要依据，要分别从中国式现代化的根本特征、国情属性、核心要义、价值目标、战略布局、国际格局方面呈现法治现代化的特色气派。[②] 陈金钊运用法理思维定义中国式现代化的核心任务，坚持以法治作为党治国理政的基本方式，在法治轨道上通过全面依法治国工作布局实现法治现代化，包括法律现代性。[③] 段中卫、李补鱼分别从党的领导、社会主义制度和中国国情出发明确指出，中国式法治现代化的本质内涵及基本特征表现为自有其方向领航，自有其制度依托，自有其现实指向。[④] 汪习根构建了中国式法治现代化

---

① 公丕祥．论中国式法治现代化的本质要求［J］.法律科学（西北政法大学学报），2023（3）：3-23.

② 黄文艺．推进中国式法治现代化构建人类法治文明新形态——对党的二十大报告的法治要义阐释［J］.中国法学，2022（6）：10-15.

③ 陈金钊．中国式现代化内涵的法理诠释路径［J］.法学，2023（8）：7-15.

④ 段中卫，李补鱼．论中国式法治现代化的内涵演进、三重依据与推进方略［J］.行政科学论坛，2023（7）：42-43.

的理论体系，主要包括概念体系、目标模式、核心要义、本质要求、文明样态五大方面。其中，中国式法治现代化的目标同全面依法治国的总目标一致，实现了我国作为后发国家在法治方面向现代化的跨越式发展。① 邹东升、杨尚东着眼于国家治理角度，主张中国式法治现代化的本质内涵是在坚持党的领导下，重在贯彻新发展理念，重在遵循“四个全面”战略布局，旨在推进法治体系建设，旨在实现国家治理现代化的法治。② 王丹竹、李芳认为，中国式法治现代化是党领导人民在实践探索中坚持以马克思主义法治思想为指导、坚持中华传统优秀法治文化的基础上在法治理论与实践上的创新体现，具有鲜明的问题导向。③ 闫佳主张，中国式法治现代化这一命题是中国式现代化的一项延伸，是法治化与现代化的集合，其基本概念和内在逻辑需要从中国式现代化中揭明与阐释，其显著特征体现在中国化、人民性和法治化三个方面。④

2. 中国式法治现代化的基本特征

杨宗科认为，中国式法治现代化是中国共产党领导下的社会主义法治的现代化，因而党的领导是其最根本的特征；同时，着眼于当今世界法治的发展状况，中国式法治现代化具备双重特征，既包括现代法治国家具备的基本条件、基本原则和价值选择等共性特征，又在文化、国情、价值和时代方面具备鲜明的个性特征。⑤ 张文显主张，中国式法治现代化是法治现代化的共同特征与中国特色的有机统一。中国式法治现代化符合法治现代化的共同特征，意味着对世界法治文明基因发展规律的科学遵循；中国式法治现代化显示的“中国特色”，意味着党在领导人民走中国特色社会主义道路上、在全面依法治国、建设法治中国的过程中实现的实践创新。⑥ 陈柏峰进一步从领导层面、道路层面、国情层面、价值层面、战略层面和国际层面对中国式法治现代化

---

① 汪习根．论中国式法治现代化的理论体系［J］.政法论坛，2022（6）：11-18.

② 邹东升，杨尚东．中国法治现代化的本质内涵与实践路径［J］.国家治理，2022（16）：16-21.

③ 王丹竹，李芳．中国式法治现代化的演进历程、鲜明特征及现实启示［J］.中国矿业大学学报（社会科学版），2024（2）：41-43.

④ 闫佳．中国式法治现代化的科学内涵和实践路径［J］.中国法治，2023（4）：26-28.

⑤ 杨宗科．中国式法治现代化的基本特征［J］.中国法治，2024（2）：14-18.

⑥ 张文显．法治现代化的“共同特征”和“中国特色”［J］.政治与法律，2024（2）：5-14.

的“中国特色”作出系统概括，彰显出独特鲜明的法治文明样态。[①] 姚建龙认为，中国式现代化进程中的法治特色受国情实际和治理传统影响，为此其中国特色在当下主要体现在习近平法治思想的指导、中国特色社会主义法治道路的选择和中华优秀传统法律文化的传承上。[②] 喻中从国家治理角度定位法治功能指出，中国现代法治的中国特色重在体现“治”，且其定位为“大治”。[③] 彭中礼认为，中国式法治现代化具有领导制度下的根本特征、基本性质下的本质要求、发展基础下的国情实际、驱动力量下的动力来源等基本特征。[④] 何勤华主张，中国特色社会主义法治现代化蕴含在中国式现代化之中，中国式现代化为法治现代化的构成提供领导核心、法治特色、法治属性、基本属性和先进属性等。[⑤] 此外，郭雨城提出，中国式法治现代化是涵括国家治理全方位的法治现代化，对其基本特征的把握主要从坚持中国共产党领导、坚持中国特色社会主义制度和坚持中国特色社会主义法治理论三个方面来理解。[⑥]

3. 中国式法治现代化的历史演进

张文显提出，中国式法治始于明末清初，与中国的现代化同期启蒙并自建党以来经历了探索、发展、曲折中前进、全面推进四个发展阶段，体现了对法治实践的科学概括，成功探索并走出了适合社会主义法治建设的新道路。[⑦] 郭晔在认同张文显梳理并分析关于建党以来法治现代化发展的四个历程的基础上，强调中国式法治现代化的实践历程主要在于回答人治还是法治、中国道路还是西方道路、构建什么样的法治运作形态三个问题。[⑧] 王丹竹、李芳认为，中国式法治现代化的演进历程可以以改革开放以来历次党的全国代表大会报告文本作为分析依据，按照不同发展阶段划分为法制建设、法制向

① 陈柏峰．中国式法治现代化的中国特色［J］.法制与社会发展，2023，29（2）：5-25.
② 姚建龙．中国式现代化进程中的法治：功能与定位［J］.政治与法律，2023（1）：6-8.
③ 喻中．中国式法治现代化的建构方案［J］.法律科学（西北政法大学学报），2023（1）：21-22.
④ 彭中礼．中国式法治现代化的法理意蕴［J］.求索，2023（3）：146-148.
⑤ 何勤华．法治现代化：中国式现代化的基本蕴意［J］.探索与争鸣，2022（11）：29.
⑥ 郭雨城．科学把握法治现代化的特征与推进路径［J］.人民论坛，2023（15）：59-60.
⑦ 张文显．法治现代化的“共同特征”和“中国特色”［J］.政治与法律，2024（2）：4-5.
⑧ 郭晔．中国式法治现代化概念的逻辑构造及其展开［J］.法学研究，2024（2）：7-11.

法治转型、法治深化及全面依法治国四个历史阶段。[①] 公丕祥认为，中国式法治现代化新道路的形成有着深厚的历史底蕴。通过反思总结20世纪上中叶我国法治发展变革史，这一时期不可能构建独立自主的法治发展模式；建党以后到党的十一届三中全会以前，国家制度和法律制度的迅速发展为中国式法治现代化新道路奠定了基础；党的十一届三中全会之后到党的十八大以前，法治建设不断取得的成就推动中国式法治现代化新道路的形成和发展；党的十八大以来，法治在国家地位中的作用不断凸显，使中国式法治现代化新道路进一步得到发展和完善。[②] 胡明认为，中国式法治现代化是历史逻辑、理论逻辑和实践逻辑的统一，其实践逻辑表明，中国式法治现代化是在社会主义革命、建设和改革实践中发展并在法治建设过程中拓展的，其实现过程是一个动态的过程，要求坚持问题导向并勇于创新。[③]

4. 中国式法治现代化的实现路径

郭晔提出，中国式法治现代化的未来任务主要包括实现公平正义法治价值追求、从全面依法治国大格局观下培育法治有机体、全面推进国家各方面工作法治化。[④] 段中卫、李补鱼认为，实现中国式法治现代化应当从加强领导力量、发挥主体力量和坚定道路自信三个方略稳妥推进。[⑤] 彭中礼认为，不断实践中国式法治现代化，必须坚持以习近平法治思想作为根本遵循、不断引领实现高质量发展，发展全过程人民民主、不断凝聚社会主义核心价值观为精神理念并传承发展中华优秀传统法律文化作为具体实践要求。[⑥] 闫佳将中国式法治现代化理论设想转化为生动实践，提出四点建议：一要把握根本方向，实现党的领导制度化、法治化；二要把握主体工程，推进全面依法治国；三要把握根本立场，坚持法治为了人民、依靠人民；四要夯实人才力量，努力

---

① 王丹竹，李芳．中国式法治现代化的演进历程、鲜明特征及现实启示［J］.中国矿业大学学报（社会科学版），2024（2）：36-41.

② 公丕祥．中国式法治现代化新道路的内在逻辑［J］.法学，2021（10）：5-8.

③ 胡明．以中国式法治现代化全面推进法治中国建设［J］.政法论坛，2023（1）：3-9.

④ 郭晔．中国式法治现代化概念的逻辑构造及其展开［J］.法学研究，2024（2）：11-14.

⑤ 段中卫，李补鱼．论中国式法治现代化的内涵演进、三重依据与推进方略［J］.行政科学论坛，2023，10（7）：46-47.

⑥ 彭中礼．中国式法治现代化的法理意蕴［J］.求索，2023（3）：154-157.

培养法治人才。[①] 黄文艺依据党的二十大对法治的战略部署，提出要实现中国式法治现代化的伟大使命，必须坚持依法治国、依法治党、依法治军，推进法治国家、法治政府、法治社会一体建设，以法治保障经济、政治、文化、社会、生态建设，统筹国内、国际两个大局，加强涉外法治建设、推进国际法治建设。[②] 蔡宝刚认为以习近平同志为核心的党中央不断探索创新中国式法治现代化的实践路径，在"法治国家"的基础上提出了"法治中国"的建设任务；在"法律体系"的基础上提出了"法治体系"作为全面依法治国的总目标和总抓手；在"依法治理"的基础上提出了"法治和德治相结合"作为全面依法治国的重要内容；在"依法治国"的前提下提出了"依法治国和依规治党有机统一"作为理论与实践的创新；在国家法治的基础上划分出区域法治，实现法治建设中总体与具体的协调；在发展国内法治的前提下又提出了统筹推进国内法治和涉外法治建设，提升法治的国家竞争力。[③] 付子堂、郑伟华强调，在信息时代"新全球化"视角下，中国法治现代化的发展必须在坚持理论、树立道路自信、实现责任能力相匹配、实现国内国际法治相协调、坚持和平与发展、重构全球法律中走出一条改良之路。[④]

5. 中国式法治现代化在部门法领域的具体研究

王建芹、周鹏龙主张，中国式行政法治现代化是中国式现代化的重要组成和主体工程。溯源习近平法治思想之法治政府理论的历史渊源，新民主主义革命和社会主义革命及建设下的依法行政实践为行政法治建设提供了历史延续，恪守习近平法治政府理论，是实现中国式行政法治现代化的理念遵循。[⑤] 对此，吴欢认为，中国式行政法治现代化是中国式政法话语，是中国式法治现代化在行政法治领域的集中体现，其研究需以"治"为中心，运用

---

① 闫佳．中国式法治现代化的科学内涵和实践路径［J］.中国法治，2023（4）：31-33.

② 黄文艺．推进中国式法治现代化构建人类法治文明新形态——对党的二十大报告的法治要义阐释［J］.中国法学，2022（6）：20-26.

③ 蔡宝刚．论中国式法治现代化新道路的路径创新［J］.法治现代化研究，2022（6）：67-78.

④ 付子堂，郑伟华．新全球化视角下的中国法治现代化新路径［J］.法治现代化研究，2018（2）：8-13.

⑤ 王建芹，周鹏龙．习近平法治思想之法治政府理论的历史溯源及其启示——兼论中国式法治政府现代化建设的根本遵循［J］.观察与思考，2023（6）：52-74.

"三维动态耦合"结构及其理论分析框架，不断丰富认识行政法治现代化新道路的广度及深度。① 张一雄主张，在法治现代化推进过程中要以整体系统观为方法论，分别从宏、微观两大层面提升行政法治系统。在宏观层面，强调以理念、政策和模式进行系统完善；在微观层面，通过考虑行政法治运行实践，主张以规范体系、实施体系和监督体系完善行政法治现代化体系。② 卞建林提出，刑事司法现代化与中国式法治现代化具有紧密的内在联系，其中前者是后者的要求体现、衡量标尺和实践保障，前者的发展必须契合并体现后者的要求。③ 兰岚立足终身教育领域的法治建设，提出中国式终身教育法治现代化是推进中国式现代化的动力来源，而实现终身教育法治现代化必须明确法治基础、目标和重心。④ 王群、官执以中国式体育法治现代化为论题，强调中国式体育法治现代化是作为中国式现代化在体育领域集中体现的体育现代化与体育法治之间的交集，以司法裁判文书为分析文本，最终提出中国体育法治现代化的时代要求和实践路径。⑤ 王灿发、张祖增以党的二十大报告提出的"以系统观念推进中国式现代化目标"为依据，强调中国式环境法治现代化同样需要以整体系统观作为其发展演进的"元理论"，系统构建中国式环境法治现代化的体系秩序。⑥

6. 习近平法治思想与中国式法治现代化

冯果认为，法治中国和中国式现代化建设必须坚持以习近平法治思想为指导，在中国式现代化进程中牢记"五个坚持"和"五个必由之路"，着眼于全面建设社会主义现代化国家谋划推进全面依法治国，推进法治中国建设。⑦ 公丕祥指出，习近平法治思想创造性地提出、阐释中国式法治现代化理

---

① 吴欢．中国式行政法治现代化新道路的逻辑与底蕴［J］.荆楚法学，2022（4）：85-96.

② 张一雄．整体系统观下中国行政法治现代化的内涵与完善［J］.江苏社会科学，2023（2）：157-165.

③ 卞建林．中国式刑事司法现代化的愿景［J］.中国刑事法杂志，2023（1）：16-34.

④ 兰岚．中国式终身教育法治现代化的实践难点与行动策略［J］.现代远程教育研究，2023（4）：31-38.

⑤ 王群，官执．理解中国式体育法治现代化：问题检视与实践进路——基于150份适用《体育法》裁判文书的分析［J］.体育学刊，2024（2）：23-28.

⑥ 王灿发，张祖增．整体系统观视域下中国式环境法治现代化的宏观样态与建构方案［J］.河南师范大学学报（哲学社会科学版），2024（2）：52-59.

⑦ 冯果．以习近平法治思想领航法治中国和中国式现代化建设［J］.荆楚法学，2023（1）：13-15.

论，完整揭示了中国式法治现代化的运动样式、推进方式和价值基础，科学构建了推进世界法治现代化的中国方案，展现了中国魅力，是马克思主义法律发展理论的原创性贡献。① 同时他主张，习近平法治思想坚持和运用社会基本矛盾运动的原理，深刻阐释了法治道路选择、法治发展需求及法治意义，从而创造性地开辟了中国式法治现代化的新局面。② 此后公丕祥重申，习近平法治思想对推进和拓展中国式法治现代化进程提供根本遵循的价值意义，进一步强调了中国式法治现代化实质是具有鲜明性质、彰显根本立场、蕴含深厚底蕴、承载历史使命的自主型法治现代化。③ 通过深入研究习近平法治思想的哲学基础，黄文艺强调，习近平法治思想深刻回答了法治现代化关于领导问题、依靠主体、坚持制度、运用理论、推进方式和主攻目标六项基本问题，为世界发展中国家推进法治现代化提供战略参考；④ 中国式法治现代化理论是党的二十大以来习近平法治思想新发展的显著表现之一，对此，黄文艺认为，中国式法治现代化是一项系统工程，政法工作现代化是其重要组成，是深化中国式法治现代化理论的重要体现。⑤ 贾宇主张，要以推进检察工作现代化来更好地推进和保障中国式法治现代化。⑥ 郭晔强调，研究习近平法治思想必然需要通过跨学科阐释才能拓宽视野，理解其理论本质，以中国式法治现代化研究为例，该理论研究并未局限于传统法教义学视野，而是同时包括对哲学、政治学领域的影响。⑦ 冯玉军指出，党的二十大报告在中国式现代化的法治理论方面提出的一系列创新性的法治理论和法治命题，进一步丰富发展了习近平法治思想，有利于透彻理解习近平法治思想的原创性贡献，是深入理解中国式法治现代化的根本遵循。⑧ 顾华祥总结习近平法治思想通过吸收新民

---

① 公丕祥．习近平法治思想与中国式法治现代化［J］.法学家，2022（5）：1-14.

② 公丕祥．习近平法治思想的哲学基础［J］.法律科学（西北政法大学学报），2022（3）：8-11.

③ 公丕祥．习近平法治思想是推进中国式法治现代化的根本遵循［J］.中国法治，2023（6）：8-10.

④ 黄文艺．论习近平法治思想的世界性贡献［J］.马克思主义理论学科研究，2022（4）：27-29.

⑤ 黄文艺．论党的二十大以来习近平法治思想的新发展［J］.法学杂志，2024（1）：1-2.

⑥ 贾宇．以检察工作现代化助推中国式法治现代化［J］.人民检察，2023（1）：1-7.

⑦ 郭晔．跨学科学理化阐释是拓展习近平法治思想研究的必由之路［J］.荆楚法学，2023（6）：9-10.

⑧ 冯玉军．习近平法治思想与实践创新——兼论党的二十大报告关于法治建设的重大创新论述［J］.现代法学，2023（3）：3-16.

主主义革命时期党的法制建设经验，为中国式法治现代化奠定了思想和制度基础；在中国式法治现代化发展中，习近平法治思想主张将坚持人民至上统揽于战略全局，并致力于转化社会主义司法制度优势动能。①

二、法政治学

（一）法政治学的一般内涵

法政治学又称法律政治学或法治政治学，英文译作“politics of law”或“legal politics”，是横跨法学和政治学两个领域、揭示法政治学基本理论并找寻法政治学发展规律的边缘学科。法政治学的研究目的在于更加深入地认识和思考法治与政治之间的关系问题，引导人们正确认知特定法律现象中的政治问题、解析特定政治现象中的法律问题，为推进政治的法治建设、提升政治的法治化水平提供法律理性支持；法政治学研究特定的社会现象，即法治现象与政治现象共生的法治政治现象，包括具有法治性质的政治现象和具有政治性质的法治现象两个方面；法政治学研究范围极为广泛，涉及社会政治生活的方方面面，如法治与国家、法治与民主、法治与公共权力的合法性、法治与政党、法治与人权、法治与政策即法治与司法改革等重大理论问题。鉴于法政治学研究对象的特定性限制，其研究范围又具有科学性，即其研究范围还必须满足与法学命题密切相关并决定其最终解决的政治活动、与政治命题息息相关并决定其最终解决的法治活动；法政治学最核心的研究内容是法治与政治的关系问题，它借助法学与政治学的基本知识和基础原理，围绕如何建设法治国家、如何构建民主法治的和谐社会、怎样实现民主政治法治化等开展研究；法政治学的研究方法不完全等同于法学研究方法和政治学研究方法的加总，主要运用人文和哲学社会科学通用的研究方法，如经验分析法、实证分析法及归纳研究法等；法政治学研究具有多元的研究意义。对于理论价值而言，法政治学研究最直接的贡献在于理论的进步，通过处理法治与政治的互动关系，明晰法治与政治的区别及联系，为完善法政治学学科理

① 顾华祥．论习近平法治思想与党的百年中国式法治——基于党的二十大报告关于法治的视角［J］.宁夏社会科学，2023（4）：47-58.

论体系提供学术积累；对于实践意义而言，在法治的制约和影响下，法政治学研究有利于保证政治活动在法治范围内运行，切实维护立法公平公正，保证国家机关工作人员公正执法，保障公民民主权利依法行使，以提升政治的理性化程度，推进民主政治的法治化发展，维护国家长治久安。

中国法政治学研究兴起于改革开放以后，伴随我国民主法治建设的发展，中国法学界和政治学界的学者认识到法治与政治的内在联系，法政治学研究开始出现并逐渐取得长足进步。早在1937年，萨孟武出版的《政治学与比较宪法》一书，讲述了从古雅典到近代帝国主义关于国家的产生发展及其国家机构的设置等问题，同时讲述了我国从清末立宪到1936年《"中华民国"宪法草案》之间的宪法发展史。[①] 1985年，龚祥瑞提出宪法实质就是"政治法"，原因在于"国家法就是关于一国政治制度和国家机构的法律"[②]。1991年，陈春龙出版了《政治体制改革与法制建设》。我国关于"法律政治学"的研究词眼，首次出现在陈兴乐于1992年在《中国人民公安大学学报》上发表的《对预审制度中几个理论问题的探讨》一文中；1994年，张文显考虑政治与法治的渗透联系，提出建立政治法独立的法律部门[③]；2000年，虞崇胜将法政治学界定为新兴边缘学科，提出尽快建立法政治学学科[④]；2003年，刘瀚、温珍奎发表首篇法政治学专题研究文章，强调努力建立一个法学和政治学交叉的法政治学二级学科体系；[⑤] 2005年，卓泽渊出版《法政治学研究》一书，该书构建了法政治学最基本、最初步的体系，标志着法政治学学科正式建立；此后，在我国法政治学建设过程中，先后出版了多部有关法政治学

---

① 萨孟武．政治学与比较宪法［M］.北京：商务印书馆，1936：1-10.

② 龚祥瑞．比较宪法与行政法［M］.北京：法律出版社，2012：28.

③ 张文显．建立社会主义民主政治的法律体系——政治法应是一个独立的法律部门［J］.法学研究，1994（5）：3-9.

④ 虞崇胜．论法治国家的政治学意义［J］.政治与法律，2001（4）：16-21.

⑤ 刘瀚，温珍奎．法学中的政治学问题［J］.华中科技大学学报（社会科学版），2003（1）：9-13.

的专著①，为法政治学的发展创造了丰富的学术资源积累。

在中国法政治学学科教育方面，1985 年，吉林大学开始探索法律与政治的关系并开展“法律政治学研究”，分别于 1987 年开设“民主政治导论——法律与政治研究”本科生课程和于 1990 年开设“法律政治学”硕士研究生课程，同时完成了国家重点项目“政治体制改革与法制建设”，并于 1994 年招收法律政治学方向的硕士研究生；2005 年，吉林大学行政学院与法学院合办，获法律政治学博士点授权点；近年来，吉林大学行政学院与法学院专门组织研究生“法学与政治学交叉研究”项目，以促进跨学科人才培养。值得注意的是，此项目在项目主题中特别强调注重法政治学在相关私法领域的研究，如“法学、政治学视域下的民法典研究”主题；华东政法大学政府管理学院自 2003 年正式成立以来，在博士层面拥有法政治学二级学科博士点；自 2009 年起，西南政法大学法学院挂靠法学理论学科招收法政治学方向博士研究生；2016 年，华东师范大学法学院获批设立法学一级学科硕士点，并在法政治学方向招收博士生；2021 年，云南师范大学获准法学一级学科硕士学位授权点，开始招收法政治学硕士研究生；2022 年，中国政法大学民商经济法学院知识产权法研究所以“中国视角：知识产权法政治学研究”为主题，举办了“法大知识产权沙龙”的学术交流活动；2022 年 9 月，中国政法大学政治与公共管理学院召开“法政治学学科建设论证会”。直到 2024 年 4 月，中国政法大学政治与公共管理学院同《政治学前沿》编辑部联合举办了我国首届“新时代法政治学论坛”。此外，上海政法学院在法学一级学科硕士点设立法律政治学专题研究专业课程；华中师范大学政治学部同样设立了法政治学博士点；

---

① 刘瀚．刘瀚文集［M］.上海：上海辞书出版社，2005.
胡水君．法律的政治分析［M］.北京：北京大学出版社，2005.
丁土松．政治法治化的理论逻辑［M］.北京：人民出版社，2009.
刘作翔．法律·政治与学术［M］.北京：法律出版社，2010.
肖建飞．语言权利研究：关于语言的法律政治学［M］.北京：法律出版社，2012.
闫海．公共预算过程、机构与权力——一个法政治学研究范式［M］.北京：法律出版社，2012.
蒋德海．法政治学要义［M］.北京：社会科学文献出版社，2014.
李寿初．权力：依法治权的法政治学分析［M］.北京：中国社会科学出版社，2019.
周贺微．知识产权法政治学研究［M］.北京：中国政法大学出版社，2021.

东北师范大学政法学院依托政治学学科开设了法政治学二级学科博士点，截至目前已开展多期“法政治学论坛”学术研讨会。

当前，中国法政治学虽已在学科建设和发展概况方面取得较为显著的成绩，但存在尚需探索的较大空间：第一，法政治学学科属性尚未明确界定。法政治学成立的要件既包括法治与政治之间的天然联系，又以相互独立但相互吸引的法学和政治学两门学科为学科基础，还包括现代社会纷繁交错的社会关系。从学科划分的角度来讲，法政治学或许不属于某一专门学科类别，理应归入边缘学科或交叉学科，但法政治学究竟属于边缘学科还是交叉学科，或是法政治学本就属于边缘法学领域，无须再作争论，学术界对此尚未明确。第二，法政治学研究专项专题研究存在数量少、意识淡、规模小等问题。目前，学术界虽已出版了多部有关法政治学的专著、发表了多篇学术期刊、开设了法政治学专业课程、举办了多场学术会议并在部分高校设立了法政治学硕士方向和博士学位点，但专项专题研究成果较少，权威性研究成果不足，尚未达到与其他社会科学边缘学科如法社会学、法经济学、法律哲学领域的现有学术成就和重视程度。[①] 同时，法政治学博士学位授权点仅在少部分高校获权设立且仅为二级学科博士点，法政治学专业课程在国内覆盖面较小，只有小部分高校二级学院开设此课程，反映出学术界目前尚未形成较强的法政治学学科建设及学科发展研究意识。第三，法政治学研究尚未形成稳定的学科理论体系。除上述介绍部分法政治学研究专著建构了法政治学最初步、最基础的理论体系之外，鲜有学者对法政治学研究形成全面化、系统化、体系化、条理化、整体化、科学化的系统梳理和高度概括。第四，法政治学研究“中国特色”“社会主义特色”“时代化特征”不显著。诚然，法政治学的研究对象并不局限于公法领域，在私法领域，私法制度设置的政治因素为法政治学的调整创造了空间。但毋庸置疑，法政治学与公法之间的联系较之私法更为密切，尤其是在中国特色社会主义条件下，中国特色社会主义政治同中国特色社会主义法治两者内在统一，为法政治学研究提供了广阔空间，但综

---

① 截至 2025 年 3 月，在 CNKI 网站以“法政治学”或“法律政治学”为主题，检索中英文学术期刊共 207 篇，其中中文期刊为 59 篇；学位论文共 16 篇，其中博士学位论文为 7 篇。

观国内法政治学研究成果，虽多集中于公法领域，却较少注意法政治学的“中国特色”“社会主义特色”及“时代化特征”阐释，尤其未能将法政治学研究置于当前中国式法治现代化建设视角下同中国特色社会主义民主政治建设紧密联系形成系统研究。

2023 年 2 月 21 日，习近平总书记在主持二十届中央政治局第三次集体学习时提出优化基础学科建设布局，要“支持重点学科、新兴学科、冷门学科和薄弱学科发展，推动学科交叉融合和跨学科研究，构筑全面均衡发展的高质量学科体系”①。法政治学作为横跨法学和政治学的学科研究，其成长虽未像法学和政治学学科那样完全经历“取经”“效仿”“自觉”三个阶段，但作为以法学和政治学为学理基础而建设起来的法政治学，必然离不开以法学和政治学的基础理论与基本原理为推动。同时，在中国式法治现代化建设视角下，中国法政治学研究还必须树立中国本土问题意识，即应当以中国特色社会主义政治与中国特色社会主义法治的内在联系为基础，置身于中国特色社会主义民主政治建设中，运用中国特色社会主义政治理论和中国特色社会主义法治理论来研究兼具法治与政治双重属性的社会现象，推进中国民主政治发展，同时形成一套法政治学理论研究的概念、范畴、内涵、模式、理论、核心问题、方法论体系，为推进“经世致用”的法政治学学科提供理论素材，为推进社会主义民主政治法治化构建科学方案。

（二）法政治学的研究概况

1. 国外理论界对法政治学问题的研究

西方法政治学研究早已有之。作为西方哲学和社会思想领域重要奠基人的柏拉图在其《理想国》《政治家》《法律篇》中就对法学与政治学进行过交叉研究。柏拉图在《理想国》中主张“哲学家的统治”，把美德作为国家的特别属性，其所描述和想要实现的理想国，就是要“揭示为当时的一些城邦所蔑视的自然的永恒法则”②；在《法律篇》中，柏拉图主张，最理想的统治

① 习近平在中共中央政治局第三次集体学习时强调切实加强基础研究夯实科技自立自强根基［EB/OL］.中国政府网，（2023－02－22）［2025－03－10］. https：//www. gov. cn/xinwen/2023－02/22/content_ 5742718. htm.

② 乔治·霍兰·萨拜因. 政治学说史［M］.刘山，译. 北京：商务印书馆，1986：69.

是人治，法治只是“第二等好”的统治。[①] 柏拉图的学生亚里士多德对此则持相反态度，他认为法律的统治是理想国家最好的统治，并且法治应当包含两重意义。[②] 此外，霍布斯的《利维坦》、洛克的《政府论》及卢梭的《社会契约论》、孟德斯鸠的《论法的精神》、托马斯·阿奎那的《神学大全》等经典著作都包含了对法学与政治学的交叉研究。到 20 世纪初，拉德布鲁赫出版了《法学导论》一书，书中提出了“法政治学”这一概念：“超个人主义国家观和个人主义国家的概念应赋予其法哲学——法政治学的价值标准。”[③]。

哈特和哈贝马斯认为法律不是纯粹规范性力量或纯粹事实性力量，而是介于规范力量与事实力量之间的东西。哈贝马斯在《在事实与规范之间：关于法律与民主法治国的商谈理论》一书中提出所谓“事实与规范之间”，实际是事实与规范关系之中最重要的“事实性和有效性”的关系，即研究法律的有效性（又称“legitimacy”，即法律的正当性/合法性）和研究法律的事实性（又称“legality”，即法律的合法律性）之间的关系。哈特主张，理解法律的事实性和有效性关系就是将法律规则划分成具有“validity”的规则和不具有“validity”的事实性规则，其中有效性规则可以化解为具有事实性的规则而已；哈贝马斯不赞同此观点，他主张法律的合法律性其实是法律的正当性的基础，西方民主法治国就是如此，但西方法治国的真实详情与人们自我理解（self-understanding）中的民主法治国并不完全一致，也就是说二者是存在一定差距的。对此，哈贝马斯提出重构民主法治国的自由建制，从而提出了“商议的民主理论”和“程序主义法律范式”。[④]

美国政治学家戴维·凯瑞斯著有《法律中的政治——一个进步性批评》一书，是批判法学之集大成者。该书指出，美国司法程序在法治政府观念这一代表国家身份的重要标志下，法律往往独立于其他任何价值，包括政治在内。实现法律与政治的分离，取决于“理想的法律决策程序”，即以法律分

① 柏拉图．法律篇［M］.张智仁，何勤华，译．北京：商务印书馆，2016：149，261.

② 亚里士多德．政治学［M］.吴寿彭，译．北京：商务印书馆，1965：200.

③ 拉德布鲁赫·法学导论［M］.米健，译．北京：商务印书馆，2013：28.

④ 哈贝马斯．在事实规范之间：关于法律和民主法治国的商谈理论［M］.童世骏，译. 北京：生活·读书·新知三联书店，2014：357，527.

析/推理模式决定法律后果。凯瑞斯却否决了这一理想决策程序，主张一个绝对正确判决的法律程序和方法根本不可能存在，其原因不仅是语言和解释的主观性局限，更多的是法律对广泛相互冲突的价值观的合法化所造成的事实上的不可能性。聚焦于法律的社会性范畴，该书宗旨在于对美国社会中的法律判决、推理和法律的社会角色作出“进步的、批判性的分析”。[①] 对此，批判法学认为法律的中立客观不过是为社会关系和社会权力营造出“虚假的合法性”的权威形象，而法律的不确定性来自诸多政治因素的影响。[②] 凯瑞斯通过汇集诉讼和法律程序等十个不同法律领域的问题，呈现了丰富多元的政治观点和方法论。特别是在“法律在进步政治中的作用”的观点上，提出三项基本主张，清晰回答了法律在进步政治中的地位和作用。第一项主张：美国自由主义因反对文化保守主义而不断扩展，它在关涉种族、妇女、同性恋等方面的激进态势是正向可取的，但它在解决社会资源分配等“基本社会现实问题”上是消极回避的。第二项主张：进步的法律实践如何打破批判法学运动对保守主义的损害和对美国国家的损害这一僵局？解决的路径有两条，一是反叛现实（制造混乱、非政府状态），这是专门针对穷人的表达方式：二是创造公民参与，参加政治活动（前提是可信赖）。第三项主张：关注在美国社会地位和法律权威面前起到重要作用的“进步的律师们”。[③]

Žižek 认为，在社会动荡时期，进步力量想要夺取政权，必须利用好非洲民族大会（ANC）激进派和激进的非洲裔美国人群体的支持，以此安抚民心、平息恐惧，因此，在无政府主义时代，无论是法国激进党还是美国激进左翼政党，必须奉行拥护法律和秩序的统治。[④] Georg Wenzelburger 在《法律与秩序的党派政治》（*The Partisan Politics of Law and Order*）中指出，党派政治中

---

① 在本书中，笔者指出“批判性的分析揭露了法律对于必然性、理性和逻辑的宣言是虚假的必然性和虚假的合法性”。

② 在本书中，笔者指出“法律尽管是不确定的，尽管是政治化的，而且更多情况是保守的，尽管它的职能是把现存的社会和权力关系合法化，但它仍然是一个政治斗争的主要舞台，有的时候它收获或者反映着巨大的进步，任何严肃的进步趋势或者运动都不能够简单地忽略这一点”。

③ 戴维·凯瑞斯. 法律中的政治：一个进步性的批评［M］.信春鹰，译. 北京：中国政法大学出版社，2008：1-15，496-503.

④ Žižek S. The age of anarchy：from France to the US，the left must embrace a politics of law and order［J］.New Statesman，2023（5724）：32-34.

的法律与秩序是对现有的比较惩罚和社会研究的补充。基于理论和实证研究，Georg Wenzelburger 提出政党政治在政策过程的三个关键阶段：议程设置（agenda-setting）、决策制定（decision-making）和最终政策反馈（finally policy feedback）。第一，在议程设置阶段，Georg Wenzelburger 主张法律和秩序问题归类为最终目标是共识的价值问题；第二，在决策制定阶段，受议程设置和执政党（或其他党派）对法律与秩序问题的立场观点以及制度约束的影响，政党在决策制定方面从事立法活动；第三，在最终政策反馈阶段，鉴于法律和秩序问题的价值特征，法律和秩序领域的“积极”反馈动态导致政策反应过度。① 在东南亚最大经济体禁止对家政工人实施身体伤害的法律政治问题上，Wardhani 和 Christia 采用规范性司法方法及分析性描述方法、案例分析方法，研究结果表明，针对家政工人的身体暴力在公约、宪法和条例等方面并未获得严格明确的法政治规定，因而在此情况下家政工人难以获取司法救助。② Suhartini 在研究创造劳动者社会正义的工资制度的法律政治与政策制定问题上，借助规范性研究方法和数据分析法，研究、分析并评估了关于支付工人工资制度的法政治规定，进一步指出支付工人工资制度的法政治规定在促进满足雇主和工人的利益及创造社会正义等方面的价值。③ Sudarto 等提出，对于自改革以来国防领域的法律政治是如何发展到全球化时代的问题，实质上属于规范性法学研究，又可纳入法教义学研究。国防领域的法律政治发展运用了包括法的政治理论在内的多种理论方法。研究结果显示，改革后的国防部门政治法被置于公民至上的理念之上，其依据是 1945 年印度尼西亚共和国宪法 NRI 修正案后，作为总统权力持有者的总统与作为人民主权代表的议会两者在作用上的持平。④ Grasten 和 Uberti 通过参考在科索沃国际过渡

---

① Wenzelburger G. The Partisan Politics of Law and Order [M]. New York: Oxford University Press, 2020: 292-295.

② Wardhani A T L, Christia M A. The politics of law in prohibiting physical violence for domestic workers in the largest economy in southeast Asia [J]. Academic Journal of Interdisciplinary Studies, 2020 (4): 55.

③ Suhartini E. Legal politics and policy setting of wage systems for creating social justice of workers [J]. Journal of Legal, Ethical & Regul atory Issues, 2019 (22): 1.

④ Sudarto A R B, Suryokumuro H, Widagdo S. The development of politics of national defense law in safeguarding indonesia's sovereignty in the era of globalization [J]. Journal of Law, Policy and Globalization, 2019 (91): 161-168.

行政当局（UNMIK）范围内制定和谈判的政策思想，揭示科索沃战后私有化制度本质上是关于“法律政治”的，因为私有化政策的合法化导致有争议的法律规范政治化。[①] Safi 等提出，在 1945 年印度尼西亚《宪法》修正后，实现了议会至上向宪法至上的转变，致使所有立法都可以向宪法和法律审查其合宪性与合法性，但区分最高法院和宪法法院司法审查权限分离的第 24A 条第（1）款与第 24C 条第（1）款之规定，只是法政治学视角下的技术和实践目的，需要修改和完善。[②]

Chulwoo Lee 通过梳理韩国法律与社会研究的发展脉络，厘清了韩国法律与社会学者学术实践中的政治含义及其政治参与的具体形式。同时，借助 Frank Munger 发表 *Law and Society Association* 的主题演讲和 Setsuo Miyazawa 关于东亚法律制度形式激进主义的观点，揭示了政治力量在韩国的法律与社会学领域已经展开了充分的参与，针对当前的政治经济秩序，韩国法律与社会学者加入了反霸权学术的巨大浪潮和反专制统治的运动，以争取人权、法治和回应性司法。[③] Holsman 主张，坚持法律话语内部政治化的可能性是对跨国法中所谓“专家规则”的一种挑战。通过借助 Claude Lefort 的社会理论和政治哲学观点，他提出在跨国治理中实际并不存在能否实行某种法律政治取决于“法律的政治宪法化”的典型特征的最终结论。[④] Jamin 等研究了津巴布韦习惯法院自特别自治法颁布以来所承认的法律政治问题，通过文本研究、法律研究、哲学研究、历史研究等方法，最终创建了能够回应土著社会现实需要并能为习惯法院所承认的法政治学公式：公式一，习惯法院应视作非国家法律制度。公式二，习惯法院拥有处理和解决刑民纠纷的管辖权，这一权力应受国家承认。然而，在刑事管辖方面，习惯法院的管辖范围应受严格限制。

---

① Grasten M，Uberti J L. The politics of law in a post-conflict UN protectorate：privatization and property rights in Kosovo（1999-2008）［J］.Journal of International Relations and Development，2017（1）：162-189.

② Safi A，Fadjar M，Safa'At M A. Law politics of authority separation of judicial review by judiciary in Indonesia［J］.Journal of Law，Policy and Globalization，2016（47）：77-87.

③ Lee C. Hegemony，contestation and empowerment：the politics of law and society studies in South Korea［J］.Asian Journal of Law and Society，2014（2）：275-304.

④ Holsman P. The politics of law and the laws of politics：the political paradoxes of transnational constitutionalism［J］.Indiana Journal of Global Legal Studies，2014（2）：553-583.

公式三，习惯法院的判决属于终局判决，同时具有法律约束力。① Hafner-Burton 等以国际法的政治学研究为视角，提出国际法及国际机构在规范国家间关系中发挥重要作用，在这种观点得到国际关系学者普遍认可的情况下，当前政治学研究已作出关于国际法律规范、协议以及制度的相关研究计划，以此提出有关政治学发展与国际公法密切关联的研究。推进这一研究的主要方法在于强调政治科学建立在三个主要建构模块上，并且模块之间相互平衡，以此解释并阐明政治学者在研究设置关于国际法律规范、协议以及制度的相关研究计划时采用的特殊方法和法律制度，同时揭示了国家权力是影响法律制度制定及运行的主要因素和力量。②

2. 国内理论界对法政治学问题的研究

理论流派和不同研究范式之间的划分，构成了中国法政治学成长和发展的内部动力。通过检索现有文献，中国法政治学研究的现状总体上可以从其学科性质、研究对象、研究范围、研究方法、研究目的、研究基本内容、在公法领域的运用、在私法领域的运用等方面予以了解。

（1）法政治学学科性质

卓泽渊在其著作《法政治学研究》2005 年版中将法政治学的学科定性为“边缘学科”，在 2018 年版中又将其表述为“边缘学科或交叉学科”。王立峰认为法政治学并不具有独立的学科属性和学术定位，根本取决于既有的法学和政治学提供的学术资源；③ 为解决法政治学的学科定位问题，王立峰提出借助法国社会学家布迪厄的“场域理论”，来论证法政治学的核心范畴模式。④ 刘俊祥从学科分类和学科归属的角度认定法政治学的学科属性。从学科分类角度来讲，法政治学并不是单纯的边缘学科或交叉学科，它是为了弥补现有

---

① Jamin M, Nurjaya N I, Ridwan M, et al. The politics of law formula of customary court recognition which responds to the indigenous people’s needs: a study of the Papua Special Autonomy Act [J].Journal of Law, Policy and Globalization, 2013 (19): 74.

② Hafner-Burton M E, Victor G D, Lupu Y. Policial science research on interational law: the state of the field [J].American Journal of International Law, 2012 (1): 47-97.

③ 王立峰．基于“法律与政治关系”的中国法政治学的前提性问题批判 [J].江海学刊，2015 (3): 124.

④ 王立峰．法政治学的核心范畴研究——以布迪厄的“场域理论”为视角 [J].社会科学研究，2013 (3): 61-67.

学科分类造成的将具有内在本质关系的政治法律现象割裂而产生的，实际是建立在法学和政治学学科基础上的“基础理论科学”与“应用性实践科学”；从学科归属角度来讲，法政治学是法学和政治学的学科分支。[①] 闫海赞同法政治学属于法学、政治学边缘学科。从学科归属的角度来讲则属于同法经济学、法社会学并列的“法学方法论学科”[②]；李振宇亦持此观点，并在其系列丛书“边缘法学论丛”之《边缘法学通论》一书中将法律政治学列为边缘法学体系最重要的组成部分——基础边缘法学，并按照法律应用范围的大小和社会生活的复杂程度将法律政治学划入正在兴起的边缘法学，以便揭示政治在法律活动中的地位[③]；另有郭祎赞同此理论观点，主张法政治学属于法学和政治学的边缘学科。[④] 吴少华则从孟德斯鸠《论法的精神》中的“法”着手，强调孟德斯鸠所强调的“法”的精神，实际是从宪法的角度来讲政治的问题，又称其为“法政治学”[⑤]。

（2）法政治学研究对象和研究范围

刘瀚认为法政治学的研究对象实质为法学中的政治学问题研究[⑥]；卓泽渊则认为法政治学的研究对象具有政治与法律的双重属性，即法政治学研究的是具有政治与法治双重属性的社会现象。[⑦] 李振宇亦持此观点，将法政治学研究对象表述为“法律政治现象”[⑧]。蒋德海依据法政治学的构成要素，将法政治学的研究范围总结为“法学中的政治学研究”和“政治学中的法学研究”，法政治学的研究核心是“政治行为法治化”[⑨]。王立峰在对法律与政治关系研究的现状评析时提出，中国法政治学视域下的“法律与政治的关系”存在理论立场矛盾、研究视域宏观、意识形态干扰等问题，强调中国法政治学的未

① 刘俊祥．“法政治学”论要［N］.光明日报，2007-02-27（11）.

② 闫海．论政治法与法政治学——从政治与法律关系的契入［J］.太平洋学报，2010（9）：1-8.

③ 李振宇．边缘法学通论［M］.北京：中国检察出版社，2007：113.

④ 郭祎．“把权力关进笼子”的法政治学解读——学习贯彻党的十八届四中全会精神［J］.中共成都市委党校学报，2015（1）：5.

⑤ 吴少华．对孟德斯鸠《论法的精神》的解读［J］.学习月刊，2012（6）：42.

⑥ 刘瀚．刘瀚文集［M］.上海：上海辞书出版社，2005：418.

⑦ 卓泽渊．法政治学研究（第三版）［M］.北京：法律出版社，2018：6.

⑧ 李振宇．边缘法学通论［M］.北京：中国检察出版社，2007：260.

⑨ 蒋德海．法政治学要义［M］.北京：社会科学文献出版社，2014：16-20.

来发展要注重解决好法政治学的学科定位和学术定位问题。[①] 在分析法政治学发展在学科、学术以及现实性回应方面滞后的原因时，王立峰指出其关键在于未能合理定位并系统总结“法律与政治的关系”这一法政治学理论研究的“前提性问题”，继而导致法政治学研究基本要素的缺乏。[②] 对此，王立峰提出，法政治学核心范畴的设定必须具有关联性。在场域理论下，法律场域与政治场域间的内在关联性揭示“制度化的权力与权利”构成法政治学的问题域。[③] 张正良在赞同王立峰关于法政治学问题域理论的基础上，提出法政治学关于法律与政治的关系实际是纪法衔接问题的理论源流。[④] 进一步地，王立峰以法政治学的核心范畴设定出党内法规的问题域在于以规则形态和制度化调整政党内部关系。在法政治学视域下，党内法规与国家法律的关系问题实质是政治与法治的共生性问题，而党内法规与国家法律的衔接及协调问题实质彰显了政治制度与法律制度的一定重合性。[⑤] 李洪川在赞同王立峰关于法政治学核心范畴的基础上，理解非常规状态下的政治与法律的关系，即“例外状态”，表现为权力与权力、权力与权利的冲突。但在法政治学对象视角下，“例外状态”下的法律并非完全悬置，法律制度依然存在，且其与政治之间依旧存在双向互动。[⑥] 在法政治学视域下，王立峰又根据法政治学核心范畴，分别从制度、权利、“权力—责任”三重维度评析中国教育公平，为教育公平提供新型研究范式。[⑦] 在对韦伯与哈贝马斯法政治学思想关于“法律合法性”问题比较之下，王立峰、李海滢指出韦伯对法律合法性的论证因基于统治合

---

① 王立峰．基于“法律与政治关系”的中国法政治学的前提性问题批判［J］．江海学刊，2015（3）：123-128.

② 王立峰．基于“法律与政治关系”的中国法政治学的前提性问题批判［J］．江海学刊，2015（3）：123-128.

③ 王立峰．法政治学的核心范畴研究——以布迪厄的“场域理论”为视角［J］．社会科学研究，2013（3）：61-67.

④ 张正良．党内法规监督机制：概念、前提与制度分析——基于协同监督视角的考察［J］．西部学刊，2020（23）：18-20.

⑤ 王立峰．法政治学视域下党内法规和国家法律的衔接与协调［J］．吉林大学社会科学学报，2019（3）：70-79.

⑥ 李洪川，王立峰．法律与政治的“中间地带”：法政治学视野下的“例外状态”［J］．深圳社会科学，2021（3）：15-123.

⑦ 王立峰．法政治学视域下的教育公平［J］．江苏高教，2018（12）：15-20.

法性的证成而摆脱法哲学局限，但受法律实证主义的影响而陷入论证循环的陷阱；哈贝马斯在批判形式主义合法性基础上提出引入交往行为理念，认为民主程序体现其中以破除国家权力合法性与法律合法性的循环陷阱。[①]

刘俊祥以“法治政治”为法政治学研究对象，强调其本质在于选择与运用法律规则关注法治与政治的本质性相关问题[②]；闫海则认为，法政治学研究的核心域在于“政治法”。[③] 李林从新时代中国法理学的发展进步出发，主张中国法理学要把握法理、政理、时代、实证、国际五大向度，综合运用法政治学等多种方法，处理好政治与法治的关系问题，特别强调绝不能将法理学浓缩等同于法政治学。[④] 此外，他还指出在西方，法批判学因主张政治因素对法律非确定性的决定，因而称为“法政治学”；通过研究法律中的政治，说明法律在历史演进及具体适用中都与政治密不可分，政治的法律即政治的法治化，为权力的规制提供了法律手段，并形成政治法。[⑤] 姚建宗认为，法律与政治之所以联结，根本在于法律与政治对人的存在、人的发展以及人类社会环境发展的重要作用。从人类政治生活角度来看，法律承担着保证政治权力运行合法性的重要角色。[⑥] 周祖成基于法律与政治的共生关系，认为将法律混同为政治是人们的普遍观念，但法律的社会结构性差异使其又可适度分离于政治，成为国家社会和公民的制度依靠。[⑦] 此外，施新州提出，党领导政法工作因其法政治特征成为中国法政治学的重要研究对象，党领导政法工作的制度化及法治化则是实现当代中国政治体法治化转型的政治要求和法治要求。[⑧]

（3）法政治学研究方法

刘俊祥根据法政治学的本质属性，将法政治学的研究方法划分为政治人

---

① 王立峰，李海滢．法律合法性的批判与超越——韦伯与哈贝马斯的法政治学思想比较［J］.法制与社会发展，2008（4）：109-115.

② 刘俊祥．“法政治学”论要［N］.光明日报，2007-02-27（11）.

③ 闫海．论政治法与法政治学——从政治与法律关系的契入［J］.太平洋学报，2010（9）：1-8.

④ 李林．法理学不能缩变为“法政治学”［N］.光明日报，2019-07-29（15）.

⑤ 闫海．论政治法与法政治学——从政治与法律关系的契入［J］.太平洋学报，2010（9）：1-8.

⑥ 姚建宗．论法律与政治的共生：法律政治学导论［J］.学习与探索，2010（4）：59-63.

⑦ 周祖成．法律与政治：共生中的超越和博弈［J］.现代法学，2012（6）：56-63.

⑧ 施新州．党领导政法工作制度化的内涵、特征与功能——以《中国共产党政法工作条例》为分析蓝本［J］.法治现代化研究，2021（2）：46-63.

本性和规则性及抽象分析模型。[①] 闫海主张，研究法政治学的工具和方法主要来自对政治学理论的借鉴。[②] 郭祎在赞同王立峰关于法政治学核心范畴“制度化的权力与权利”的基础上，从法政治学视角来看约束公权力的关键，实际是权力运行的法治化。[③] 陈金钊认为，实现“法治政治”，需要以方法论代替过往认识论的错误情结，法治的实现要特别注重与法治思维、法治方式以及法律方法相结合。[④] 施新州按照法政治学研究对象的法治属性与政治属性，理解我国人民法院系统的结构与功能理应成为法政治学研究的基本范畴。运用法政治学的分析维度，人民法院在国家政治结构与功能上的协调运行对优化国家治理体系并提升国家治理能力具有重要现实意义[⑤]；他还提出当代中国法政治学研究的一项重要内容即党内法规研究，这是推进“中国政治体的法治化转型”的重要理论创新，在此基础上，初步建构了党内法规的法政治学研究范式的基本依据、范畴、方法、理论。[⑥] 进一步地，当代中国政治体法治化转型的目标在于建成理想的“中国法政治体”，而这一理想状态的实现必然要历经规范化、制度化、法治化三个阶段。促成法治化转型的具体路径离不开党内法规。[⑦]

（4）法政治学研究目的

刘瀚认为，研究法学中的政治学问题是为了加紧建立法政治学学科，这样做从理论层面来讲是我国法学领域在领域边缘化研究上的创新；从现实层面来讲，是建设社会主义法治国家的治国方略和政治目标的需要。[⑧] 卓泽渊提

---

① 刘俊祥．“法政治学”论要［N］.光明日报，2007-02-27（11）.

② 法政治学是一门以法律与政治的互动关系为视角，运用政治学理论和方法，分析、检验法律的形成、结构、运作、效果以及发展趋势的法学和政治学的边缘学科。

③ 郭祎．“把权力关进笼子”的法政治学解读——学习贯彻党的十八届四中全会精神［J］.中共成都市委党校学报，2015（1）：5-8.

④ 陈金钊．“法治政治”及其实现的方法论［J］.贵州民族大学学报（哲学社会科学版），2017（5）：68-178.

⑤ 施新州．人民法院在国家治理中的功能定位分析［J］.治理现代化研究，2019（1）：44-51.

⑥ 施新州．介于法与政治之间：党内法规研究的基本进路［J］.法治现代化研究，2018（2）：123-139.

⑦ 施新州．当代中国政治体法治化转型的路径选择及基本特征［J］.中国延安干部学院学报，2017（6）：113-121.

⑧ 刘瀚．刘瀚文集［M］.上海：上海辞书出版社，2005：421-422.

出，法政治学学科的创立意义首先体现在对法律与政治的关系研究上，它有利于人们认清二者间的辩证关系。其次，在理论意义上，法政治学研究为丰富法学理论、充实政治学理论作出独特的学术贡献；在实践意义上，它因为研究兼具法学属性与政治学属性的社会现象而有利于提升法律和政治的理性程度，回答现实社会关于一系列重大法律政治问题，推进政治的法治化建设。为此，卓泽渊还特别强调法政治学研究的终极意义的目标价值是实现“社会的正义”与“人民的幸福”。① 李振宇基于法学与政治学之间的学科渊源，指出法政治学的研究目的在于正确处理法律与政治的关系问题，防止政治干扰和阻碍法治，确立法律规范是政治活动的范围边界，从而推进法学研究和民主法制建设。②

（5）法政治学研究基本内容

刘瀚首先列举法治、宪政、正义、司法改革和人权问题，以及民主、央地关系问题等都是法政治学所要研究的经典问题。③ 在民主与法制的关系问题上，他强调民主的基础作用和法制的保障作用，进一步分析了社会主义法制在我国政治生活中的地位和作用，总结出我国政治生活中的法律原理：社会主义法制对国家权力机关的作用、对人民管理国家事业权利的作用、对执政党发挥领导地位的作用、对惩治刑事犯罪分子的作用以及对政治外交活动的作用；在法与人权的关系问题上，他强调只有国家拥有主权，才能实现人权立法和人权制度建设，才能处理好集体人权与个人人权的关系，促进了我国人权事业的快速发展。④ 在法与政党的关系问题上，他主张政党政治与法治在政治、法治、政党的属性特征上存在必然的联系根源，而我国基本治国方略与目标的实现，只有在中国共产党的领导下才能实现，中国共产党领导的政治优势说明，党的领导是中国法治实现的核心因素。⑤ 在政治文明与法治关系的解读上，他指出政治文明与法治建设最核心的内容体现在法治对政治的有效控制和政治对法治的有力支持上，政治文明是建立法治的支柱基石，而推

① 卓泽渊．法政治学研究（第三版）［M］.北京：法律出版社，2018：18-24，491.
② 李振宇．边缘法学通论［M］.北京：中国检察出版社，2007：260-261.
③ 刘瀚．刘瀚文集［M］.上海：上海辞书出版社，2005：419-422.
④ 刘瀚．刘瀚文集［M］.上海：上海辞书出版社，2005：119-129.
⑤ 刘瀚．刘瀚文集［M］.上海：上海辞书出版社，2005：365-381.

行法治的重点在于对公权力的规制，只有实现法治与政治的互动，才能实现法治建设目标——政治真正文明。① 在政治体制改革与法制建设的关系问题上，他认为法制建设既是政治体制改革的重要组成，也对政治体制改革有重要的保障作用。具体而言，这种保障作用体现为法治建设对推进改革和巩固成果的作用，对改革除旧布新、实行监督的作用，对改革和建设秩序保障的作用等。② 在法制与国家的关系问题上，他强调在我国，人民民主专政与社会主义法制之间始终是统一依存的关系，人民民主专政同社会主义法制的奋斗目标相统一；法制的力量主要由国家强制力赋予，离开国家的法制将丧失其存在和发展的前提条件。③

卓泽渊在《法政治学研究》一书中将法政治学的研究划分为法与政治、法与权力、法与民主以及法与国家四个重大课题。④ 在首编法与政治中，从法律与政治的产生、进程、内容和变化等方面阐述了二者之间的天然联系，同时指出二者在产生时间、形式内容和调控手段方面亦有差异。在法律与政治的交互作用方面，阐述了法律之于政治的规制作用和政治之于法律的基础作用。同时，选取法政治学研究必须关注的主要政治主体，相继阐释了法律与人民、公民、选民、阶级、国家、政党等政治主体的关系，法律与个体、集体政治行为的内在关系，法律责任与政治责任的关系等。在法与权力编中，卓泽渊认为法律是权力得以获取和行使的直接依据，权力是法律得以制定和实施的政治基础。将国家权力大体划分为执政权、立法权、行政权和司法权，分别界定其与法律的关系。在法与民主编中，从政治意义上讲，法的政治目标在于实现民主，但民主并非法的唯一目标。从制度角度来讲，法是民主的制度载体、活动准则、程序保证和过程保障。选取民主政治中最常见的政治活动和制度，包括选举和全民公决，它们与法律之间又存在复杂的结构关系。在法与国家编中，评价凯尔森法与国家一元理论证明过程的缺陷，卓泽渊主张赞同法与国家二元论的观点，并在此基础上论证了法与国家之间不存在

① 刘瀚．刘瀚文集［M］.上海：上海辞书出版社，2005：426-436.
② 刘瀚．刘瀚文集［M］.上海：上海辞书出版社，2005：258-269.
③ 刘瀚．刘瀚文集［M］.上海：上海辞书出版社，2005：44-57.
④ 卓泽渊．法政治学研究（第三版）［M］.北京：法律出版社，2018：6.

“优先论”的问题。为了实现建设法治国家的理想目标，分别论述了法治国家的宏观、微观特征和其深刻的理论根据、得以建立的社会条件以及中国建设法治国家必然经历的具体历程和影响因素等。

蒋德海在《法政治学要义》一书中认为法政治学研究的基本内容和核心问题，应当是涉及法学和政治学重大交叉的问题，他概括出法政治学主要研究国家、社会、公民、权利、民主、民粹等重大问题。[①] 为了实现民主政治，蒋德海分别论述了民主政治建设中的公平对待权（民主政治的基本前提）；公平正义（民主政治的主要内涵）；公德建设（民主政治的保障）；打造政府公信力（民主政治的基本政治道义）；协商民主的完善（民主政治的基本形式）；表达权（民主政治的典型公民权利）；社会主导社会管理、“权为民所赋”是社会主义民主法治的核心（民主法治的基本需要）；改变“官德论”建立公仆之德（民主政治的道德要求）；监督法治、司法公信和深层次反腐（民主政治的具体要求体现）。对此，蒋德海认为，中国式民主应当是能够行使民主权利并实现民主实践的民主。建设中国式民主，必须以民主法治为引领，实施宪法法律规定的公民权利，确保民主实践的实现。

胡水君在《法律的政治分析》一书中对法律作出政治分析，首先，指出分析实证主义法学对法律与政治的关系认识主要划分为两种观点，一是以马基雅维利、霍布斯和施密特为代表主张将法律笼罩在政治之下，绝对权力始终对法律具有支配作用，甚至起决定性作用，而遵守法律只是一种“政治策略”，法律不过是政治的从属；二是以康德、洛克为主要代表主张法律与政治之间存在一定张力，政治权力的行使必然受法律的严格约束，法律是限制政治权力、追求理性正义和人民福祉的重要工具。此外，在法律与政治的一般关系问题上，还存在以现实主义法学、批判法学两种观点，前者主张“法律⊆政治”；后者以德沃金为代表，主张“政治⊆法律”。两种观点的实质是分析实证主义法学所持观点的两个方面，代表了法律与政治关系的发展变化。其次，围绕政治核心概念之“权力”，胡水君分析法律的权力结构包括宏观阶级统治结构和微观不平等权力结构；围绕法律核心概念之“权利”，通过洞察马克思

---

① 蒋德海．法政治学要义［M］.北京：社会科学文献出版社，2014：21-35.

“权利异化”为“社会权力”与福柯“权利异化”为“国家权力”的主张，最终揭示“权利统治”与“权力统治”的一致性。①

（6）法政治学在公法领域的运用

陈金钊依据对“法治政治”本质属性的理解，按照法治概念的不同意义中心，认为法治政治≠规则之治；从逻辑上讲，法治政治≠民主政治；法治政治≠放纵的实用主义的法治化所追求的“政治法治化”。在法治中国的战略目标下，法治政治的目标在于实现法治，把权力圈进制度的笼子里则是其核心。② 李林从法政治学角度着手，指出胡锦涛同志的“三个至上”实质是社会主义法治与民主政治、社会主义法律与党的政策的融合形态。③ 万东升指出，在法政治学发展情境下，人大学同时隶属法学、政治学及法政治学三项学科层级。④ 吴猛针对社会居委会竞选中存在的竞选失范问题，从法政治学分析其原因主要在于法律规范层级，包括法律规范程序、民主机制、罢免机制、追责机制、责任意识五个层面，解决该类问题的法政治学规范则在于完善法律规范、完善竞选程序、完善竞选机制和增强责任观念。⑤ 贾永健指出，以李慧娟法官案件引发的“审判权责分离”问题，直接造成司法公正和政治系统合法性的丧失。依据法政治学分析，解决此类问题的审判管理改革因强化审判权的政治控制而明显违背司法权责统一规律，无益于司法改革政治目标与法治目标的实现。⑥ 章志远提出，新时代行政诉讼法学研究的法政治学进路的主要任务，在于从权力结构出发，探究党的领导的政治优势现实转化机制；探究行政审判独立和抗行政干扰的行政审判体制改革；探索行政审判活动府院互动机制的法律保障。⑦ 张静认为，行政处罚证据同其他学科的趋向偏离，在法政治学上体现为行政处罚证据对国家治理和党依法执政与依法行政的政

① 胡水君．法律的政治分析［M］.北京：北京大学出版社，2005：46-74.

② 陈金钊．“法治政治”及其实现的方法论［J］.贵州民族大学学报（哲学社会科学版），2017（5）：148-167.

③ 李林．“三个至上”的法理思考［J］.中国党政干部论坛，2011（1）：4-7.

④ 万东升．人大学的法学之维［J］.甘肃政法学院学报，2007（5）：126-133.

⑤ 吴猛．社区居委会直选中竞选失范问题的法政治学分析［J］.社会科学动态，2018（4）：23-27.

⑥ 贾永健．司法改革与政治合法性——对审判管理改革的法政治学透视［J］.天中学刊，2012（4）：57-60.

⑦ 章志远．新时代行政诉讼法学研究的三重进路［J］.江苏行政学院学报，2023（2）：123-129.

治意义。[①] 青维富提出，中国古代法律之基在于法家学说与儒家学说的融合，造就了中国古代法律话语与政治话语的稳定，从而持续影响中国古代法律制度的发展适用和中国古代政治实践。[②] 雷磊指出，德国方法论主/客观学说在法政治学层面对法律解释的目标的争论，实质是主张立法权的保持与主张司法权的扩张之间、主张理论理性的主观说与主张实践理性的客观说之间、主张司法克制的主观说与主张司法能动的客观说在法官自由裁量权限度上的争论。[③] 施新州从法政治学意义上分析了党的组织法规制度建设理论基础、逻辑构成和功能目标。[④] 张剑平、肖北庚以法政治学视角切入，探索融通我国法治“一体三面”建设的路径，从而为法治新格局的构筑贡献新力量。[⑤] 范进学认为，在改革开放和社会主义现代化建设以后，中国法政治学语义下的“权利政治”发展实际上是一种以权利为本位的政治文明探索实践。[⑥]

在法政治学话语下，吴梓源提出，新冠疫情期间我国实行积极管控模式，而西方多数国家实行消极管控模式，这两种截然不同的治理实质是政治、权力以及功利三重逻辑作用下的结果，而解决疫情治理常态化的出路则在于“人类卫生健康共同体”的建构。[⑦] 汪海霞从法政治学视角分析认为，和谐社会所倡导的“以人为本”、民主正义以及人与自然和谐共生等都是法与政治所共同追求的状态；而在提出和谐社会的法政治学构建路径时，分别从政治学的视角和法学的视角提出的手段只能理解为政治路径和法治路径，并不是真正意义上的法政治学路径。[⑧] 何士青提出，国家监察委员会制度作为发展社会

---

① 张静．行政处罚证据的法学归化与异化［J］.湖北警官学院学报，2015（1）：61.

② 青维富．中国古代法律之内在精神与外在形式研究——一种法政治学分析［J］.政法论坛，2019（2）：153-163.

③ 雷磊．再论法律解释的目标——德国主/客观说之争的剖析与整合［J］.环球法律评论，2010（6）：39-49.

④ 施新州．论党的组织法规制度建设内在逻辑与功能定位［J］.中共天津市委党校学报，2022（3）：29-36.

⑤ 张剑平，肖北庚．论法治建设“一体三面”的解构与融通［J］.河北法学，2017（11）：11-12.

⑥ 范进学．“权利政治”语义分析及其范式［J］.哈尔滨工业大学学报（社会科学版），2015（5）：3-4.

⑦ 吴梓源．法政治学话语下新冠疫情的三重治理逻辑与未来出路［J］.福建师范大学学报（哲学社会科学版），2021（2）：82-95.

⑧ 汪海霞．构建和谐社会的法政治学视角分析［J］.理论探讨，2005（5）：21-23.

主义民主政治、推进全面依法治国视角下的政治法律制度的重大创新，其本身在根本价值、基本原则和基础以及根本保障上具有强烈的法政治学意蕴。[①]同时，他强调追求美好生活是人民的基本权利，人民美好生活在主体、外在标志和精神底蕴方面具有法律与政治的双重属性，强调在法政治学角度下构建实现人民美好生活的现实路径。[②]姜永伟借助法政治学学说，认为国家建构主义法治模式就是在坚持党的领导下，基于国家（权力）自上而下层层铺开以建设法治型政党、化解社会矛盾，最终实现国家治理体系与治理能力的现代化，其语境、目标、知识条件的理论逻辑表明该模式是中国法治未来发展的必然选择。[③]李寿初基于法政治学的视角提出，现代国家权力的合法性基础在于观念、制度和实践，真正保持国家权力的合法性状态，就必须不断调整观念、制度和实践三种国家权力形态之间的关系，不断缩小三者之间的差距。[④]丁士松在科学解读邓小平法政治哲学思想体系和时代价值的同时，进一步比较了邓小平法政治学哲学思想与中国法政治理论的内在联系，提出建构中国特色社会主义法政治学理论体系的统一论、平衡论、结合论、制约论、互动论、法治论、基础论等理论原理。[⑤]于龙刚借助法政治学学说，探索出解决中国治理现实困境的实践道路在于依靠群众的村庄调节治理。[⑥]李泉为改变中国的美国学研究现状中存在的系统性研究不足、学科建设不显著的问题，试图以法政治学为视角，立足美国最高法院的枢纽地位，以宪法理论理解美国政治运行机制。[⑦]

---

① 何士青．国家监察委员会制度的法政治学之维［J］.武汉科技大学学报（社会科学版），2018（3）：241-245.

② 何士青．人民美好生活的法政治学解读［J］.武汉科技大学学报（社会科学版），2021（4）：359-365.

③ 姜永伟．国家建构主义法治的理论逻辑——一个法政治学的论说［J］.法学，2022（1）：20-34.

④ 李寿初．依法治权的法政治学分析［M］.北京：中国社会科学出版社，2018：1-4.

⑤ 丁士松．政治法治化的理论逻辑——邓小平法政治哲学与中国特色社会主义法政治理论研究［M］.北京：人民出版社，2009：232-271.

⑥ 于龙刚．从依靠群众到群众失语——新中国村庄调解实践的法政治学分析［J］.山东大学法律评论，2013：80-105.

⑦ 李泉．直面美国：发现宪法还是发现政治——兼论美国研究中的法政治学视角［J］.政治与法律评论，2022（12）：151-163.

（7）法政治学在私法领域的运用

万国华、张崇胜认为，公司法因其研究对公司的治理，与法政治学研究政治与法治社会现象相契合，因而可以通过内外部政治维度分别理解公权力——公司治理以及公司内部组织——公司治理；同时，以法政治学研究范式理解公司宪政理论，其本身是公法与私法、公益与私益的统一。① 姚选民以“沈/张系列诉讼案”的民事审判为选例，从政治角度及法治角度揭示此案背后的政治与法律含义，文章虽为“法政治学解读”，但未分析其中关于民事审判的政治与法治双重特征。② 周贺微聚焦于知识产权法的政治学研究，提出了知识产权法政治学概念，强调知识产权法政治学研究的实质是以政治学角度对知识产权法的研究，通过溯源知识产权法的政治学属性和政治学价值观，分析和揭示知识产权法中的政治现象与政治问题以达到分配知识资源目的的研究，其根本是一种研究知识产权法的工具和方法而已。③ 郭帅、胡敏洁认为，具有强烈私法属性的《中华人民共和国民法典》，其中也存在大量的公法规范。④

三、中国式法治现代化与法政治学的逻辑关联

（一）中国式法治现代化为推进法政治学发展提供有力保障

中国共产党领导中国人民在长期法治建设探索和实践的艰辛历程中，特别是在新时代以习近平同志为核心的党中央创新突破法治理论和法治实践的过程中，成功开辟并拓展了中国式法治现代化新道路，引领法治中国建设取得前所未有的历史性辉煌成就。中国式法治现代化是中国式现代化在法治领域的具体展开，是中国语境中的全面依法治国、建设法治中国⑤，是一条结构

---

① 万国华，张崇胜．法经济学作为公司法学研究范式之反思［J］.河北法学，2019（6）：22-32.

② 姚选民．民事审判的法律之维与政治之维——“沈/张系列诉讼案”的法政治学解读［J］.社会科学论坛，2012（11）：73-81.

③ 周贺微．知识产权法政治学研究［M］.北京：中国政法大学出版社，2021：1-20.

④ 郭帅，胡敏洁．《民法典》中的公法规范［N］.人民法院报，2020-12-18（05）.
胡敏洁．从融合到尊让：民法典时代的公法与私法［J］.法治现代化研究，2023（3）：100-114.

⑤ 张文显．法治现代化的“共同特征”和“中国特色”［J］.政治与法律，2024（2）：12.

合理、价值先进、文明理性且涉及我国全方位、多领域的现代化的科学正确道路①，其坚持中国共产党的领导、坚持社会主义制度、坚持中国特色社会主义理论体系。中国法政治学是中国特色社会主义理论体系的内在组成，以中国式法治现代化保障中国法政治学研究具有启发性意义，是实现中国法政治学学科蓬勃发展的现实需要。

1. 中国式法治现代化为法政治学稳步推进和长足发展保驾护航

第一，中国式法治现代化是人口规模巨大的法治现代化。我国拥有 14 多亿人口，占全世界人口比重约 18%，巨大的人口规模意味着国家治理和社会治理将面临人口高覆盖下的秩序管理问题，同时意味着我国民主政治建设和法治建设将更具复杂性、艰巨性和挑战性，这就为运用法政治学基本原理和方法论鉴定了现实的时代场景，要求不断解决发展过程中面临的各种难题，保障在人口规模巨大的基本国情下全体人民的合法权益。第二，中国式法治现代化是坚持推进全体人民共同富裕的法治现代化。法治现代化的过程不仅是在法治轨道上解放和发展生产力的过程，也是在法治轨道上推进共同富裕的过程，这就要求国家治理和社会治理更加注重解决社会资源的有效性和实现平等合理分配之间的难题，进一步保护新质生产力，形成与新质生产力相适应的政治制度和法律制度，促进实现人民共同富裕。第三，中国式法治现代化是推进物质文明和精神文明相协调的法治现代化。物质文明与精神文明始终是法治现代化发展的必然要求，其中物质文明助推精神文明的发展，精神文明以物质文明为基础，为物质文明提供精神支撑，以法治思维和法治方式为重要方式协调推进物质文明与精神文明，就是要求不断深入推进依法治国和以德治国，为法政治学研究法治与德治的关系问题提供科学范式。第四，中国式法治现代化是实现人与自然和谐共生的法治现代化。中国式法治现代化关系中华民族永续发展和美丽中国的实际建设，主张生态与法治的有机结合，强调在国家治理和社会治理中将人与自然和谐共生的理念融入生态法治建设，以此维护社会公共利益，为法政治学研究法治与权力的关系问题提供科学范式。第五，中国式法治现代化是促进世界和平与发展的法治现代化。

① 林宵，代继盟．论中国式法治现代化的核心意蕴与世界意义［J］.攀登，2024（1）：22.

中国式法治现代化坚持走和平发展道路，统筹国内法治与国际法治，强调在构建和维护和平与发展的国际法秩序中谋求自身发展，同时通过涉外法治在保障自身发展中维护世界和平与发展，推动构建人类命运共同体，为法政治学研究国内法治与涉外法治的关系问题提供科学范式。

2. 中国式法治现代化是新时代法政治学学科建设的现实需要

作为融合了政治学与法学的两大学科资源的法政治学，伴随我国民主政治和法治建设取得长足进步，新时代中国法政治学学科建设面临着明确学科主体、找准学科定位、重点关注其制度与实践、跳出具体法律条文的约束，挖掘中国传统政治思想中政治与法治相结合的观念、培养稳定的研究队伍、构筑一流学科等重要发展任务，而存在学科意识不强、学科理念滞后、学科基础薄弱、学科壁垒明显等现实挑战，是困扰法政治学学科建设的主要问题。这些问题的解决需要中国式法治现代化予以全面领导并提供坚实保障，因此，科学把握在法治现代化建设发展规律的基础上开辟的“中国式”“现代化”创新性成果，坚持党对全面依法治国的领导和坚持以人民为中心，走中国特色社会主义道路，构建中国特色社会主义法治体系；在法治轨道上推进国家治理体系和治理能力现代化，依法治国、依法执政、依法行政共同推进，法治国家、法治政府、法治社会一体建设，全面推进科学立法、严格执法、公正司法、全民守法等，根除阻碍中国法政治学发展的桎梏，是中国式法治现代化建设更好地服务、引领和保障我国民主政治发展、推进全面依法治国的现实需要。

3. 中国式法治现代化为正确处理政治和法治的关系问题提供基本的方向指引

政治和法治的关系问题既是法政治学的理论基础和核心议题，也是新时代坚持全面依法治国、建设法治中国必须正确处理的一组重大关系。在厘清政治和法治问题模糊认识与错误观点的基础上，党中央科学分析政治和法治的关系，强调二者具有内在的统一性：政治是法律的基础，政治理论决定法治理论、政治道路决定法治道路、政治立场决定法治立场、政治战略决定法治战略；法治规范并保障政治，法律规范政治行为、调整政治关系、确认政治体制。与此同时，政治和法治的关系问题体现为党与法的关系问题，社会主义法治必须坚持党的领导，党的领导必须依靠社会主义法治，二者高度统一、密不可分。在新时代坚持全面依法治国、建设法治中国的过程中，法政治学必须特别关注、协调政治和法治的关系并以此作为自己的研究基础，坚持党的领导与社会主义法治的统一，坚持政治和法治的统一，进而提升法治的理论水平和政治的理性程度，推进社会主义民主政治的法治建设。

（二）法政治学为推进中国式法治现代化提供系统方法论

中国法政治学是基于政治活动和法律实践之间的天然联系所形成的内涵丰富、逻辑严密、系统完备的科学理论体系，其产生、发展以及在坚持全面依法治国、推进法治中国建设中的地位和价值，必然要求从内部组成系统中作出认识，但为了使法政治学的研究不致流于空疏，还必须置于其历史背景中分析，运用唯物史观的方法来理解。譬如，将法政治学这一科学理论体系以 α 代指，则 α_1，α_2，$\alpha_3 \cdots \alpha_n$代表法政治学的方法论组成系统；β 代表关系；γ 代表产生 α 的形成基础和生成逻辑；ω 代表 α 作为综合性研究议题同法治现代化建设领域的互动。对此，唯物史观要求法政治学方法论的研究范畴不止在于 α_1，α_2，$\alpha_3 \cdots \alpha_n$本身，而是考察 $\alpha\beta\gamma\omega$ 或 α（α_1，α_2，$\alpha_3 \cdots \alpha_n$）$\beta\gamma\omega$ 整体，尤其研究 ω 对 α 及 $\alpha\beta\gamma$ 的作用及影响，才能真正估量出 α 在中国式法治现代化进程中的重大政治意义、理论意义和社会效能。

1. 法政治学为推进中国式法治现代化展示了学科交叉的科学方法

方法与方法论存在普遍与特殊、共性与个性的关系。方法乃是科学研究过程中严格遵循特定方式答疑解惑的一定途径或手段，具有明显的工具属性；方法论则是以方法作为研究对象的，以探索方法的一般发展规律为具体内容的，为人们在认识和改造世界的过程中解决“怎么办”问题的抽象理论系统。马克思认为，在科学研究中，事物的表现事实只是直接地、自发地作为流行的思维形式的再现，而事物隐藏之本质关系，必须用科学方法揭露。分析事物的科学方法有二：一为叙述方法；二为研究方法。在从事科学研究和理解实质知识的过程中，叙述方法和研究方法缺一不可，并且，研究方法的使用是叙述方法的前提阶段，“只有这项工作完成以后”，事物隐藏之本质关系才能完整地叙述出来。[①] 更进一步地，马克思将科学分析方法的主要工具总结为"归纳、分析、比较、观察和实验"[②]，该方法的主要特征表示，任何理论系统或社会上层结构包括思想系统的分析或研究，既包括针对其本身批判之分析，也包括用物质条件去解释，也就是将其置于历史背景中对一特殊时代的物质条件之分析，而此种分析方法，"是唯一的唯物主义的方法，因而也是唯一科学的方法"[③]。

依据唯物史观，法政治学在坚持马克思主义法政治学的基本原理的基础上，将整合与分析相结合作为法政治学研究方法的基本手段。一方面，法政治学在研究过程中重视运用法学学科和政治学学科的单一线性思维，运用传统方法开展个体研究。在政治学方法论上，既包括运用现时政治学所应用的方法，如政治学有逻辑分析法、历史研究法、比较研究法、实证研究法和心理研究法，也包括唯物辩证法，由现实的经济生活的关系去说明政治形态，从政治的全体性上去研究政治，在政治的发展过程中研究政治形态等[④]；在法学方法论上，则主要包括"法律规则的解释""法律漏洞的填补（法律内的法的续造）""超越法律的法的续造"。[⑤] 另一方面，法政治学在研究过程中既采用人文和哲学社会科学通用的研究方法，如经验分析法、实证分析法以及归纳研究法等，又运用自身完整的方法论体系进行前瞻性研究，如法与政治、法与民主、法与国家、法与权力、法与政党的基本方法论，以及法治与国家战略、法治与党的领导、法治与人民民主、法治与改革、依法治国与以德治国、依法治国与依规治党、国内法治与涉外法治、关键少数和绝大多数、走中国特色社会主义法治道路与传承中华优秀传统法治文化和借鉴国外法治经验有益成果等具体方法论。

---

① 中共中央马克思恩格斯列宁斯大林著作编译局．马克思恩格斯全集（第四十三卷）［M］.北京：人民出版社，2016：847.

② 中共中央马克思恩格斯列宁斯大林著作编译局．马克思恩格斯全集（第二十九卷）［M］.北京：人民出版社，2020：364.

③ 中共中央马克思恩格斯列宁斯大林著作编译局．马克思恩格斯全集（第四十四卷）［M］.北京：人民出版社，2001：429.

④ 邓初民．新政治学大纲［M］.北京：商务印书馆，2011：20-28.

⑤ 卡尔·拉伦茨．法学方法论［M］.陈爱娥，译．北京：商务印书馆，2003：193-300.

2. 法政治学为推进中国式法治现代化提供有力的推动力

2020年，中共中央印发的《法治中国建设规划（2020—2025年）》提出，“坚定不移走中国特色社会主义法治道路，奋力建设良法善治的法治中国”①，因而，建设良法善治的法治中国，是推进中国式法治现代化的战略目标所在。为了更好地认清战略地位、明确战略特征、确保战略目标的实现，中国式法治现代化需要通过借助中国法政治学的方法论体系，以政治和法治的统一为核心、以法治理念和法治精神为导向、以法律原则和法律规则为依托、以法治思维和法治方式为手段，有目的、有重点地解决民主政治建设和法治建设中治国与治党、民主与法治面临的疑难顽固问题，使中国法政治学的方法论巧妙用于指导法治实践改革，以此不断突破制约法治发展的体制机制，强化法治强国的系统性功能，提升法治建设整体水平，为建设良法善治的法治中国提供创新动力。

第二节　对现有研究的评析

在中国式法治现代化建设视角下，当前国内外法政治学研究呈现一定特点：首先，中西方法政治学研究呈现多元化的趋势。不仅涉及对法政治学的研究对象、方法、目的等最基本、最基础的理论建构，还涉及对国家法律与党内法规的衔接研究、中国政治体法治化转型研究、党内法规监督机制研究、党的组织法规制度建设研究等。其次，中西方法政治学研究系统化程度存在差异。西方对法学与政治学的交叉研究早已有之并形成较为成熟的理论体系，当代西方法政治学研究更是主要关注政党政治和法治政治问题；我国法政治学相较于西方法政治学而言，研究开展较晚，这是因为在中华人民共和国成立后一段时间内，受“以阶级斗争为纲”思想的影响，法律与政治的关系问题被简单理解为法律只是阶级斗争的工具。最后，中西方法政治学均划定明

① 法治中国建设规划（2020—2025年）［EB/OL］.中国政府网，（2021-01-10）［2025-03-09］. https：//www. gov. cn/zhengce/2021-01/10/content_ 5578659. htm.

晰研究所包含的重大命题和经典问题，如刘瀚列举法治、宪政、正义、司法改革和人权问题，卓泽渊列举法与政治、法与权力、法与民主及法与国家等重大课题，蒋德海列举国家、社会、公民、权利、民主、民粹等重大问题等，Jamin列举能够回应土著社会现实需要并能为习惯法院所承认的法政治学公式。通过梳理国内外现有的与本研究主题相关的文献，现有研究成果对研究在中国式法治现代化视角下法政治学方法论的理论与实践提供了丰富的理论素材，现试图选取以下三个方面进行总结。

第一，中西方法政治学研究多集中在公法领域而在私法领域的运用表现不突出。在公私法划分之典型前提下，中西方法政治学研究往往聚焦于公法领域，原因在于公法因其主要调整公权力之间、配置公权力与私权利之间的关系，使得法政治学研究首先关注国家、民主、权力等问题。然而，私法虽然主要调整个人之间的权利义务关系，即公民与公民之间权利义务关系，但其仍同政治之间存在紧密的联系，并受政治因素影响。对于私法而言，许多私法中规定的权利具有公法属性，受一国政治理念和政治理论、政治制度的影响，如我国民法典中诸多条款和制度规定可以理解为是公法规范。因此，法政治学在私法领域的研究也理应受到关注。从现有文献资料来看，当代中国法政治学研究在私法领域的成果相对有限，在发展当代中国法政治学的同时，应当加强对此方面的研究。

第二，法政治学学科定位模糊。根据现有文献，我国学术界对法政治学的学科性质界定主要可以概括为四类。其一，法政治学属于边缘学科或交叉学科，如卓泽渊在其《法政治学研究》一书不同版本中对法政治学的学科性质概括为“边缘学科”“边缘学科或交叉学科”，但笔者认为将边缘学科与交叉学科等同或以此来概括法政治学学科性质尚有不妥；其二，法政治学因其介于法学与政治学之间而不具有单独的学科性质，以王立峰为代表的学者持此观点；其三，法政治学属于边缘学科，以闫海、李振宇、郭祎为代表的学者持此观点；其四，法政治学既不属于边缘学科也不属于交叉学科，而是建立在法学与政治学基础上的学科分支，以刘俊祥为代表的学者持此观点。由此窥见，中国法政治学学科性质尚未完成明确统一的认定标准。

第三，法政治学研究“工具主义”倾向明显。从现有文献分析，学术界对法政治学的研究往往是以“××问题的法政治学解读”“以法政治学为视角，××”“法政治学视域下××”“××的法政治学之维”“××的法政治学分析”“法政治学话语下的××”“××的法政治学透析”等展开的，因而法政治学研究呈现“工具主义倾向”或者可以理解为“方法倾向”，即将法政治学本身作为一种研究方法或研究工具来对待。由此，着眼于法政治学研究方法或法政治学工具视角的研究成果较多，对法政治学自身理论体系的相关研究相对缺乏，本书试图将中国法政治学方法论体系置于中国式法治现代化建设背景之下，为当前中国法政治学形成较为稳定的学科理论体系作出尝试。

第三节　中国式法治现代化视角下研究法政治学方法论的时代价值

一、理论价值

“工欲善其事，必先利其器。”研究中国式法治现代化视角下的法政治学方法论有利于充实法学理论和政治理论。从法学理论视角而言，法政治学方法论研究为法学理论研究与政治密切相关的法治现象和法治问题提供了新的视角及途径。尤其对于中国特色社会主义法治理论而言，法政治学方法论研究将法治理论同中国式法治现代化建设事业紧密结合，为深刻认识法治建设中的政治现象创造了新的手段。从政治理论视角而言，法政治学方法论研究为全面正确认识与法治密切相关的政治现象和政治问题创造了新的理论维度转向。尤其是对于中国特色社会主义政治理论而言，法政治学方法论研究将政治理论同中国特色社会主义政治发展道路、推进中国特色社会主义民主政治建设密切联结，为深入理解法治在国家社会经济总体战略中的地位和作用提供了新的理论价值的转向。

“不但要提出任务，而且要解决完成任务的方法问题”“不解决方法问题，任务也只是瞎说一顿”。[①] 在中国式法治现代化建设视角下，法政治学方法论作为研究中国法政治学的重要手段，服务于中国法政治学的研究主题和研究目的，是指导人们了解其与政治社会、分析兼具法治属性与政治属性的社会现象、参与法治与政治实践、把握法治与政治发展客观规律并精准预测法政治学发展方法的重要理性工具，旨在回答“中国法政治学如何开展”的问题。因而，中国法政治学在方法论上的重大变动或重大发展，必将影响中国法政治学的科学化研究程度。作为一门边缘学科，当法政治学置于中国特色社会主义条件下时，中国法政治学的研究开展便具有独特的方法论体系并有其自身的内在发展逻辑。在中国特色社会主义条件下，中国法政治学的方法论框架能够贯通法政治学方法论知识首尾。按照历史逻辑的粗线来阐述，改革开放以后，中国法政治学方法论具体可以从党的十一届三中全会以后、党的十三届四中全会以后、党的十六大以后以及党的十八大以来四个重大时间段分析。

“科学的成功是由于科学方法的成功。”[②] 研究中国式法治现代化视角下的法政治学方法论，有利于完善法政治学学科的理论体系。反思中国法政治学发展的现实状况，本研究对法政治学的学科属性定性，法政治学与相近学科的区别及相互间的学科关系，法政治学方法论系统知识结构及实践走向等问题的回答对于中国法政治学学科发展而言是一次有趣的尝试。尤其是在中国法政治学的研究基础和研究特性的推动下，从方法论的角度充实法政治学理论体系。

研究中国式法治现代化视角下的法政治学方法论，有利于促进习近平法治思想的跨学科研究，实现由“传统性”向“开放性”的转变。在实证化的学理研究中，法治与国家、政党、政府、权力、民主等的关系密不可分；同样，习近平法治思想作为综合性理论体系，包含政治经济、国家治理、社会管理、文化生态等诸多研究范畴，必然涉及多学科交叉。2023 年 2 月，中共中央办公厅、国务院办公厅印发《关于加强新时代法学教育和法学理论研究

---

① 毛泽东．毛泽东选集（第一卷）［M］.北京：人民出版社，2006：139.

② 陈波．社会科学方法论［M］.北京：中国人民大学出版社，1989：21.

的意见》，强调优化法学学科体系，推进法学和经济学、社会学、政治学、心理学、统计学、管理学、人类学、网络工程以及自然科学等学科交叉融合发展①，为习近平法治思想研究提供了新的研究方向。当前，学术界对习近平法治思想的体系化研究正蓬勃发展，学术界基于各研究视角和学术领域产出了一系列习近平法治思想的研究创新。其中，以马克思主义法政治学的理论原理作为一种研究工具，为系统深刻、准确把握习近平法治思想中关于法政治学的方法论实践提供了跨学科之匙，它克服了传统性研究以法律规范为中心、立足于法学学科领域、局限于法律现象的专断唯一之弊端，使习近平法治思想研究突破学科局限、摆脱学科屏障，实现跨学科协同和交流互动，进一步为研究习近平法治思想这一综合性系统工程创造更大的发展空间。

二、实践价值

“实践是检验真理的唯一标准。”鉴于法政治学学科的实践特性，中国式法治现代化视角下构建中国法政治学方法论体系的目的在于指导中国政治实践，要求我们必须运用中国法政治学的科学方法论，深刻剖析法政治学方法论的内在生成逻辑，总体把握法政治学方法论的发展方向。当前，法治化是现代化国家建设的必然要求，一个现代化的国家必然是法治化的国家。政治的法治化是新时代中国特色社会主义民主政治的一项显著特征。本研究从推进中国特色社会主义民主政治法治化的要求出发，探索法政治学方法论的实际走向和现实价值，为新时代中国特色社会主义民主政治法治化的理论建构提出具有针对性和可操作性的对策建议。

研究中国式法治现代化视角下的法政治学方法论，有利于推动习近平法治思想的应用性研究，实现由“知识之维”向“实践之维”的转变。作为全面依法治国的根本遵循和行动指南，习近平法治思想是以习近平同志为主要代表的中国共产党人在继承邓小平民主法制思想、“三个代表”重要思想中实行依法治国基本方略的法治思想、科学发展观中实行依法执政基本方式的法

① 关于加强新时代法学教育和法学理论研究的意见［EB/OL］.中国政府网，（2023-02-26）［2025-03-09］.https：//www. gov. cn/xinwen/2023-02/26/content_ 5743383. htm.

治思想的基础上，围绕新时代为什么实行全面依法治国、怎样实行全面依法治国等一系列重大实践和理论问题所创立的马克思主义法治理论中国化最新理论成果及中国特色社会主义法治理论最新发展成就。事实上，习近平法治思想并非纯粹的理论体系，更是对深化全面依法治国实践提供指导的科学实践体系，它创造性地提出一系列全面依法治国的新理念、新思想、新战略，系统设计了全面依法治国的政治方向、重要地位、工作布局、重点任务、重大关系、重要保障等，明确了全面依法治国的领导主体、依靠力量、发展道路、宪法进路、治理效能、建设目标、推进路径、建设方针、国际战略、工作队伍和推动力量。同样，研究习近平法治思想中的法政治学方法论并非以厘清法治与政治关系的基础理论为单一目的，更是为了解决全面依法治国存在的现实问题，明确全面依法治国的根本政治定位、根本政治立场和正确前进道路，为新时代全面推进依法治国提供具备新理念、体现新思维的科学原则、方法和手段。

研究中国式法治现代化视角下的法政治学方法论，有利于引领中国法政治学体系研究，实现“理论原理”与“方法论实践”的联结。马克思主义法政治学基本原理和中国法政治学的基本方法论强调政治与法治之间因内在联系而具有强烈的交互作用，主张政治文明的发展需要法治建设提供有力保障，法治建设的推进需要政治提供有效引领。在马克思主义法政治学的基本原理和中国法政治学的方法论指导下，党领导人民结合我国国情，将马克思主义法政治学基本原理同我国法治建设具体实际相结合，形成观察政治与法治现象、处理政治与法治问题的具体准则：党的十一届三中全会以后，邓小平民主法制思想认为，政治战略以法治方略为保障，并借助法治方略为其巩固和发展提供合法性依据，而法治方略以政治战略为方向，受制于政治战略的实际发展；党的十三届四中全会以后，“三个代表”重要思想中实行依法治国基本方略的思想认为，依法治国的法治方略应当服务并服从于社会主义现代化建设这一国家战略；党的十六大以后，科学发展观中实行依法执政基本方式的思想认为，依法执政既是法治国家对政党活动的基本要求，也是依法治国的内在要求。坚持依法执政，就要始终坚持依法治国的基本方略，坚持依法执政的基本方式，完善社会主义法制，建设社会主义法治国家，不断推进各项治国理政活动制度化、法律化。党的十八大以来，习近平法治思想在新时代全面推进社会主义法治建设的前提下，明确政治与法治的关系问题是政治学领域和法学领域的经典命题，是全面依法治国必须处理好的重大辩证关系，指明全面依法治国实践中应坚持的政治立场、政治方向和政治道路，极大地丰富了中国法政治学的方法论体系。

第二章　中国式法治现代化视角下的法政治学理论原理

第一节　马克思主义法政治学的基本原理

马克思主义法政治学的基本原理是马克思主义法治理论的基本原理与马克思主义政治理论的基本原理交叉融合的理论领域，后者主要涵摄马克思主义民主理论、国家学说和政党学说的基本原理。它是马克思主义经典作家将政治与法治作为密切联系、辩证统一的两种不同社会现象同时进行理论考察和实践探索的理论产物，并以揭示人类社会政治与法治之间的理论关系和实践规律为目的。马克思主义法政治学的基本原理以政治与法治之间的同源、共振、互动为内在逻辑，高度凝练并集中概括了马克思主义法治理论的基本原理与马克思主义政治理论的基本原理交叉融合领域具有普遍适用意义和共同规律特征的理论观点，体现了马克思主义关于政治与法治的基本立场、基本观点和基本方法，为中国法政治学方法论奠定理论基础。

一、政治与法治的同源：政治与法治作为上层建筑共同竖立于经济基础之上

经济基础决定作为上层建筑的政治与法治的产生和消亡。马克思主义认为，经济基础对上层建筑具有根本决定性，政治建筑与法治建筑都深刻地根源于物质的生产关系和生活关系。从人类社会发展史的角度来看，政治与法治并不是从来就有的，二者均为历史范畴，都是人类社会发展到特定阶段的

历史产物。恩格斯在论述国家的起源时就明确指出，伴随人类社会生产水平的逐渐提升，以私有制为基础的社会生产方式引发了阶级的产生并引起了阶级矛盾的出现；当阶级矛盾发展至不可调和阶段的时候，国家便应运而生。简言之，国家乃是“在经济发展到一定阶段而必然使社会分裂为阶级时”的必然产物。[①] 作为国家直接产物的法律，同样“是一种政治措施，是一种政治”，“任何政治措施也不能禁止经济”[②]；而对于法的关系的理解，“正像国家的形式一样，既不能从它们本身来理解，也不能从所谓人类精神的一般发展来理解，相反，它们根源于物质的生活关系”[③]。同时，马克思主义指出，国家作为一种民主制度形态并非永久存续，随着未来公有制基础之上的社会生产力的高度发达，“阶级不可避免地要消失”“随着阶级的消失，国家也不可避免地要消失”[④]；国家一旦消失，作为国家产物的法律也必定随之消亡。

经济基础决定了作为上层建筑的政治与法治的性质和内容。马克思主义指出，“每一时代的社会经济结构形成现实基础，每一个历史时期的由法的设施和政治设施以及宗教的、哲学的和其他的观念形式所构成的全部上层建筑，归根到底都应由这个基础来说明”[⑤]。经济基础的性质和内容决定了政治建筑与法治建筑的性质和内容，政治建筑与法治建筑是经济基础的反映和表现，并且这一判断旨在说明经济发展水平和生产社会化程度决定政治建筑与法治建筑的根本性质及基本内容，而政治建筑与法治建筑的具体表现形式及内容在不同的国家、民族和地区或同一国家、民族和地区的不同历史发展阶段可能有所不同。马克思、恩格斯在论述资产阶级发展进程时指出，“资产阶级的这种发展的每一个阶段”，包括封建领主统治时期、工场手工业时期、大工业

---

① 中共中央马克思恩格斯列宁斯大林著作编译局．马克思恩格斯选集（第四卷）[M].北京：人民出版社，2012：190.

② 中共中央马克思恩格斯列宁斯大林著作编译局．列宁全集（第二十八卷）[M].北京：人民出版社，2017：140.

③ 中共中央马克思恩格斯列宁斯大林著作编译局．马克思恩格斯选集（第二卷）[M].北京：人民出版社，2012：2.

④ 中共中央马克思恩格斯列宁斯大林著作编译局．马克思恩格斯全集（第二十八卷）[M].北京：人民出版社，2018：202.

⑤ 中共中央马克思恩格斯列宁斯大林著作编译局．马克思恩格斯全集（第二十六卷）[M].北京：人民出版社，2014：29.

和世界市场建立时期，“都有相应的政治上的成就伴随着”，并体现着不同上层建筑的性质，而现代资产阶级国家的根本性质“不过是管理整个资产阶级的共同事务的委员会罢了”①。因而，在资本主义社会，资本主义私有制的生产关系决定了资产阶级专政的国家性质和资本主义法治必然在社会生活中居于统治地位；在社会主义社会，伴随社会主义生产关系代替资本主义的生产关系，其国家性质也由资产阶级专政转变为无产阶级专政，生产资料公有制的经济基础则决定了无产阶级专政的国家性质和社会主义法治相适应。

经济基础决定了作为上层建筑的政治与法治的发展及演变。马克思主义指出，“随着经济基础的变更，全部庞大的上层建筑也或慢或快地发生变革”②，表明经济基础不是固定不变的，而是随社会生产力的发展不断演变，并推动上层建筑的发展。当经济基础发生局部变化时，必然导致上层建筑发生相应的改变；当旧的经济基础为新的经济基础所代替的时候，旧的上层建筑也必然或快或慢地为新的上层建筑所取代。在资本主义社会，当物质条件发展到高级阶段进入帝国主义的时候，资本主义私有制的生产关系发生部分变化从而出现垄断，导致资本主义国家的性质由资产阶级专政转变为垄断资产阶级专政；资产阶级法治由原本作为维持市场与社会平衡以保障资产阶级利益的工具，转变为强权政治推行新殖民主义掠夺行为正当化和合法化的工具。在社会主义社会，当社会主义经济体制由计划经济改革为市场经济的时候，为适应社会主义市场经济体制的运行，必然要求国家加快政府职能转变，优化政府机构设置和职能配置，推动政治体制改革，使其与经济体制转型相匹配；同时，社会主义市场经济也是法治经济，必然要求完善社会主义法治建设规划，建立社会主义市场经济所需要的法律制度。

二、政治与法治的共振：政治与法治作为上层建筑共同反作用于经济基础

政治建筑与法治建筑维护、巩固先进的经济基础。马克思主义批评庸俗

① 中共中央马克思恩格斯列宁斯大林著作编译局．马克思恩格斯选集（第一卷）[M].北京：人民出版社，2012：402.

② 中共中央马克思恩格斯列宁斯大林著作编译局．马克思恩格斯选集（第一卷）[M].北京：人民出版社，2012：3.

的经济决定论，主张“历史过程中的决定因素归根到底是现实生活的生产和再生产”的同时，强调经济因素并不是唯一决定性的因素，“还有上层建筑的各种因素”①。由此，受经济基础决定的政治建筑与法治建筑往往具有较大的相对独立性，并对经济基础具有能动的反作用。当“政治权力在对社会独立起来并且从公仆变成主人以后”，在其选择“按照合乎规律的经济发展的精神和方向去起作用”的情况下，政治权力和“经济发展之间没有任何冲突，经济发展加快速度”②，根源于经济发展的法治，同样对经济基础具有能动反作用，法的原则由经济关系反映，是一种“头足倒置的反映”，“而这种颠倒——在它没有被认识的时候构成我们称之为意识形态观点的那种东西——又对经济基础发生反作用，并且能在某种限度内改变经济基础”③，当立法者制定的法的原则与社会生产力发展的客观要求相适应时，就能够为经济基础和生产力发展提供好的支持。鉴于此，在中国特色社会主义条件下，政治与法治的关系集中反映为党和法的关系，全面建设社会主义现代化国家和实现中华民族伟大复兴的中国梦离不开党的领导的政治保证和依法治国的有力保障，二者辩证统一于实现和维护广大群众的根本利益。

政治建筑与法治建筑破坏、瓦解落后的经济基础。在上层建筑对经济基础的反作用上，政治建筑与法治建筑归根到底是为自己的先进的经济基础服务的，并同时排除阻碍社会生产力发展和社会前进的消极对立物或有害于自己经济基础的旧的经济基础与旧的上层建筑。恩格斯曾科学预测，“国家真正作为整个社会的代表所采取的第一个行动，即以社会的名义占有生产资料”④是未来社会和共产主义社会的基本特征之一，然而资本主义国家主张，“现代国家也只是资产阶级社会为了维护资本主义生产方式的一般外部条件，使之

① 中共中央马克思恩格斯列宁斯大林著作编译局．马克思恩格斯选集（第四卷）［M］.北京：人民出版社，2012：604.

② 中共中央马克思恩格斯列宁斯大林著作编译局．马克思恩格斯选集（第三卷）［M］.北京：人民出版社，2012：563.

③ 中共中央马克思恩格斯列宁斯大林著作编译局．马克思恩格斯选集（第四卷）［M］.北京：人民出版社，2012：611.

④ 中共中央马克思恩格斯列宁斯大林著作编译局．马克思恩格斯选集（第三卷）［M］.北京：人民出版社，2012：668.

不受工人和个别资本家的侵犯而建立的组织"①，因而必须采取一切办法帮助废除资本主义私有制的生产方式，消灭旧基础和旧的政治建筑；在社会主义社会，为确保政治与法治上层建筑适应社会主义市场经济的发展要求，在推进经济体制改革，发展市场经济制度的同时，就不能不同时推进政治体制改革，发展民主政治制度，并加强法治建设，为改革提供必要保障。

当政治建筑与法治建筑沿着经济基础反方向作用时，会对社会经济的发展起到阻碍作用。政治建筑与法治建筑的相对独立性并非总是对经济基础起到好的反作用，当政治建筑及法治建筑与社会生产力发展的客观要求不相适应时，就会对经济基础的发展起阻碍、破坏作用。因而，"政治权力在对社会独立起来并且从公仆变成主人以后"，当其选择"违反经济发展而起作用"的情况下，除去少数例外，政治权力"照例总是在经济发展的压力下陷于崩溃"②，"给经济发展带来巨大的损害，并造成大量人力和物力的浪费"③；同样，对于法治建筑而言，若法治建筑违背适应生产力发展状况的客观规律，使法律制度的建构及法治理念的推进同经济社会相脱离，此时法治就会成为束缚社会生产力发展的桎梏，成为阻碍社会前进、侵害群众利益的消极力量。

三、政治与法治的互动：政治建筑与法治建筑内部之间存在强烈的交互作用

马克思主义强调经济基础对上层建筑的根本决定作用，同时指出"政治、法、哲学、宗教、文学、艺术等的发展是以经济发展为基础的。但是，它们又都互相作用并对经济基础发生作用"④。作为上层建筑的不同方面，政治与法治因内在紧密联系而具有强烈的交互作用。在位阶上，政治是法治的上位

---

① 中共中央马克思恩格斯列宁斯大林著作编译局．马克思恩格斯选集（第三卷）［M］.北京：人民出版社，2012：666.

② 中共中央马克思恩格斯列宁斯大林著作编译局．马克思恩格斯选集（第三卷）［M］.北京：人民出版社，2012：563.

③ 中共中央马克思恩格斯列宁斯大林著作编译局．马克思恩格斯选集（第四卷）［M］.北京：人民出版社，2012：610.

④ 中共中央马克思恩格斯列宁斯大林著作编译局．马克思恩格斯选集（第四卷）［M］.北京：人民出版社，2012：649.

概念，政治高于法治。法治是政治产生之后，为了“把每天重复着的产品生产、分配和交换用一个共同规则约束起来”① 便于人与人的交往而产生的；在外延上，政治的调整范围涉及人类生活的各个方面，既调控人的行为又调整人的思想，法治是政治的下位概念，政治包含法治。因此，在政治与法治的互动中，政治往往居于支配地位、起主导作用，法治则处于被支配地位，从属于政治并服从政治。

政治决定法治，法治是政治发展在法治领域的体现。政治总是围绕获得并使用国家政权而展开一系列行为活动，国家是政治存在的最集中表现；法治则是建立在国家基础上的，是国家借法律规则实现国家治理和社会管理的治国原则与方式，因而没有政治国家的存在就不可能产生法治，国家决定法治的功能价值、内容结构和使命目标。马克思主义运用阶级分析法指出，在社会经济活动之下，以私有制为基础的生产方式造成阶级分化导致了阶级对立和阶级斗争，国家正是在阶级对立和阶级斗争中逐渐产生的。因此，“国家是统治阶级的机关，是一个阶级压迫另一个阶级的机关”②。进一步地，马克思主义强调在国家政权从一个阶级手里转到另一个阶级手里的过程中所制造的一系列事变，“不是这样或那样地来修订法律或宪法的问题，而是政权问题，实际的权力问题。如果没有政权，无论什么法律，无论选出什么代表都等于零”③。因此，由统治阶级创设的为共同利益所决定的法律，不过是出于对国家政权的创立和维护。此外，马克思主义还强调政治决定法治的基本属性。对于资本主义法治而言，资本主义政治决定资本主义法治的显著特征和内在属性。马克思、恩格斯在《共产党宣言》中指明，“资产阶级的法不过是被奉为法律的资产阶级的意志”④；对于社会主义法治而言，社会主义政治决定社会主义法治的属性，社会主义法治必须服从并服务于社会主义政治的总

① 中共中央马克思恩格斯列宁斯大林著作编译局．马克思恩格斯选集（第二卷）［M］.北京：人民出版社，2012：260.

② 中共中央马克思恩格斯列宁斯大林著作编译局．列宁选集（第三卷）［M］.北京：人民出版社，2012：114.

③ 中共中央马克思恩格斯列宁斯大林著作编译局．列宁全集（第十三卷）［M］.北京：人民出版社，2017：140.

④ 中共中央马克思恩格斯列宁斯大林著作编译局．马克思恩格斯选集（第一卷）［M］.北京：人民出版社，2012：417.

体逻辑，维护国家意志和人民意志的统一；对于中国特色社会主义法治而言，我国《宪法》规定，“中华人民共和国是工人阶级领导的、以工农联盟为基础的人民民主专政的社会主义国家”；“中华人民共和国的一切权力属于人民”，人民民主构成中国特色社会主义法治的基本属性。

法治保障政治，政治社会的秩序规则由法治承载。法治建设作为政治建设的重要组成部分，其功能和价值的实现不能单纯从法治本身来论证，必须通过强调法治对保障和实现人民民主、促进国家发展等的作用来体现。对此，马克思主义强调，即使是在专制社会，“所有通过革命取得政权的政党或阶级，就其本性说，都要求由革命创造的新的法制基础得到绝对承认，并被奉为神圣的东西”①；具体到资本主义社会，资本主义法治是建立在私有制基础上的，资本主义国家为更好掌握国家政权，就需要借助法治规范政治，防止国家权力的滥用，使法治更好地体现国家的整体利益；在社会主义社会，当“工人阶级夺取政权之后，像任何阶级一样，要通过改变同所有制的关系和实行新宪法来掌握和保持政权，巩固政权”②，没有法治的保障，社会主义民主政治便无法正常运转。鉴于此，在中国特色社会主义条件下，中国特色社会主义政治本质是中国特色社会主义民主政治，而坚持党的领导、人民当家作主、依法治国有机统一，是社会主义民主政治建设必须遵循的基本方针。其中，党的领导是人民当家作主和依法治国的根本保证，人民当家作主是社会主义民主政治的本质特征，依法治国是党领导人民治理国家的基本方式，三者有机统一于中国社会主义民主政治伟大实践。

第二节　中国法政治学的基本方法论

目前，中国法政治学在国内学术界仅为一项学理概念，若以谢晖主张的

① 中共中央马克思恩格斯列宁斯大林著作编译局．马克思恩格斯文集（第十卷）［M］.北京：人民出版社，2009：528.

② 中共中央马克思恩格斯列宁斯大林著作编译局．列宁全集（第三十八卷）［M］.北京：人民出版社，2017：307.

“法学有内外两种研究视角”来理解法政治学的存在，可以得出法政治学对于法学而言，应当归入外部视角的研究方法。该方法以兼具法律和政治双重属性的社会现象为研究对象，关注法学对法与政治现象的基本态度，着重强调法与政治不可分离，没有无政治领域支撑的法律和法治，旨在运用政治学原理和法律理论解决社会重大问题，实质是法学与政治学交叉的产物。[①] 在如此定义法政治学的框架之下，学术界通常所运用的中国法政治学的方法论实质主要由几项辩证关系组成。

一、法与政治的方法论

马克思主义法治理论认为，由经济基础决定的法律这项上层建筑在作用于社会发展时，还深受政治等其他上层建筑的影响并同时反作用于政治等其他上层建筑，表明法与政治之间存在重要的相互关系。尤其是第二次世界大战以来，世界各国政治文明和法治文明发展的规律告诉我们，世界各国政治均为法治政治，因而法与政治之间的关系比历史上任何一个时期更为紧密。鉴于此，理解法与政治之间彼此交融、互动运作的关系关键在于掌握以下两个方面。

（一）政治生活中的法治原理

1. 政治统治中的法治原理

对于政治统治主体而言，统治主体在夺取政权后要想获取民众接受并化解社会排斥来宣示自己统治地位的合法性，必将选择以法治形式作为速效手段确认其统治地位，并以法治方式规定其统治的组织形态和行为模式。其一，法律以其强制性，在国内、国际范围以法律形式宣告旧政权的灭亡以及新政权的建立和归属，确立并保障政治统治主体的统治地位；其二，法律以其国家意志性，使统治主体的政治主张、政治决策具有国家意志的属性或蒙上国家意志的外衣成为其推行政治主张、实施政治决策、维护政治统治或维护规范社会管理的有效工具；其三，法律以其普遍规范性，不仅为人与人之间的

---

① 谢晖．论法学研究的两种视角——兼评“法教义学和社科法学”逻辑之非［J］.法学评论，2022（1）：17-30.

社会交往设定行为规则，也为政治统治主体自身实行政治统治设定法律和制度规则，从而将全社会的行为纳入法治的轨道之上。

2. 政治管理中的法治原理

所谓政治管理，是指国家政权机关，其中包括权力机关、行政机关、监察机关以及司法机关等，针对其他社会主体所实施的，旨在规范政治行为、维护统治秩序的管理类行为。为保证政治管理行为实现程序化、规范化、制度化运行，国家政权机关必须以法治方式从事政治管理，确保一切国家政权机关权力的行使掌控在宪法和法律准许的范围内，从而避免人治对法治的干扰。

3. 政治参与中的法治原理

政治参与专指公民通过行使管理国家的权利，顺利参与政治生活，从而影响国家政权机关活动的制定和实施，保障国家对公民民主自由权利的政治行为。我国宪法规定了公民以选举权和被选举权为核心的各项政治参与权利，并以直接民主和间接民主形式确保公民政治参与权利的落实，同时将社会主义法治作为权利保障。但按照我国民主政治的要求，公民在行使受我国社会主义法治保障的政治参与权利时，必须同时遵守宪法和法律，依法行使各项政治参与权利。否则，在不加限制的权利行使之下，公民的政治参与权利易异化为与政治统治主体对立的势力，从而威胁政治统治的稳定。

（二）法律领域中的政治问题

马克思主义法治理论主张，政治支配着法律，就连西方法政治学说中的经验主义立场也认为，法律受政治支配，并对政治具有依赖关系。① 但这种依赖关系并非单向所指，而是法与政治间的辩证统一。因而，法律领域中同样包含大量政治问题以待考究，其中典型的政治问题包括：

1. 宪制领域的政治问题

如何发展和实现社会主义民主政治，是中国特色社会主义宪制研究的根本问题。因而，我国特色宪制模式建设中涉及的关于宪法的实施问题、执政党对法治理念的认知和培养、宪政体系的完善、宪政保障机制的建立等问题

---

① 汪太贤．对立与依存：法与政治关系中的两大传统［J］.学习与探索，2005（5）：97.

的研究，本质上均指向对社会主义民主政治的发展和实现。由此，在学术研究的角度上，中国特色社会主义宪制具有双重属性，它既是法治问题，又是政治问题；既归属法学研究，又归属政治学研究。

2. 人权保护研究的政治问题

我国关于人权保护问题的理论研究不仅见于法学研究领域，也广泛存在于政治学研究之中。回顾中国共产党百年人权保护和发展历史，从推翻“三座大山”到实现民族独立、从创建民主政权到全面保障人民的人身和民主权利，从全面小康社会的建成到人类命运共同体的积极构建，中国共产党在推进中国人权保障和发展中取得了一系列关于人权事业的伟大成果，进一步回答了什么是人权、如何尊重人权、怎样保护和实现人权等一系列具有浓郁法治色彩的重大政治问题。

3. 司法改革的政治问题

司法改革表面上涉及国家司法权力的改良和配置，实质上却是对国家政治权力的调整与设计，因而是一项十分重大的政治问题。在一个国家中，大到国家基本制度的矛盾处理，小到家庭纠纷的调解求和，无不有赖于法律司法力量的发挥。尤其是从司法改革的内容来看，司法改革的本质是实现国家和社会秩序稳定化的“压舱石”，不仅涉及对司法的综合性改革以维护司法公正的初级目标，其背后更是暗含着维护社会秩序稳定、实现社会正义的深层政治目标。

二、法与民主的方法论

马克思主义法治理论始终坚持法与民主的辩证统一，认为民主作为国家的一项政治制度，是实现现代化的重要组成部分，因而民主必须通过法律的方式进行体现和保障。同样，在中国特色社会主义百年法治实践中，法与民主的辩证关系已是较为成熟的重大理论问题和实践课题：邓小平民主法制思想提出了“为了保证人民民主，必须加强法制”的重要论断①，实行依法治国基本方略的思想主张“民主总是同法制结合在一起的，什么样的民主就由

① 中央文献编辑委员会．邓小平文选（第二卷）［M］.北京：人民出版社，1994：146.

什么样的法制来体现和保障”①，实行依法执政基本方式的思想强调“以法治的理念、法治的体制、法治的程序保证党领导人民有效治理国家”②。如今，习近平法治思想在凝聚马克思主义法治理论和中国特色社会主义法治实践关于法与民主辩证关系的重要论断的基础上，强调社会主义民主贯彻于法治中国建设的全方面和各阶段，践行以人民为中心的发展思想，发展全过程人民民主。③ 鉴于此，法与民主的辩证关系可以概括为以下两点。

一方面，民主是法的基础，是法的价值所指。社会主义民主强调人民当家作主，人民将自己的意志交由国家机关反映出来，并利用国家机关将平等、自由等权利以法律形式集中起来并固定下来，借助法律的国家强制力保障人民民主权利。因此，在民主的视野和框架下，民主对法治的基础作用贯穿社会主义法的整个过程，不仅在立法过程中要制定实现广大人民民主权利的法律，而且在法的执行和法的遵守过程中也要体现民主原则，保障人民群众依法行使合法权益。此外，社会主义民主指明了法的价值取向。法作为人民整体意志的体现，旨在解决社会纠纷、稳定社会秩序、维护社会正义、实现人民民主。尤其是从人民民主的外在表现来看，民主强调“多数人的统治”，同时准许少数人表达其观点，禁止剥夺少数人的民主权利。因而，民主作为法的重要价值取向，要求我们必须坚持发展社会主义民主，努力完善能够实现全体人民根本利益的法。

另一方面，法是民主的保障，社会主义法治诞生于保障社会主义民主的现实需要，同时为社会主义民主提供发展指引。首先，社会主义民主通过社会主义法治得以法律化。每一项民主权利只有经过法律形式确立，才能避免空谈。在我国，公民享有的一切民主权利被规定在宪法和法律当中，为宪法和法律明确规定所准许的，应是为法律所承认并保护的，为宪法和法律所明确禁止的，便是违反民主原则并应承担法律责任的。其次，社会主义民主通过社会主义法治得以制度化。民主的种类繁多，民主的受众即人民群众也是复杂的，只有通过法律这种具有国家强制力的规则将民主以一定制度予以安

① 中央文献编辑委员会．江泽民文选（第二卷）［M］.北京：人民出版社，2006：258.
② 中央文献编辑委员会．胡锦涛文选（第二卷）［M］.北京：人民出版社，2016：463.
③ 习近平．习近平著作选读（第一卷）［M］.北京：人民出版社，2023：482.

置，才能避免社会主义民主遭受极少数人的破坏。

三、法与国家的方法论

马克思主义关于国家与法的原理主张，国家是基于阶级对立的需求而产生的，并因其公共权力是通过法律获得神圣和不可侵犯的地位而区别于其他政治形式，但无论是何种国家形式，最终都将伴随阶级消亡而不可避免地消失，其中用以维护国家公共权力地位的法律亦将随之消失。[①] 因而，可以认为法与国家均是无产阶级为实现自身使命创设的重要工具，二者相互作用、相互影响，内在一致。

（一）法对国家的影响

第一，国家机构依法设立。对于我国社会主义国家而言，设立体现人民意志、全心全意为人民服务的国家机构是保障国家治理和社会治理的必然要求，各个国家机构的名称组织、职权划分、体制编制必须遵循我国宪法、组织法以及相关法规的规定，这也是我国建设法治中国的必然选择。第二，国家活动以法合法。国家作为人民赋予的权力集中者，其活动的设立与开展必然需要监督及审查，而法律作为众多规范中最具强制力的社会规范，为国家权力的行使提供明确准则，确保国家立法活动、行政活动以及司法活动的合法化。因而，国家活动不能离开法律，脱离法律手段规制的国家活动严重危及国家政权的稳定和社会政治、经济的发展。第三，国家机关职能以法实现。法律是国家机关行使职能的准则，是判断国家机关的行为是否契合人民利益的量尺。法律既通过实体法规定国家机关职能范围和职权大小，也通过程序法规定其活动步骤和行为方式。中国社会主义法治建设要求所有国家机关以及行使国家机关职能的公务人员都要以法律为手段行使职责、履行职务。

（二）国家对法的作用

第一，国家是法产生和存在的前提。古今中外，往往都是在国家政权确立之后才产生国家机构，继而产生立法、司法、执法等国家机关，继而产生

---

① 中共中央马克思恩格斯列宁斯大林著作编译局．马克思恩格斯选集（第四卷）［M］.北京：人民出版社，2018：190.

在国家主权范围内适用于一国人民的法律。我国亦是如此。中国共产党在带领人民夺取全国政权之后逐步建立人民民主专政的社会主义国家，并在此基础上逐步从新民主主义法制过渡到社会主义法制及社会主义法治。第二，国家依自身职能行使立法活动。国家通过立法机关考察社会发展过程中人们产生的利益需求，从而召集立法活动，依照法定程序制定法律。第三，国家确保法的强制性的实现。法的基本特征之一是法具有强制性，以强制性规范并约束人的行为，但这种强制性并不依赖于法本身实现，而是交由国家机关行使，这就意味着国家在制定和认可法律的同时，赋予法律威慑力以保障法的顺利实施。第四，国家推进法的宣传工作的开展。法律的遵守除依靠人们内心的拥护之外，也离不开国家的宣传行动。我国在建设社会主义法治国家的进程中，虽然大部分法律依靠人民自觉服从，但国家普法宣传工作的推行，以及国家机关工作人员尤其是党员干部带头普法守法的做法，对于提升全民法治意识和法律素养而言，具有重要意义。

四、法与权力的方法论

马克思主义法治理论认为，法与权力之间具有十分密切的逻辑联系和辩证关系，法律是在无产阶级取得革命胜利、掌握国家权力的前提下制定的，法律是对无产阶级革命胜利果实的确认和体现。正如哈贝马斯的商谈理论所论述的那样，法律在规范性视角下获得权力提供的强制性并借此树立权威，而权力从工具性视角出发，依靠法律形式受到约束与规制，并形成往复循环。① 我国在全面依法治国进程中也多次强调权力配置和运行制约机制的构建，要求“坚持权责法定，健全分事行权，明晰权力边界，规范工作流程，强化权力制约”②，明确法律的实施在借助国家权力的情况下获得保障，而国家权力只有通过合法制定的法律形式才能证明权力运行的正当性。

---

① 哈贝马斯．在事实与规范之间：关于法律和民主法治国的商谈理论［M］.童世骏，译．北京：生活·读书·新知三联书店，2014：639.

② 中共中央关于坚持和完善中国特色社会主义制度推进国家治理体系和治理能力现代化若干重大问题的决定［N］.人民日报，2019-11-06（01）.

（一）法与执政权

执政权是中国共产党作为执政党的权力体现，其与法治的关系高度集中在中国共产党治国理政的基本方式即依法执政中。一方面，依法执政是全面依法治国、建设社会主义法治国家的题中应有之义。法治要求任何国家机关、组织的权力范围、行使方式、责任承担、人事任免等事项都必须由宪法和法律规定。中国共产党依法执政并将依法执政确立为党治国理政的基本方式，实现了法治的完整性和统一性。另一方面，依法执政也是实现政治文明的重要标志。现代政治文明有两项重要发展趋势，一是世界各国政治均为政党政治，政党在国家政治生活当中占据十分重要的地位、扮演十分重要的角色、发挥十分重要的作用；二是世界各国政治均为法治政治，各类主体的权力、权利、义务责任，均在法治的轨道上得到正确行使。因此，当今世界政治发展均为法治政党政治。

（二）法与立法权

立法权由特定国家权力机关行使，用以制定、认可和变动法律并同时体现人民整体意志的综合性权力体系。[①] 因而，理解法与立法权的微妙关系关键在于，法律是享有立法权的国家机关行使立法权的结果，制定、认可、修改、解释、废除或补充法律文件是立法权设立的直接目的，通过行使立法权颁布的法律文件达到维护国家意志并预防专政和保障人民根本权益，则是立法权设立的根本目的。立法权的行使在法治中国建设中发挥着牵头作用，为合理配置央地立法权、完善我国立法体制，改善我国立法技术、提高我国立法质量，就必须要求立法权的行使在法治范围内发挥其引领和推动作用，指引我国立法真正实现科学立法、民主立法、依法立法。具体而言，立法权的行使主体，包括具备立法权的国家机关，以及因具备立法职能而被授予立法权的其他国家机关等，必须由我国宪法法律明确规定；立法权的行使程序要严格遵循程序法定，依照法律规定行使立法步骤和立法阶段，任何机关或个人不得随意增加或删减立法环节，以保障立法程序的神圣与威严；立法权的行使

① 周旺生．立法学教程［M］.北京：北京大学出版社，2006：214.

范围要受法律的严格限制，作为国家权力体系中的关键权力，立法权必须在法律的授意范围内科学活动，以此明确立法目标和任务，防止专制立法对法治的破坏。

（三）法与行政权

行政权是国家行政机关用于执行法律规范，管理国家行政事务，践行公共服务，最终满足人民美好生活需要的国家权力。[①] 由于行政权的权力设定、权力运行和权力配置均是依据我国宪法和法律而设定的，因而其与法治的关系高度集中在依法行政之中。一方面，国家行政机关以及具备行政管理职能的组织和人员在行政管理过程中必须依照法定职权与程序执行法律规范，在宪法、法律准许的范围内实现有效管理；另一方面，在确保依法行政的基础上，行政权在以其职能实现对国家、社会公共事务管理的同时，致力于提高行政效率，优化公共服务，保障和改善民生以更好地发挥政府行政职能，因而对推动我国法治政府建设具有重要作用。

（四）法与司法权

司法权是我国国家权力系统的重要组成部分，习近平总书记将该权力概括为对案件事实和法律的判断权与裁决权[②]，司法权的设立在于通过权力行使中的判断和裁决追求司法公正，进而促进社会公平、正义。论证法与司法权的辩证关系，一方面，法律所追求的正义、效率、人权等价值以司法机关借助司法程序依法独立、公正行使司法权作为必要手段；另一方面，司法权的行使必须通过法治方式获得保障。首先，从司法权的目的范畴来看，司法公正的实现必须由司法机关在查清案件事实的基础上依据法律作出判决；其次，从司法权的手段范畴来看，不论是国家机关、社会团体还是个人，其相互之间在发生争议纠纷时都有可能成为诉讼一方当事人，为处理这些主体间出现的各种争议，就必须以法律作为司法的良性工具，确保司法权依照法律规定获得独立行使。

---

① 刘萍，王炜．行政管理学［M］.北京：中国财富出版社，2014：4.

② 中共中央文献研究室．习近平关于全面依法治国重要论述摘编［M］.北京：中央文献出版社，2015：102.

（五）法与监察权

监察权是国家监察机关与纪律检查机关合署办公，依据宪法和法律规定着力于国家反腐败行政监督和纪律检查工作，用以制约普通国家机关的政治权力。[①] 理解法与监察权的辩证关系在于，一方面，监察权的确立在推动我国反腐倡廉工作的开展、维护法治秩序的稳定等方面发挥着巨大的作用。另一方面，监察权作为公权力本身也要预防被滥用的风险，这就意味着监察权必然要依法行使。首先，国家监察委员会及各级监察委员会的公职人员权力行使的程序需依照监察法规定，权力行使的种类和范围需依照监察法的规定，禁止权力行使的不作为或乱作为。其次，确保监察权依法独立行使。监察权独立于其他国家权力而存在，因而监察权的行使不受任何国家机关、社会团体或个人的干涉，享有权利行使上的独立性。最后，监察权的行使应受制约与监督。为构建我国完备的监察体系，实现国家监察能力现代化，监察权在践行自我监督的同时应当接受来自其他国家权力机关、社会、个人等层面的考验。

五、法与政党的方法论

马克思主义法治理论认为，马克思主义政党相较于其他政党更具先进性的原因在于其对自身与法之间关系的科学处理。马克思主义政党观主张法与政党之间存在密切的联系，政党本身要接受法律的约束，没有任何政党可以凌驾于法律之上，否则法律将形同虚设。因而，在中国特色社会主义条件下，在中国共产党科学继承马克思主义政党观的基础上，结合中国特色社会主义法治实践，进一步推动马克思主义政党观中国化发展，强调党的领导与依法治国之间有机统一，又相辅相成。

党的领导与依法治国之间有机统一。首先，从党的领导和依法治国的设立本质来讲，二者都是实现法治中国建设的重要手段，都是为了实现人民根本利益。其中，中国共产党坚持党组织的设立和发展一切为了人民，坚持党员干部的本质和价值在于为人民谋取根本利益；依法治国的本质同样侧重以

① 吴园林，刘昱成．监察权性质新论［J］.河北法学，2021（2）：155.

法治方式实现社会治理和国家治理，以法治方式追求国家富强和民族复兴。因而，党的领导与依法治国在价值理念和根本设立上具有高度一致性。其次，二者在实际发展中互补互余。一方面，我国在推进现代化进程中实现国家治理体系的现代化，要求完善社会主义法律体系与党的政策、方针、原则相协调，完善党内法规体系与法律的规范公正、严谨等特征相联动；另一方面，实现国家治理能力的现代化，要求以坚持党的领导作为方向指南，以坚持法治方式作为方法逻辑，以法治作为保障人民当家作主的重要依托，确保在法治的轨道上实现国家治理能力的现代化。

党的领导与依法治国之间相辅相成。首先，党的领导是依法治国的根本保证。其一，党的领导为依法治国提供根本方向保证。社会主义法治的发展不能偏离或脱离党的领导，无论是宪法、法律的制定、实施，还是制度、机制的运行，只有在坚持党的领导下才能实现其存在价值，才能实现对人民权益的保障。其二，党的领导是全面依法治国的最高政治领导力量。党的领导贯彻于我国总体布局和战略布局的全方位，为全面依法治国的发展提供了坚实的力量支撑。其三，党的领导是全面依法治国的根本思想保证。习近平法治思想将坚持党的领导确立为核心要义之首，并以其方法论原理为全面依法治国提供了全面、系统、科学的思想指导。其次，依法治国是实现党的全面领导的最佳路径。其一，依法治国的实施，确保中国共产党严格依据宪法、法律治国理政，依据党内法规管党治党；其二，党的领导通过与依法治国的统一，提升并改进党的领导和执政水平，使中国共产党在全面依法治国过程中坚持以宪法法律为手段，在完备的法律体系的基础之上，将自身与国家机关以及个人、团体均纳入宪法法律规定的范围，实现依法治理党和国家、社会；其三，在依法治国基本方略下，党的决策指令通过法律程序得以贯彻落实，党的方针政策通过法律手段更具科学性和民主性，党的领导地位因此得以巩固。

第三节　习近平法治思想中法政治学方法论的体现

习近平法治思想是以马克思主义法治理论为指导，将马克思主义法治理论的基本原理同中国法治建设具体实际相结合、同中华优秀传统法律文化相结合的重大理论创新成果。在习近平法治思想中，马克思主义法政治学的基本原理和中国法政治学的基本方法论贯穿其中并统揽全域，科学认识和正确处理政治与法治之间的重大辩证关系，是习近平法治思想内在方法论的精髓之一。实践证明，社会主义事业越是发展和进步，就越需要法治提供有力保障，政治与法治之间的关系就越重要。在法治的轨道上全面推进中国式现代化，从而全面建设社会主义现代化国家和实现中华民族伟大复兴的中国梦的历史新征程中，凝练习近平法治思想中的法政治学方法论，对纵深研究阐释习近平法治思想和持续推进全面依法治国，具有重大的理论价值和实践意义。

一、政治与法治

习近平法治思想遵循马克思主义法政治学的基本原理和中国法政治学的基本方法论，结合新时代全面依法治国的具体实践，认为政治与法治之间的关系问题，是关乎全面依法治国性质、方向和前途的根本问题，是社会主义法治实践和理论的核心问题。习近平法治思想精辟指出，正确处理政治与法治的辩证关系，一方面要从政治角度看法治，认识到政治决定法治，有什么样的政治就有什么样的法治，法治当中有政治，没有脱离政治的法治；另一方面要认识到法治服务政治，政治当中有法治，要在法治工作中讲政治，没有脱离法治的政治。概言之，政治与法治之间具有辩证统一的逻辑关系。

（一）政治理论与法治理论

理论是行动的先导。没有正确的理论指导，就没有正确的实践行动。政治理论与法治理论之间的关系，既是政治实践与法治实践二者之间的关系在理论领域的集中反映，又是实践中认识和处理政治与法治二者之间关系的根本依据。关于政治理论与法治理论之间的关系，习近平法治思想认为：其一，现代社会没有脱离政治的法治，每一种法治形态背后都有一套政治理论。① 一国的法治建设是其本国政治发展在法治领域中的具体表现，一国的法治形态，如法治的阶级性质、战略地位、领导力量、依靠主体等都是由其本国所奉行的政治理论决定的。资本主义“司法独立”的法治形态，是资本主义“三权分立”的政治理论指导下的法治形态；社会主义“审判独立”的法治形态，是社会主义“议行合一”的政治理论支配下的法治形态。其二，现代社会没有脱离法治的政治，每一种政治模式都内含特定的法治理论。政治法治化是现代社会政治的显著特征，政治关系、政治行为、政治体系及政治发展都必然要求法治化。资本主义政治模式中内含“主权至上”“法律至上”“个人权利本位”“私人财产神圣不可侵犯”等法治理论；社会主义政治模式中内含“坚持党的领导”“坚持人民主体地位”“坚持法律面前人人平等”“坚持从实际出发”等法治理论。其三，法治理论是政治理论的重要组成部分，是政治理论在法治领域中的重要体现，法治理论组成政治理论。资本主义法治理论是资本主义政治理论的重要组成；社会主义法治理论是社会主义政治理论的重要组成；中国特色社会主义法治理论是中国特色社会主义理论体系在法治领域的体现，是坚持全面依法治国、推进法治中国建设的创新理论。

（二）政治道路与法治道路

习近平法治思想认为，任何一种法治道路都不可能脱离政治道路而独辟蹊径，每一条法治道路背后都有一种政治立场，而中国特色社会主义法治道路本质上就是中国特色社会主义道路在法治领域的具体体现。在习近平法治思想之中，政治道路与法治道路须臾不可分离，政治道路为法治道路提供了内在的逻辑主线。其一，政治的核心是国家政权，现代世界的国家政权总要为一定的政党所掌握并因此表现出自己的特征。中国政治道路的实质在于中国特色社会主义最本质的特征是党的领导，中国特色社会主义制度的最大优势是党的领导，坚持中国特色社会主义法治道路，最根本的就是坚持中国共

① 中共中央文献研究室．习近平关于全面依法治国论述摘编［M］.北京：中央文献出版社，2015：34.

产党的领导。其二，世界上没有抽象的、一般的政治，政治从来都是具体的、历史的，是同一定的社会制度联系在一起的。中国政治道路的核心思想、主体内容和基本要求体现为中国特色社会主义制度，而中国特色社会主义法治体系作为基本法律制度，是中国特色社会主义的基本制度之一，是中国特色社会主义制度在法治领域的延伸和体现。其三，理论是政治行动的先导，政治不被正确的理论说服和掌握，就必然会被错误的理论说服和掌握。中国政治道路以马克思主义及其中国化的理论成果即毛泽东思想和中国特色社会主义理论体系为指导，而习近平法治思想作为马克思主义理论中国化的最新成果，是新时代全面依法治国的指导思想、学理支撑、行动指南和根本遵循。

（三）政治战略与法治方略

习近平法治思想向来反对就法治论法治，而是将法治方略放置于政治战略之中进行考虑、谋划和推进，由此实现法治方略与政治战略的有机统一。习近平法治思想认为，全面依法治国是一项系统工程，是国家治理的一场深刻革命，涉及国家治理各个方面，涉及中国特色社会主义事业“五位一体”总体布局、“四个全面”战略布局的各个领域，涉及立法、执法、司法、守法等各个环节，要整体谋划，更加注重系统性、整体性、协同性。全面推进依法治国的核心价值，就是在继全面建成小康社会之后，为全面建设社会主义现代化国家、实现中华民族伟大复兴的中国梦提供有力的法治保障。具体而言，在“四个全面”的战略布局之中，全面建成小康社会和全面建设社会主义现代化国家是战略目标，全面依法治国与全面深化改革和全面从严治党一起构成了战略举措；作为战略举措之一的全面依法治国，从新的法治实际出发，致力于全面建设社会主义现代化法治强国和实现中华民族法治文明的伟大复兴，服从和服务于作为战略目标的全面建设社会主义现代化国家和实现中华民族伟大复兴的中国梦。

二、治国与治党

习近平法治思想指出，在全面建设社会主义现代化国家新征程上，治国与治党的关系处理，决定着中国共产党能否履行好执政兴国的重大历史使命、能否赢得具有许多新的历史特点的伟大斗争胜利、能否实现党和国家的长治久安。一方面，治国必先治党，党兴才能国强。中国共产党具有执政地位、肩负执政使命，绝非为治党而治党，党只有依据党内法规管党治党、从严治党，才能保持自身先进性、纯洁性，从而为推进社会主义事业发展提供根本保证。另一方面，治国推进治党，党的建设要推进到什么阶段，取决于党和人民事业发展到什么阶段，必须坚持把推进党的建设伟大工程同推进党领导的伟大事业紧密结合起来。

（一）党的领导与依法治国

习近平法治思想认为，“党和法的关系是政治和法治关系的集中反映”①，“党和法、党的领导和依法治国是高度统一的”②，因而正确处理党的领导与依法治国是认识政治与法治之间关系的关键。社会主义法治与西方国家法治最大的区别在于是否坚持党的领导，党的领导是中国特色社会主义及其法治最本质的特征，党的领导和依法治国的关系不是割裂对立而是高度统一的。其一，社会主义法治必须坚持党的领导。党的领导为社会主义法治提供政治前提和根本保证，是中国特色社会主义法治道路的核心要义之一，决定了中国特色社会主义法治的性质、方向、前途和命运。其二，党的领导必须依靠社会主义法治。党领导人民全面推进依法治国，就是要运用法治思维和法治方式巩固党的执政地位、改善党的执政方式、提高党的执政能力，通过法治保障党的路线方针政策有效实施，提升党利用法律和制度治理国家与管理社会的能力及水平。其三，发展人民民主，坚持党的领导、人民当家作主、依法治国有机统一，是科学认识和正确处理党的领导与依法治国之间辩证关系总的理论原理及方法论原则。党的领导是人民当家作主的根本保证，人民当家作主是社会主义民主的本质属性，依法治国是党领导人民治理国家的基本方略。此外，习近平法治思想认为，在科学认识党和法的关系时，还必须正确处理党的政策和国家法律的关系，正确把握党的政策和国家法律的一致性。

---

① 中共中央文献研究室．习近平关于全面依法治国论述摘编［M］.北京：中央文献出版社，2015：34.

② 中共中央文献研究室．习近平关于全面依法治国论述摘编［M］.北京：中央文献出版社，2015：36.

其中，党的政策体现的是党的意志，国家法律体现的是国家意志，然而二者在本质上都是人民意志的根本反映，都以维护人民根本利益为价值追求。党既领导人民制定宪法法律，也领导人民执行宪法法律，做到党领导立法、保证执法、带头守法，政法工作要自觉维护党的政策和国家法律的权威性，确保党的政策和国家法律得到统一正确实施。[①]

习近平法治思想还认为，党的领导核心作用与国家政权机关和社会团体组织依法依章程发挥职能之间的辩证关系，是政治与法治、国家和社会与政治和法治之间关系的具体体现。其一，党是中国特色社会主义事业的领导核心。党是国家政治和社会生活中的最高政治领导力量，党是领导一切的。各国家政权机关和社会团体组织均在党的领导下依照宪法法律与章程的规定，通过各种途径和形式发挥自身的职能作用。其二，国家政权机关与社会团体组织是党实现对国家与社会领导的政治载体。党作为执政党，实行全面依法治国，通过领导国家政权机关和社会团体组织并保证其依照宪法法律与章程的规定发挥各自应有的职能，执行和实施党的路线方针政策，进而达到领导人民治理国家和管理社会的执政目的。国家政权机关和社会团体组织依照宪法法律与章程的规定发挥各自职能，是党领导人民全面依法治国的必然要求。

（二）依法治国与依法执政

习近平法治思想认为，依法治国是党领导人民治理国家的基本方略，依法执政是党治国理政的基本方式，应当准确把握全面依法治国的工作布局，厘清依法治国与依法执政的辩证关系。其一，依法执政是依法治国的关键。依法治国是现行宪法确定的治理国家的基本方略，能否做到依法治国，关键在于党能否坚持依法执政。[②] 中国共产党是中国特色社会主义事业的领导核心，党能否坚持依法执政、正确领导立法、带头守法、保证执法，对全面依法治国具有重大作用。依法执政不是要削弱党的领导，而是要进一步加强和改善党的领导，以此更好地推动党领导人民治理国家。其二，坚持把依法治

---

① 习近平．习近平谈治国理政（第一卷）［M］.北京：外文出版社，2018：147-148.

② 中共中央文献研究室．十八大以来重要文献选编（中）［M］.北京：中央文献出版社，2016：188.

国的基本方略同依法执政的基本方式统一起来，发挥党总揽全局、协调各方的领导核心作用，善于使党的主张通过法定程序成为国家意志，善于使党组织推荐的人选成为国家政权机关的领导人员，善于通过国家政权机关实施党对国家和社会的领导，支持国家权力机关、行政机关、审判机关、检察机关依照宪法和法律独立负责、协调一致地开展工作。[①] 此外，习近平法治思想认为，党的政策和国家法律的关系，是科学认识依法治国与依法执政的关系时必须正确处理的一组重要关系，要求把握党的政策和国家法律的互补性作用。其中，党的政策是国家法律的先导和指引，是立法的重要依据和执法、司法的重要指导，当“党的政策成为国家法律后，实施法律就是贯彻党的意志，依法办事就是执行党的政策”[②]；国家法律则使党的政策定型化、条文化、规范化和法律化，并以其规范性体现党的意志和党的主张。

（三）依法治国与依规治党

习近平法治思想认为，国家法律与党内法规是中国特色社会主义法治体系的重要组成部分，二者规范合力，并行不悖，“全面推进依法治国，必须努力形成国家法律法规与党内法规制度相辅相成、相互促进、相互保障的格局”[③]。其一，国家法律与党内法规相辅相成。党内法规着眼于全体党员，通过制定专门规章制度，规范党的领导和党的建设活动、约束党组织活动和党员行为；国家法律则通过具体规范调整个人行为和社会关系。就适用标准而言，党内法规严于国家法律，党的各级组织和广大党员干部既要遵守国家法律，也要遵守党内法规。就效力位阶而言，国家法律高于党内法规。在司法审判工作中，对国家法律没有规定的情形，人民法院可以适用党内法规；对党内法规和国家法律均有规定但规定不一致时，要优先适用国家法律。其二，党内法规与国家法律相互促进。国家法律与党内法规各有其规范优势，二者有机衔接协调。一方面，国家法律与党内法规各有其规范界限，对于国家法

---

① 中共中央文献研究室．十八大以来重要文献选编（上）［M］.北京：中央文献出版社，2014：91-92.

② 中共中央文献研究室．习近平关于全面依法治国论述摘编［M］.北京：中央文献出版社，2015：20.

③ 习近平．论坚持全面依法治国［M］.北京：中央文献出版社，2020：96.

律已经规定的事项，党内法规不得作出重复规定；对于党的自身建设、党组织运行等纯粹党内事务，国家法律不得作出具体规定。另一方面，制定国家法律可吸收党规党纪中的法治理论，以党内法规促进国家法律推陈出新；制定党内法规可借鉴国家法律的严谨性和规范性，以法治理念规范和引导党内法规，推进党内法规铸新淘旧。其三，党内法规与国家法律相互保障。国家法律侧重“治国理政”，其以强制力规范党员在内的全体公民，并保证公权力的合法运行，为党内法规处理和规范党员领导干部违纪行为提供借鉴；党内法规侧重“管党治党”，其以严格的行为标准保证党员领导干部遵纪守矩，以国家法律为参照，推动党内法规通过法定的立法程序将其转化为国家法律，为国家法律的制定和完善提供更为丰富的立法来源。

习近平法治思想认为，依法治国和依规治党，是中国特色社会主义法治理论的一组重大辩证关系，是中国特色社会主义法治实践中法治与政治辩证关系的重要体现，为全面推进依法治国，提高管党治党现代化、科学化水平，必须坚持依法治国与依规治党有机统一。其一，依法治国是依规治党的基础和依托。在全面依法治国的视角下，党依据宪法法律治国理政，党自觉在宪法法律范围内活动，善于通过国家机关、经过法定程序使党的主张成为国家意志，形成法律，通过法律保障党的路线政策有效实施，通过法治加强和改善党的领导。其二，依规治党是依法治国的引领和保障。只有“依规治党深入党心，依法治国才能深入民心”①，通过发挥“依法治国对党和国家事业发展的政治保障作用”② 进一步提升党的建设和党的工作的制度化、规范化、程序化水平；同时，运用法规制度、法治思维管党治党，确保党既依据宪法法律治国理政，又依据党内法规管党治党、从严治党。其三，坚持依法治国与依规治党统筹推进、一体建设。依法治国与依规治党之间不是前后相继的关系，而是统筹推进、一体建设的关系。全面依法治国，既要充分发挥依规治党对依法治国的引领作用，以依规治党为实现建设中国特色社会主义法治体系、建设社会主义法治国家的总目标提供有力保障；也要发挥依法治国对依

① 习近平．论坚持全面依法治国［M］.北京：中央文献出版社，2020：223.

② 习近平．习近平谈治国理政（第四卷）［M］.北京：外文出版社，2022：302.

规治党的依托作用，使党在宪法和法律的范围内活动，要求一切党员和党组织的活动都不能同宪法和法律相抵触。

三、民主与法治

人民属性是习近平法治思想作为马克思主义法治理论阶级属性的具体体现。对民主与法治之间关系的科学认识，是习近平法治思想中法政治学方法论的精华所在。习近平法治思想提出，“全面依法治国最广泛、最深厚的基础是人民，必须坚持为了人民、依靠人民”①，由此科学而又深刻地回答了全面依法治国价值论和方法论的有机统一。在价值论的维度中，为了人民是全面依法治国的价值追求；在方法论的维度中，依靠人民是全面依法治国的实践依托。二者统一于全面依法治国进程中对人民主体地位原则的坚持和践行。坚持人民在全面依法治国中的主体地位既是习近平法治思想区别于非马克思主义法治思想的根本所在，也是社会主义法治区别于资本主义法治的根本所在。

（一）法治为了人民

坚持人民在全面依法治国中的主体地位，社会主义法治是人民民主的制度保障。习近平法治思想认为，“推进全面依法治国，根本目的是依法保障人民权益”②，人民是依法治国成效的检验标准和衡量依据，这深刻阐明了法治建设为了谁的问题。在中国特色社会主义新时代，我国的基本矛盾已转化为人民日益增长的美好生活需要同不平衡不充分发展之间的矛盾，全面依法治国作为党治国理政的基本方略，着眼于保障和改善民生，不断提高人民的生活水平，总目标在于建立社会主义法治体系，建设社会主义法治国家。对于何时达成这一目标、由谁评判是否达成、如何认定检验标准，尽管评价主体并不唯一，但归根究底是由人民说了算，要把人民拥护不拥护、赞成不赞成、高兴不高兴、答应不答应作为检验法治建设成效的根本制胜密码。为此，全面依法治国必须贯彻以人民为中心的发展理念，把体现人民利益、反映人民

---

① 习近平．论坚持全面依法治国［M］.北京：中央文献出版社，2020：2.

② 习近平．论坚持全面依法治国［M］.北京：中央文献出版社，2020：2.

愿望、维护人民权益、增进人民福祉作为一以贯之的出发点和落脚点，并贯彻到立法、执法、司法和守法活动的各个环节和各个方面，坚持一切为了人民，全心全意为人民服务，积极发展全过程人民民主，为实现人民美好生活多样化、高层次需求继续奋斗。

（二）法治依靠人民

习近平法治思想秉承人民创造历史的马克思主义的基本观点，认为社会主义法治事业归根到底是人民的事业。人民民主是社会主义法治的政治基础，是社会主义法治国家的本质要求。习近平法治思想认为，“全面推进依法治国需要全社会共同参与，需要全社会法治观念增强”①。人民在社会主义法治建设中始终处于中心位置，发挥重要作用，人民对法治建设的参与程度，影响着法治建设的进程和广度、深度，只有紧紧依靠群众，从人民群众中汲取智慧和力量，法治建设才能顺利推进，依法治国的总目标才能实现，这深刻回答了法治建设依靠谁的问题。在推进全面依法治国的过程中，必须把坚持以人民为中心的发展思想贯穿立法、执法、司法、守法各个环节：其一，保障人民参与立法活动，使法律的制定和实施更好地反映人民对公平、正义、民主、法治等日益增长的需要，更好地体现立法工作想人民之所想，行人民之所嘱；其二，保障人民参与制定重大行政决策，推进决策的科学化、民主化，确保执法机关及其工作人员每一项执法决定的作出，都是严格依法办事、依法办案；其三，保障人民参与司法活动，有利于加强对司法活动的监督，加快构建规范高效的制约监督体系，确保人民群众在每一个司法案件中感受到公平正义；其四，使全体人民都成为社会主义法治的忠实崇尚者、自觉遵守者、坚定捍卫者，使尊法、信法、守法、用法、护法成为全体人民的共同追求。

---

① 中共中央文献研究室．十八大以来重要文献选编（中）［M］.北京：中央文献出版社，2016：188.

第三章　中国式法治现代化视角下法政治学方法论在私法领域的典型运用

由于学术界仍然通行地将法律分为公法和私法，因此，本书同样将中国法政治学方法论的发展趋势分为公法领域和私法领域，希冀能够全方面地展现中国法政治学方法论的发展趋势。法政治学方法论的适用并非专属公法领域，在私法领域同样存在使用法政治学方法论的空间和余地。其根本原因在于，尽管私法的调整对象是私主体之间的权利义务关系，但它仍然构成上层建筑的重要组成部分，仍然与同样作为上层建筑的政治发生密切的联系。任何私法制度的设计，如同公法规范一般，亦是在特定国家、特定政治制度背景之下进行的，与政治之间发生密切的联系或受政治因素的影响和决定，反映了特定国家的政治制度、政治理论、政治道路，只不过二者表现的形式存在具体的差别。

民法是私法的基本法，民法典是民事法律关系的集大成者，民法典的编纂和施行不可能脱离政治因素单独存在，其民事制度设计与政治制度背景之间同样发生着密切联系或受政治因素的影响和决定。因而，民法典是法政治学方法论在民法领域的典型研究对象。本章以民法学中法政治学方法论的具体体现和发展趋势作为研究基础，以民事法律制度的设计背景、逻辑内涵作为研究路径，以"整体考察+个案讨论"作为研究模式，揭示法政治学方法论在《中华人民共和国民法典》（以下简称《民法典》）各编章、各规范中的表现，并总结出法政治学方法论在《民法典》的体现呈现一种分化现象：鉴于《中华人民共和国民法典·总则编》（以下简称《总则编》）、《中华人民共和国民法典·物权编》（以下简称《物权编》）总是和我国社会主义制度、党的政治策略密切关联，因而法政治学方法论在《总则编》《物权编》中的表现尤为明显。其中，在《总则编》主要体现在立法宗旨、调整对象、基本原则等方面，在《物权编》显著体现于国家所有权制度、土地经营权、建设用地使用权、居住权等制度；相反，《中华人民共和国民法典·合同编》（以下简称《合同编》）因包含大量充分尊重当事人意思表示的任意性规范，具有排斥政治、权力以及国家、政党等因素干预的天然属性，是民法意思自治原则最透彻的集中表现，因而法政治学方法论在《合同编》中的表现最为少。简言之，之所以会出现这种现象，是因为《总则编》所确定的民法的基本原则和民事主体的共同行为规范更能表现出一个国家的政治体制与政治主张，其他各编则相较而言更加深刻地根植于商品生产、商品交换及其高级形态——市场经济之中。

第一节　中国民法学中法政治学方法论的概貌和趋势

一、《民法典》历次编纂中法政治学方法论概貌

中国特色社会主义法治理论是中国特色社会主义理论体系在法治领域的具体运用，民法学理论体系作为中国特色社会主义法治理论的重要组成部分，是衡量我国法治建设事业目标进展和价值取向的重要内容与重要依据，在实现全面依法治国、建设中国特色社会主义法治体系的总目标中举足轻重。纵观中华人民共和国成立以来民法学理论研究的发展历程，不可否认的是，政治因素在构建我国民法学理论体系和民事法律规范体系中的影响力，尤其是政治因素特别是政党因素在民法学理论研究中及《民法典》编纂进程中的作用。正因如此，科学认识和正确处理民法与政治、民法与政党的政治主张等之间的密切关系，是考查中国民法学研究和民事法律规范体系的制定与编纂是否迈进现代化以及完成本土化、民族化的重要指标，也是法政治学方法论在民法学研究和民事法律规范制定中的现实写照。中华人民共和国成立以来，不论是民事单行法的起草还是《民法典》的编纂，我国民法立法的推进总是与当时社会形势下的政治发展状况密切关联。以“五起四衰”的民法典为例，

我国《民法典》的历次编纂工作均脱离不了政治因素的决定和影响。

（一）《民法典》第一次编纂“起”与“落”中的法政治学方法论意蕴

早在第一次《民法典》编纂工作开启之前，中华人民共和国民事立法依据《中国人民政治协商会议共同纲领》所确立的民事基本原则就已有所建树，催生了《中华人民共和国婚姻法》（以下简称《婚姻法》）、《中华人民共和国土地改革法》等一系列法制成果，这些民事单行法的颁行既助力党的政治统治，用以巩固新民主主义革命下的人民民主政权，又作为我国革命法制建设的新起点，呈现法律与政治的双重属性。1954 年，在中共中央提出社会主义“三大改造”的政治背景、中共八大提出“进一步加强人民民主法制，保障社会主义建设事业”[①] 的方针政策下，《民法典》第一次编纂工作正式启动，全国人大常委会通过借鉴、移植苏联民法模式，最终于 1957 年 2 月完成由总则、所有权、债法组成的《中华人民共和国民法典（草案）》[以下简称《民法典（草案）》]。然而，由于 1957 年之后整风运动的兴起，阶级斗争严重干涉我国法制事业的开展，民法学理论研究就此搁浅，《民法典（草案）》的修改和颁布不了了之。

（二）《民法典》第二次编纂“起”与“落”中的法政治学方法论意蕴

1958—1960 年，受违反马克思主义经济发展规律、盲目追求生产的“大跃进”和人民公社化运动的影响，国内“浮夸风”蔓延，生产力严重受挫。1961 年，中共八届九中全会提出挽救国民经济于困顿、纠正全国“左”倾错误的“八字方针”，开始调整国民经济工作，恢复市场发展。1962 年，毛泽东同志提出“刑法、民法一定要搞，不仅要制定法律，还要编案例”[②]，在毛泽东同志的指示呼吁下，民法学研究小组得以重建，《民法典》编纂工作得以重拾。1964 年 7 月，我国民法发展迎来了第二次法典化的定型，形成以排除人身关系的调整，由总则、财产的所有、财产的流转三编组成的《民法典（草案）》，这一草案是在贯彻党中央关于法制建设工作指示的政治前提下，以

---

① 中共中央文献研究室．建国以来重要文献选编（第九册）［M］.北京：中央文献出版社，2011：221.

② 韩延龙．中华人民共和国法制通史［M］.北京：中共中央党校出版社，1998：450.

明确设立保护社会主义所有制作为民法目的的试行稿，是中国民法学首次尝试摆脱苏联民法模式、结合我国法制建设实际获得的成果。后由于“四清”政治运动和“文化大革命”的发生，该试行稿尚未进入立法程序便再次短折。

（三）《民法典》第三次编纂“起”与“落”中的法政治学方法论意蕴

1978 年“文化大革命”的结束使我党充分认识到必须加强社会主义法制建设，树立宪法和法律的权威。此后，党的十一届三中全会重新确立国家工作重心，明确我国社会基本矛盾并提出加强社会主义法制建设的工作任务，要求做到有法可依、有法必依、执法必严、违法必究。[①] 正是基于对法制的呼唤和对人治的批判，为我国开启第三次《民法典》编纂工作提供了充分的政治条件。1979 年，民法起草小组在党的领导下，正式开启《民法典》起草工作。到 1982 年 5 月，共拟出了四稿《民法典（草案）》。从草案结构来看，第三次草案弥补了第二次草案仅调整民法财产关系的不足，将亲属、继承等人身关系融入其中，具有鲜明的民主色彩，促成这一结构的变化与我国当时明朗的政治环境密切相关；从草案内容来看，不可否认的是，第三次草案依旧体现出强烈的政治性，如草案中出现对遵守国民经济计划、巩固和发展社会主义公有制的规定。[②] 然而，在党中央精准分析我国社会主义发展状况下，考虑我国当时尚未形成迎接适用民法典的充分准备，社会主义发展依旧存在对社会主义经济定性不够明确、对民法学理论研究不够深入、对经济体制发展规划不够翔实等现实问题，若贸然在改革开放初探时期颁行一部尚不成熟的民法典，显然将无法应对复杂多变的民法社会。基于此，党中央提出“成熟一个制定一个”的指导思想，第三次《民法典（草案）》并未进入讨论决议就已搁置。

（四）《民法典》第四次编纂“起”与“落”中的法政治学方法论意蕴

第三次《民法典》编纂工作落幕后，我国民事法律体系开始迅速繁荣，党和国家在制定《中华人民共和国民法通则》（以下简称《民法通则》）的基

① 中共中央文献研究室．三中全会以来重要文献选编（上）［M］.北京：中央文献出版社，1982：9.

② 张玉敏．新中国民法典起草五十年回顾与展望［M］.北京：法律出版社，2010：83.

础上，先后颁布一系列民事单行法。此后，随着1992年“建立社会主义市场经济体制”改革目标的确立和1993年“建立适应社会主义市场经济的法律体系”的法制目标的提出，我国民事立法获得了坚实的发展基础。2002年，在改革开放不断推进的发展视角下，党的十六大提出将“加强社会主义法制建设，到2010年形成中国特色社会主义法律体系”① 确立为政治体制改革的重要目标。同时，以胡锦涛为总书记的党的第四代领导集体坚持以人为本的科学发展观，为我国民事立法的进一步发展提供了重要的理论基础。在政治、经济、思想三大要件的加持保障下，我国第四次《民法典》编纂工作正式提上日程。到2002年12月，在我国民事立法的发展基础上，全国人大法工委最终形成《民法典（草案)》并提交审议。然而，鉴于该部《民法典（草案)》充斥着松散式和汇编式的底色，与人民期望相差甚远。② 2004年6月，十届全国人大常委会最终决定继续制定民事单行法，《民法典》起草工作再次石沉。

（五）《民法典》第五次编纂工作中的法政治学方法论意蕴

党的十六大之后，我国颁布合伙企业、物权、侵权责任方面的民事单行法，进一步完善了我国民事法律的体系；同时，中国特色社会主义法律体系的正式形成，昭示着我国民事立法工作已经完成“零售”阶段，制定《民法典》的时机已成熟，可以转向第二阶段的“整合”工作。2014年，党的十八届四中全会正式提出“编纂民法典”的重大立法任务，为顺利推进《民法典》编纂工作提供坚实政治保障。随后，民法典编纂工作小组按照立法机关制定的民法典编纂“两步走”策略，遵循先制定《中华人民共和国民法总则》(以下简称《民法总则》)作为统领民法典的第一编，之后分别审议各分编草案，最终形成各分编与总则编整合的工作方针，于2017年3月15日通过《民法总则》，于2019年11月形成由《民法总则》和《民法典各分编（草案)》整合而成的《民法典（草案)》并提交审议。2020年初，受新冠疫情的影

① 中共中央文献研究室．改革开放三十年重要文献选编（下）[M].北京：中央文献出版社，2011：1257.

② 李龙．新中国法制建设的回顾与反思 [M].北京：中国社会科学出版社，2004：289.

响，《民法典》虽未能于2020年3月按期颁布，但在中国共产党的正确指导下，最终于2020年5月28日在第十三届全国人民代表大会第三次会议上审议通过，《民法典》编纂工作至此圆满成功。单就《民法典》第五次编纂工作的启动而言，是党中央在坚持马克思主义理论基本原理并结合我国社会主义建设具体实际的精准政治定位下所完成的重大立法任务。

二、中国民法学中法政治学方法论的趋势

自《民法典》颁布实施开始，我国民法学理论体系的工作重心便由先前的立法论研究转向解释论研究，这一转变要求创新《民法典》理解与适用的研究方法，推动民法学研究现代化，用以解决《民法典》在社会实际适用中的难题。从我国《民法典》历次编纂中法政治学方法论运用的概貌可知，法政治学方法论贯穿我国民法学理论研究的始终，尤其体现在对民法学理论研究的目标设置、价值定位以及制度设立之中。因此，在以民法解释论作为民法学理论研究重心的新时期，需科学认识并正确处理法政治学方法论在民法学理论研究中的发展。

（一）新理念

民法学理论研究务必实现以《民法典》为中心，着重分析民法规范、民法制度中法律和政治的双重属性。我国《民法典》中有不少具体规则、制度同时具备法律和政治的双重属性，如英雄烈士保护条款、中间法人制度、买卖不破租赁制度、国家所有制规定……从法律角度来讲，它们是党领导下全面依法治国的基本方略在民法生活的具体体现；从政治角度来讲，它们同时构成社会主义民主政治的重要内容。可以说，《民法典》中的这些规则和制度，是中国特色的集合，并折射出我国民主政治与法治实践的统一。借助民法学理论全面研究民法典，应着重分析具体制度和规范中蕴含的法律属性和政治属性，正确理解法治与政治的辩证关系在民法领域的体现。一方面，理解民法学理论研究中存在政治哲理。按照马克思主义关于国家学说和法治理论的基本原理，在我国法治社会的发展中，没有脱离政治哲理单独存在的民法理论，每一种民法理论背后都包含相应的社会主义政治主张。另一方面，

理解政治原理中蕴含对民法现象的解读。在中国特色社会主义新时代，每一种政治方案底下都存在对相关民法现象和原理的考察。此外，民法原理与政治哲理在民法学研究中的运用最终统一于实现社会主义民主，即《民法典》中设立具备法律和政治双重属性的民法规范和制度的根本目的在于坚定人民立场，保障人民民主，尊重人民意志，维护人民权益，实现全过程人民民主。

（二）新思维

民法学理论研究务必实现以《民法典》为中心，重点关注民法规范、民法制度中党的政策和法律相结合的属性。实行政策和法律的结合在我国法制建设时期早已有之，如新民主主义时期在尚未制定革命法律或革命法律尚不完备的情况下，人民民主政权只能靠党的政策暂时代替或弥补法律的不足，这一做法在当时也被证明是行之有效的。① 如今，中国特色社会主义进入新时代，我国社会主义法治体系建设仍保留此种做法，并实现由政策为主、立法为辅发展至立法为主、政策为辅，因而在民法学理论研究中仍存在党的政策和法律相结合的直观体现。例如，《民法典》中关于中共中央农地“三权分置”模式与土地经营权制度的结合、中共中央完善产权保护政策与我国建设用地使用权制度的结合、中共中央建立住房保障政策与设立我国居住权制度的结合等，均是党的政策在民事法律制度中的体现。未来，我国民法学理论在坚持以民法典研究为中心，分析民法规范和民法制度中党的政策与法律相结合的属性时，一方面，应坚持立法为主、政策为辅的研究思路，正确认识民法学研究的客观规律，避免以政策取代法律的错误主张对民法学理论研究的侵害；另一方面，要注重党的政策方针对民法学理论研究的指导作用，通过遵循、贯彻党的方针政策，与时俱进，直观反映民事主体尤其是特殊群体的发展需求，以更好地整合民法制度设计、完善民法理论体系、强化民法人文关怀。

---

① 公丕祥．当代中国的法律革命［M］.北京：法律出版社，1999：74-75.

第二节　我国《民法典》中法政治学方法论的体现

一、《总则编》中的法政治学方法论

（一）《总则编》中法政治学方法论的整体考察

《总则编》在我国整个《民法典》中发挥着普适性和统领性的法律功能，是实现维护人民合法权益、维护社会秩序、经济秩序等政治目的的重要篇章。《总则编》作为《民法典》中被提取的“公因式”，在内容上基本承接了此前的《民法总则》，同时沿袭了社会主义的中国特色，其立法宗旨、调整对象、基本原则以及具体制度中蕴含着丰富的法政治学方法论原理。

1. 针对立法宗旨的整体考察

立法宗旨规定为了“维护社会和经济秩序”，指明《民法典》的政治使命和政治职责在于通过法律规范实现社会安定有序、经济良性发展。首先，社会秩序是实现社会治理和国家治理现代化的重要考察，社会秩序的瑜瑕直接反映一国国民的实际生活状态和幸福指数。《民法典》追求的社会秩序，应是在以习近平同志为核心的党中央的高度统领下，坚持以人民为中心的基本原则，坚持德治和法治相结合的治理方式，通过法律规范明确社会各主体的民事权利义务责任，以此化解社会矛盾、调节社会冲突。同时，通过道德教化指引民事主体规范行为，营造积极向上的社会氛围，最终建构平安和谐、活力有序、国泰民安的美好景象。其次，经济秩序是市场经济良性发展的承载者，《民法典》将维护经济秩序作为立法宗旨，表明我国市场经济的发展应充分遵循市场经济发展规律，并将“意思自治”作为市场经济发展的核心要求，规定任何民事主体都有权依法定程序进入市场成为市场主体，任何民事主体都存在依法遵循市场规则、维护市场秩序的义务，任何民事主体都有权依据法典自由订立合同从事经济活动，并自觉接受平等、自愿、公平、诚信等原则的规制。因而，我国《民法典》作为上层建筑的重要组成部分，严格受制于市场经济发展的现实，并在该现实基础上作用于市场经济领域，是法政治学方法论原理对市场经济运行的辩证要求。

立法宗旨规定为了“适应中国特色社会主义发展要求”，揭示我国《民法典》是在坚持马克思主义法政治学基本原理的指导下，将马克思主义法政治学基本原理与中国法治建设具体实践相结合，为适应中国特色社会主义发展而形成的时代产物。改革开放以来，中国共产党带领人民坚持走中国特色社会主义道路，不断总结我国民事立法经验，引领我国民事立法实现人民性、民族性、发展性、时代性、科学性，从而在民事主体、权利以及责任等各方面彰显中国特色，并最终以法典形式固定。

立法宗旨规定为了“弘扬社会主义核心价值观”，不仅明确整个《民法典》的价值理念，也表明整个国家的价值取向，反映出我国民法学研究在法治进程中通过对法政治学方法论的梳理，实现政治政策向法律政策的价值转化，具有鲜明的中国特色和政治特色。社会主义核心价值观不具备法律规范的强制性特征，其本质是社会主义的意识形态。然而，党的十八大以来，党中央高度重视社会主义核心价值观在法治建设中的价值引领作用，逐渐实现核心价值观向法律政策的转化：2012 年，党的十八大报告将社会主义核心价值观写入其中，从而明确其政治高度；2013 年，中共中央办公厅在《关于培育和践行社会主义核心价值观的意见》中提出，将社会主义核心价值观融入法治的各方面和各环节，强调其是依法治国与以德治国相结合的具体运用；2017 年，党的十九大报告重申培育和践行社会主义核心价值观的基本要求，并将其确立为新时代坚持和发展中国特色社会主义基本方略的构成；2018 年 3 月，社会主义核心价值观最终以立法形式规定在《中华人民共和国宪法修正案（2018 年）》中并确立其最高法律效力；2018 年 5 月，中共中央在法治建设立法修法规划中倡导将社会主义核心价值观全面融入中国特色社会主义法律体系，至此，实现由原本的政治价值向法律价值的转化，而这一转化实质是在立足中国法治实际的基础上运用法政治学的理论成果和方法论研究，扩展了政治政策向立法和司法领域的探索，彰显了中国《民法典》的本土性政治色彩。

2. 针对调整对象的整体考察

我国《民法典》采用民事主体三分法模式，将调整对象规定为自然人、法人、非法人组织。就自然人而言，《民法典》沿用《民法总则》中“自然人”概念，摒弃了《民法通则》中“公民”概念，“自然人”是指着眼于人的自然属性的生物学意义上的概念，而“公民”属于公法意义上的概念，前者范围大于后者。《民法典》以“自然人”概念取代“公民”概念，一方面摆脱了《俄罗斯苏维埃联邦社会主义共和国民法典》对我国民法关于民事主体价值观念的影响，重拾自然法观念；另一方面赋予了我国境内的外国人、无国籍人依据我国民法从事民事活动的资格，体现出《民法典》所赋予的民事权利对人权的政治性考量，展现了《民法典》与国际接轨的时代特色和对人权发展考量的人文关怀。

法人人格制度中也存在对法政治学方法论的运用，尤其体现在法人制度的人格设立与国家之间的密切关联。关于法人人格制度，存在以萨维尼为代表的拟制说和以吉尔克为代表的实在说之间的争论。前者主张法人人格不是先天固有的，而是来自国家特许，[①] 后者主张法人的创立不是国家的公法行为或是纯粹的私法行为，而是一种社会行为，但其人格的取得需国家承认。[②] 两种学说都表明，法人人格的设立离不开与国家行为的关联。因而，《民法典》对法人人格的设立不是作为简单私法问题看待，而是将其置于国家行为下，具体体现在国家机关对法人成立、登记、终止、解散等事项的影响。

3. 针对基本原则的整体考察

民法基本原则的设立宗旨在于实现“私权自治”、体现民法的核心和价值，因而是民法私权规范的典型代表。然而，民事主体对民事权利的行使并不能打着“私权自治”的旗帜作为行为免责的保护伞，民事主体行使民事权利并非不受拘束。相反，“私权”中的“自治”应规制在政治范畴，因为一切以私权自治为核心构建的私法秩序必定与政治秩序之间发生密切的联系或受政治因素的影响和决定。在《民法典》所有的基本原则中，体现政治秩序

① 仲崇玉．法人人格学说研究［D］.重庆：西南政法大学，2006：59.

② 仲崇玉．法人人格学说研究［D］.重庆：西南政法大学，2006：105-106.

约束私权自治的原则主要以公序良俗原则和绿色原则为典型，并蕴含丰富的法政治学方法论原理。

公序良俗原则要求民事主体从事民事活动时注重维护公共利益，同时不违反社会道德，从而将私法自治的行使限定在国家法律规定的范围。公序良俗基本原则设立的根本目的在于规范民事主体中当事人的意思自治，维护国家利益和社会公共利益以及交易秩序，其所强调的“私法自治”根本上是一种相对的自由，是民事主体在国家机关保护私人合法意志免受第三方侵害的情况下可行使的民事权利和可负担的民事义务。

绿色原则以“应当有利于”的表述倡导民事主体从事民事活动时注重维护生态公共利益，该原则作为与生态相关的基本原则，本应存在于环境法领域，但其最终之所以被确立为民法基本原则，主要是因为该原则设定背后具有明显的政治因素考量，是对我国节约资源和保护环境基本国策的贯彻落实，尤其是对党的十九大以来党中央强调坚持和完善生态文明制度体系的重要贯彻。因而，将绿色原则确立为《民法典》基本原则，在响应我国节约资源、保护环境的国家基本政策、反映《民法典》注重保护公民人身权利和财产权利的同时，关注民事主体在涉及生态领域中的环境权利，从而实现用私法规范填补环境公法规范的不足，顺应人类社会发展可持续理念的时代要求。

（二）《总则编》中法政治学方法论的个案讨论

1. 国家监护理念下的监护制度

考察我国监护制度的演变，总体经历了家长监护主义、家庭与社会监护并行以及家庭、社会、国家监护三者共同协力的历程。在《民法典》颁布之前的民事立法中，我国一直着重完善家庭力量与社会力量对被监护人的保护，反而忽视了国家公权的监护职责，因而未形成系统完备的被监护人保护机制。鉴于此，在设定监护制度时，《民法典》新增政府民政部门作为被监护人的后顺位保障主体，同时规定政府民政部门在社会监护主体未及时申请撤销监护人资格时负有主动申请的后顺位义务，从而逐步构建我国以家庭监护为主体、社会监护为保障、国家监护为兜底的监护制度体系。[①] 这一制度的设置，一方面彰显法政治学方法论关于国家与法的具体关系，明确国家对被监护主体民事权益的给付义务；另一方面强调受资格条件和财政条件的限制，家庭监护和社会监护所提供的双重保障难以完全实现对被监护人的保护需要。在国际人权运动的发展趋势下，监护问题不仅是亲权自治、家庭自治问题，也是涉及世界人权保护理念的国际共同问题，国家作为保护未成年人的最终保障，能够在家庭监护和社会监护不足时提供更为充分的照顾，通过国家公权力对私权领域的适当干预，避免被监护人陷入无人监管的不利情形，实现对被监护人利益的全面保障。

2. 公共利益下的征收规范

公共利益最早由亚里士多德提出，他强调政治学上的善就是正义，正义以公共利益为依归。[②] 民法典作为受政治框架影响产生的、用以维护社会公平正义的法律规范体系，必然通过考虑社会公共利益来决定私权自治的行使边界。因而，民法典对国家征收行为的规定，主要是基于对社会公共利益和国家经济效益两大因素的考量，最终赋予国家基于公益需求取得个人动产、不动产所有权的权利，这种规定不仅是民事私权社会化的表现，也是国家公权基于公益限制私权行使的具体表现。此外，《中华人民共和国宪法》(以下简称《宪法》)虽然确立了国家基于公共利益对私人财产的征收、征用规范，强调国家行使该项权利时必须依照法律规定[③]，并给予公民补偿，然而《宪法》作为根本性法律，具有高度抽象性和概括性，无法对征收征用规范的实际安排作出细致考究，只能交由各部门法具体落实。因此，可以说制定《民法典》征收规范的公法性权源为我国《宪法》关于征收、征用的原则性规范。

3. 设立诚信社会理念下的“好人免责条款”

“好人免责条款”实质是《总则编》通过运用法政治学方法论，在整体考察下针对社会主义核心价值观的具体宣示，该规定豁免了救助者在紧急情

---

① 最高人民法院民法典贯彻实施工作领导小组．中华人民共和国民法典总则编理解与适用（上）[M].北京：人民法院出版社，2020：197.

② 颜一．亚里士多德选集（政治学卷）[M].北京：中国人民大学出版社，1999：15.

③ 参见《中华人民共和国宪法》第10、第13条。

况下对受助人自愿实施救助行为却致使受助人遭受损害结果的法律责任。该条款的设立主要为应对生活中出现的民众“不敢扶”“不敢救”等社会现象，为缓解这一现象引发的社会失信、伦理丧尽、民众恐慌等恶劣后果，重构人与人、人与社会的信任关系，国家最终决定在立法层面尝试以法律规范协助道德规范，通过二者共同作用，呼吁诚信社会的建成。因而，《民法典》设立的“好人免责条款”，是在借鉴英美法系“好撒马利亚人法”相关原理的基础上，结合我国对加强思想道德建设的发展实际，在个人层面对民众提出的诚信要求，以国家法律对个人主义原则作出合理约束，相对免责他人在紧急救助下造成损害，从而形成个人主义原则与意思自治原则之间的平衡，实现对善意施救者的最大保护。

4. 维护国家形象、弘扬民族精神与设立英雄烈士保护条款

在《民法典》颁布之前的民事立法中，国家对英雄烈士人格利益的保护散见于最高人民法院针对死者名誉权法律保护的复函和保护英雄烈士的特别法中①，而在《民法典》颁布之后，其以基本法条款确立了对英雄烈士的保护，这一做法不仅对保护英雄烈士人格利益具有重要作用，而且对维护国家形象和塑造民族精神具有重大政治作用。在我国，人民英雄是代表中华民族历史记忆的特殊符号，只有为民族复兴作出巨大贡献的人才能荣获该称号，而烈士称号亦是国家对为国牺牲者崇高敬意的表达。因而，保护英雄烈士的人格利益与维护国家形象、塑造民族精神息息相关。针对现实中侵害英雄烈士人格利益的行为，不仅构成对个人人格利益的侵害，本质上更是对英雄烈士形象的恶意抹黑，对社会民众民族情感的肆意践踏，对中国共产党领导广大人民复兴中华民族伟大事业、取得辉煌成就的根本否定，因而理应受到严厉的法律制裁。《民法典》在设置英雄烈士保护条款时结合《中华人民共和国英雄烈士保护法》中检察机关作为诉讼主体的相关规定，赋予国家检察机关基于维护国家形象和社会公益的目的而主动介入诉讼的权利，不仅有利于减少诋毁英烈荣誉名誉、歪曲历史事实等事件的发生，而且有助于我国形成全

① 具体包括《最高人民法院关于死亡人的名誉权应受法律保护的复函》（现已废止）、《最高人民法院关于审理名誉权案件若干问题的解答》（现已废止）、《中华人民共和国英雄烈士保护法》《烈士褒扬条例》《军人抚恤优待条例》。

面的英雄烈士人格利益保护制度，实现维系民族情感、塑造中国形象的政治目标。

二、《物权编》中的法政治学方法论

（一）《物权编》中法政治学方法论的整体考察

我国《宪法》规定公有制为主体，多种所有制经济共同发展的基本经济制度，强调实行社会主义市场经济基本原则，这种建立在公有制经济基础上的市场经济制度，符合我国发展实际的中国特色经济制度，因而属于人类历史上名副其实的伟大社会实践。从马克思主义法治理论的视角来看，《物权编》作为中国特色社会主义物权制度的法律集合，必须由中国特色社会主义基本经济制度决定，并全面反映我国基本经济制度和市场经济体制的具体内容和基本价值取向。

一方面，《物权编》重述了我国《宪法》关于坚持国家基本经济制度和发展社会主义市场经济，并将其确立为《物权编》指导思想的做法，[①] 不仅是对“依据宪法，制定本法”的遵循，其实质也体现了对党的政治策略在法律上的具体贯彻，甚至可以理解为是对法与政治辩证关系的正确阐释。早在2005年制定《中华人民共和国物权法》（以下简称《物权法》）的过程中，全国人大常委会就一直强调物权法制定中的政治问题，指出修改物权法草案首先要“坚持正确的政治方向，贯彻党的精神，既要体现基本经济制度的具体内涵，又要体现对国家、集体和私有财产平等保护的原则”[②]，以此间接回应了当时由巩献田教授叫停物权法事件引发的物权法是否违宪的激烈争论；在2007年第十届全国人大第五次会议审议《中华人民共和国物权法（草案）》说明的报告中，全国人大常委会再次强调制定物权法必须全面准确地体现社会主义基本经济制度，体现党的十六大提出的两个“毫不动摇”精神；[③] 2020

---

① 参见《中华人民共和国民法典·物权编》第206条。

② 全国人大宪法和法律委员会关于《中华人民共和国物权法（草案）》修改情况的汇报［EB/OL］.中国政府网，（2005-10-23）［2025-03-10］.http：//www.npc.gov.cn/npc/c1481/200510/5a05ca7af70343 e18f2440cf952a2b3f.shtml.

③ 王兆国．关于《中华人民共和国物权法（草案）》的说明［N］.人民日报，2007-03-09（02）.

年，第十三届全国人民代表大会第三次会议审议《民法典（草案）》时，重申我国物权制度坚持贯彻党的十九届四中全会精神，并在第206条第1款中将社会主义基本经济制度确定为“公有制为主体、多种所有制经济共同发展，按劳分配为主体、多种分配方式并存，社会主义市场经济体制”的最新表述，[①] 从而明确将“坚持正确的政治方向”作为贯彻《物权编》全文的红线，实现党的政治主张和人民共同意志的统一。

另一方面，《物权编》将所有权按照政治主体标准划分为国家、集体、私人和其他，分别给予法律平等保护的做法，[②] 应从法政治学角度作三层理解：

第一，《物权编》设立所有权主体平等保护原则是由我国社会主义性质决定的。我国是社会主义国家，社会主义制度的设立要求充分保障民众对基本权益的享有与行使。因而，《物权编》作为财产保护的重要篇章，应给予国有、集体、私人财产平等保护的法律地位，严禁设立歧视待遇，尤其禁止以公有财产所有权的政治地位限制私有财产所有权的发展，明确我国物权法治思想应与苏俄三分法模式所主张“限制私有财产所有权发展、优先保护公有财产所有权”的立法指导思想明确划分界限，建立公私财产平等保护的物权体系。

第二，《物权编》设立所有权主体平等保护原则是坚持我国社会主义基本经济制度的具体要求。自党的十四大正式确立社会主义市场经济体制、党的十五大明确非公有制经济为社会主义市场经济的重要组成、1999年《中华人民共和国宪法修正案》中充分肯定非公有制经济在国家经济发展中的贡献之后，党的十六大针对基本经济制度提出两个“毫不动摇”方针，并在此后得到了党的十七大、十八大、十九大的继续贯彻，最终在党的十九届四中全会上依据习近平新时代中国特色社会主义经济思想的指导，强调平等对待各类所有制企业。由此，我国社会主义基本经济制度的发展不仅关注国有经济的结构优化，也注重各类所有制企业共同发展。通过《物权编》对基本经济制度的反映，必然要确立平等保护原则保障基本经济制度的发展，进一步激发

① 中共中央关于坚持和完善中国特色社会主义制度推进国家治理体系和治理能力现代化若干重大问题的决定［N］.人民日报，2019-11-06（01）.

② 参见《中华人民共和国民法典·物权编》第207条。

各类所有制的发展潜力，发挥市场主导作用，从而建成公正有序的市场秩序。

第三，《物权编》设立所有权主体平等保护原则是贯彻中国共产党推进“产权保护法治化”政策的重要表现。2016年，中共中央在强调完善产权保护制度的原则中提出坚持平等保护，坚持贯彻两个“毫不动摇”，坚持公有制与私有制经济财产权同样神圣不可侵犯等要求①，从而明确《物权编》的制定必须将平等保护作为调整物权关系的基本原则，通过完善的产权保护法律制度来落实党和国家关于保障各类所有制经济发展的政策方针，纠正产权保护中出现的以公权压制私有产权发展的现象，最终实现营造公平竞争的市场环境。

（二）《物权编》中法政治学方法论的个案讨论

1. 社会主义公有制下的国家所有权

《物权编》规定的国家所有权②是对作为全民所有制的宪法表达在私法规范上的权利表达，实现了对国有财产的保护范围由公法领域向私法领域的延伸。《物权编》虽依据我国《宪法》第9条同样规定了国家所有，但在理解层面需将二者区别对待。其中，《宪法》所规定的国家所有，实质是全民所有制的宪法表述，其不包含权利形态的构建机制，属于带有政治意蕴的概括性范畴；而《物权编》规定的国家所有，落实了我国《宪法》中国家所有的权利要求，规定了国家所有权权利形态，是对《宪法》中“国家所有”在私法规范系统的执行，因而该条中的国家所有更应理解为“国家所有权”。③ 因此，《民法典》中的国家所有权是针对国有财产所提供的物权上的保护，是在社会主义条件下产生的国家所有权。《物权编》明确一般情况下国家所有权的行使主体为国家，这一规定虽然表面上实现了对国家所有的确认和保护，实质却是以法律规范对由全民授权的国家所有的确认和保护，最终受益者乃是全体国民，以真正体现国家所有与全民所有的等同。

---

① 中共中央文献研究室．十八大以来重要文献选编（下）［M］.北京：中央文献出版社，2018：468.

② 参见《中华人民共和国民法典·物权编》第246~259条。

③ 郭少飞．“国家所有”的私权基础及实现路径［J］.哈尔滨工业大学学报（社会科学版），2020（1）：24-26.

2. 中共中央农地“三权分置”模式下的土地经营权

农地“三权分置”模式的诞生是在党中央为化解“两权分立”的土地产权模式无法应对当前市场经济先进农业生产力的发展需求以及农村劳动力加速转移下产生的“有地无人耕”“有人无地耕”等现实问题所推行的一项政治决策。该决策设立了由农村集体所有权和农户承包权以及经营者享有的经营权构成的并行模式，以此完善我国土地产权制度。从土地经营权的产生过程来看，土地经营权并非法律性术语，而是政策性术语。自2013年中央农村工作会议提出农民家庭承包权与经营权分离之后，中共中央在多份文件中提到“放活土地经营权”的改革要求①，并在2016年《关于完善农村土地所有权承包权经营权分置办法的意见》中首次明确了土地经营权的概念。此后，党的十九大报告将完善承包地“三权分置”制度确立为实施乡村振兴战略的重要举措之一，最终在2018年修订的《中华人民共和国农村土地承包法》中实现将土地经营权由党的政策规范上升为法律规范。

基于此，可以说法政治学视角下的“三权分置”模式不仅关注土地经营权的法学研究，也注重党的政策与法学研究之间的互动联系。第一，“三权分置”模式下的土地经营权是推动生产力解放的又一伟大创举。“三权分置”模式在坚持农民集体所有的基础上，允许土地经营权的流转，破解了家庭联产承包制无法适应生产要素优化配置的现实问题，对促进我国农业生产现代化和推动我国农业产业化发展具有重要意义。第二，“三权分置”模式强调放活经营权，使国家、集体、农民、市场之间的关系得以重新调整。尤其是其允许土地经营权流转的做法，一方面，优化了农民对土地的利用方式，提高土地资源利用率，增加了农民的土地收入，保障了农民土地权益的最大化，同时缓解了人地矛盾；另一方面，增强了农民对国家政策的信任感，有利于维护政治稳定和社会和谐。第三，“三权分置”模式下设立土地经营权具有更多的政策属性，体现了民事私法对我国政治经济发展的回应。土地经营权的政

① 具体包括2014年1月19日中共中央、国务院印发《关于全面深化农村改革加快推进农业现代化的若干意见》，2014年11月20日中共中央办公厅、国务院办公厅印发《关于引导农村土地经营权有序流转发展农业适度规模经营的意见》，2016年1月27日《中共中央　国务院关于落实发展新理念加快农业现代化实现全面小康目标的若干意见》。

策属性主要体现在该权利作为一种新型法律权利，是在党的政策指导和经济社会发展的现实需要下产生的，旨在弥补私法在社会发展中的滞后缺陷，为进一步推动私法完善、发展农业经济和维护政治秩序作出重要贡献。

3. 中共中央完善产权保护制度下的建设用地使用权

我国土地实行公有制，意味着个人及组织不享有土地所有权，但可以在国家和集体授权下享有土地所有权权能分立下的各项用益权能。因而，建设用地使用权作为关系国计民生的一项用益物权，赋予了个人和组织在国家与集体授权下针对土地的支配性权利。首先，从法政治学的角度来讲，立法者设立建设用地使用权本身兼具法律逻辑与政治逻辑的双重考量。一方面，《物权编》设立建设用地使用权的具体权益规定，旨在强调建设用地使用权人有权对依法取得的建设用地占有和使用，且不受包括土地所有权人在内的任何第三人的侵害，建设用地使用权人同时拥有基于建设用地建造的建筑物、构筑物以及附属设施的所有权和无须土地所有权人同意出租、出借其使用权的权利，[①] 是针对土地所有权衍生下的用益物权的法律逻辑考量；另一方面，在土地公有制的社会主义理念下，我国确立的土地所有权与使用权分离的地权制度关系我国土地市场的发展，因此必须明确土地利用管理与规划，防止土地资源浪费。基于此，《物权编》第 436 条规定的“节约资源”，实质是对党中央“十分珍惜、合理利用每一寸土地，切实保护耕地”政策的认真贯彻，而该条中关于“保护生态环境”的规定，不仅是《民法典》绿色原则在分编中的体现，也是对党的十九大提出最严密法治的生态文明建设的重要落实，是基于我国社会主义性质的政治逻辑考量。

其次，从法政治学角度来看，建设用地使用权的类型设立中也包含对民事权利与国家利益平衡关系的考量，尤其体现在以行政划拨设立的建设用地使用权中。不同于以出让的方式取得的建设用地使用权，行政划拨的建设用地使用权是建设单位基于国家发布的行政命令而取得对建设用地占有、使用和收益的权利，此处的建设用地包括国有土地以及本属于集体所有通过国家征收转化为国有的土地，此处的行政命令一般是指县级以上人民政府依据用

① 参见《中华人民共和国民法典·物权编》第 344、第 345、第 361 条。

地者的申请而依法许可其无偿使用国有土地的行政行为,[①] 具有明显的政治蕴意。基于划拨设立的建设用地使用权中的政治特性，致使其权利的行使也受到严格的限制：一方面，划拨的建设用地使用权必须基于维护国家利益和社会利益的目的而设立，即以我国党政机关和人民团体以及军事事业、公益事业与基础设施建设事业的现实需要作为设立原则，而非以取得土地利用的对价为目的；另一方面，要求划拨的建设用地使用权同时处理好以集体所有的土地经国家征收转化为国有土地过程中涉及的足额补偿性费用，确保民事私权与国家利益间的平衡。[②]

此外，住宅建设用地使用权自动续期制度设计中也包含一定法政治学方法论要素。对于住宅建设用地使用权自动续期制度应以无偿续期还是有偿续期来处理，《物权编》对此并未作出正面回应。然而，依据中共中央提出“研究住宅建设用地等土地使用权到期后续期的法律安排，推动形成全社会对公民财产长久受保护的良好和稳定预期”[③] 的政策要求来看，住宅建设用地使用权到期后续期的法律安排应当既要坚持土地公有制的政治基础，防止土地所有权因房屋所有权人权益的膨胀而被虚无化，也要确保人民群众对住宅建设用地和房屋享有长期稳定的财产权益，即在坚持土地公有制基础上实现对私人财产权的充分保障，实现政治利益与个人民事利益之间的平衡。

4. 中共中央设立住房保障制度下的居住权

居住权制度最早起源于《罗马法》，用以解决丧失劳动能力者等特定群体的居住问题，并在较长一段时间内因东西方文化的差异为东亚所无。然而，近年来为应对我国人口老龄化现象下以房养老的巨大需求和中低收入群体无房可居的现实难题，民法典最终选择增设居住权一章并作系统化规定。因而，这一权利的设立不仅是我国民事立法技术提升下的产物，也是立法价值和社会价值衡量下的产物，实质包含法政治学方法论关于法与民主辩证关系的价值衡量。

---

① 崔建远．物权法（第五版）［M］．北京：中国人民大学出版社，2021：308.

② 参见《中华人民共和国民法典·物权编》第 347 条第 3 款。

③ 中共中央文献研究室．十八大以来重要文献选编（下）［M］.北京：中央文献出版社，2018：472.

在我国《物权法》制定过程中，居住权就曾以专章规定出现在草案里，但在正式颁布的法律文本中被删除。这一做法主要是考虑当时我国《物权法》中仅承认地役权而未设立人役权，若贸然在用益物权体系中设立无人役权制度支撑的居住权，难免造成物权体系失调和适用上的水土不服。[①] 如今，《物权编》增设居住权作为法定用益物权，实现了居住权的人役性质与住房居住功能的区分，成功化解了居住权人役性的难题。[②] 更为重要的是，增设居住权是党的十九大"多主体""多渠道""租购并举"等住房政策在私法中的落实。[③] 习近平总书记强调，践行坚持以人民为中心的民主思想不是一个抽象的理论概念或思想学说，而是要体现在推进依法治国的全方面和各环节。因而，居住权制度的设立，实现了房屋所有权与居住权的分离：对于房屋居住权人而言，居住权人通过签订居住权合同获得房屋居住权，有利于缓解我国低收入群体的住房难问题；对于房屋所有权人而言，尤其对以房养老的老年人群体来讲，通过订立居住权合同获取房屋租赁金，不仅为该类群体提供了法律层面的制度保障，还充分实现了房屋的使用价值，可谓双赢。至此，居住权的设立是我国全面依法治国工作深入最基层人民群众的真实反映，是通过聆听最基层人民群众心声寻找人民群众不幸福真相的"对症下药"，实现人民群众住有所居、居有定所。

三、《合同编》中的法政治学方法论

（一）《合同编》中法政治学方法论的整体考察

民法是私法领域的基本法，也是市场经济的基本法，其合同编中自然包含大量充分尊重当事人意思表示的任意性规范，具有排斥政治、权力以及国家、政党等因素干预的天然属性，是民法意思自治原则最透彻、最集中的体现。然而，正如桑斯坦所言，考虑市场具有诸多缺陷，考虑公共抱负的存在，考虑既存财富分配的不公平，再考虑法律……纯粹建立在私人秩序和私人市

---

① 陈华彬．我国民法典物权编立法研究［J］.政法论坛，2017（5）：38.

② 鲁晓明．论我国居住权立法之必要性及以物权性为主的立法模式——兼及完善我国民法典物权编草案居住权制度规范的建议［J］.政治与法律，2019（3）：18.

③ 习近平．习近平谈治国理政（第三卷）［M］.北京：外文出版社，2020：40.

场之上的体系并不可取。[①] 当确立于私人市场下的合同权利不受约束之时，平等、自由等价值难免遭受不利，因而在追求合同法的现代化进程中必然需要奉行以私人意志为本位，兼顾对整体利益的关注并借助整体利益防止私人自治滥用的法政治学方法论。在《合同编》中，这一方法论原则尤其表现为当民事主体以任意性规范追求个体价值而与国家利益以及公共利益相抵触时，以公权力适度介入限制个体价值，避免对国家利益以及公共利益造成更大损害，即在坚持私权本位下以公权介入为补足。因此，整体考察之下，《合同编》的法政治学方法论体现在公权力对当事人意思自治的影响中，具体体现为合同法对国家利益以及公共利益的关注。

（二）《合同编》中法政治学方法论的个案讨论

1. 国家订货合同制度

国家订货合同制度并非单纯的民事合同，设立此种合同是为转变计划经济时期国家通过行政命令管理经济的方式，实质是为适应我国市场经济的发展而产生。国家订货合同制度的特殊性主要体现在合同的订立以国家意志及政府意志为主导，同时保护合同相对人的意思自治，由国家委托行政机关以及非行政机关的社会组织与合同相对人订立货物采购，是一种特殊的民事合同，是实现公共目的与个体目的混合交易。与原《中华人民共和国合同法》（以下简称《合同法》）关于国家订货合同制度的规定相比，《合同编》对该制度中“国家根据需要”的情形作出详细列举，明确“抢险救灾、疫情防控或其他”等适用情形，是为应对2020年全球暴发新冠疫情以及自然灾害下物资缺乏的情况。依据国家订货合同制度的规定，合同订货者，即公权力机关以及受公权力机关委托的社会组织一方，负有强制作出要约的义务，除非存在正当理由，合同订货者不得以契约自由为由拒绝发出订货义务；而合同相对人，即生产企业一方，负有强制作出承诺的义务，除非存在正当理由，合同相对人不得以意思自治为由拒绝缔约，也不得在承诺之后拒绝履行要约方的

---

① 桑斯坦．权利革命之后——重塑规制国［M］.钟瑞华，译．北京：中国人民大学出版社，2008：256.

合同要求。[①] 该规定以整体利益为依托，将意思自治上升为意思强制，适度影响私权的行使，蕴含法政治学关于法与权力辩证关系的方法论适用。此外，规定国家订货合同制度并未造成契约自由理念的崩坏，其仅是整体利益特殊需要下的例外。

2. “危害国家利益、社会公共利益”的合同无效

《民法典》虽已删除原《合同法》关于合同无效的五种情形，但将合同效力的规定分散在《总则编》第143、第144、第146、第153、第154条和《合同编》第505、第508条中。与原《合同法》第52条第4、第5项规定相比，《合同编》第143条第3项在保留“法律、行政法规的强制性规定”的基础上，以“公序良俗”涵盖了原《合同法》第52条第4项“社会公共利益”之规定，并增加了“善良风俗”。其中，公序良俗中的“公共秩序”指向法律秩序，侧重维护国家利益及公共利益，“善良风俗”则指向社会道德，旨在守护良知良能。因而，第143条第3项明确公权力对合同意思自治的约束，强调当合同行为违反公序良俗或法律、行政法规的强制性规定或对国家利益和社会公共利益造成损害时，合同无效；此外，这种以公权力限制意思自治进而导致合同行为无效的情形还体现在《总则编》第153条以及《合同编》第534条中。其中，《总则编》第153条属于民事法律行为生效要件的反向规定，明确在违反强制性规定和违背公序良俗两种情形下的合同无效，因而必然包含危害国家利益及社会公共利益下合同无效的情形，而《合同编》第534条明确由公权力机关处理违反国家利益和社会公共利益的无效合同，亦是合同意思自治边界的具体体现。

3. “节约资源、保护生态环境”的绿色履行原则

绿色履行原则是《民法典》在承继原《合同法》关于全面履行原则和诚信履行原则的基础上新增的一项履行原则。[②] 设立绿色履行原则的根本，不仅是对《总则编》绿色原则的具体落实，更是对中共中央绿色发展理念下要求生态文明体系建设的重要贯彻。党的十九大提出，我国所追求的现代化既包

① 参见《中华人民共和国民法典·合同编》第494条第2、第3款。

② 参见《中华人民共和国民法典·合同编》第506条。

括实现个人全面发展，也包括实现人与自然和谐共生，因此必须加快建立绿色生产和消费的法律制度与政策导向。[①] 这一制度导向在《合同编》中具体落实为要求当事人在合同履行中必须坚持绿色原则，奉行低碳消费、绿色循环、可持续发展的价值理念，构建民事合同主体绿色生活的高质量发展模式，避免对资源、环境、生态造成不利影响，从而为共建美丽家园作出贡献。此外，《合同编》为贯彻绿色履行原则，还新增债务人的后合同义务，包括债务人在合同终止时的旧物回收义务等。[②]

四、《中华人民共和国民法典·人格权编》中的法政治学方法论

（一）《中华人民共和国民法典·人格权编》（以下简称《人格权编》）中法政治学方法论的整体考察

《民法典》制定过程中最具争议性的问题莫过于人格权能否独立成编，该问题曾一度上升为是否能引发“颜色革命”的政治性争论。然而，我国《民法典》的制定在坚持马克思主义法治理论基本原理的基础上，运用法政治学方法论，正确梳理了人格权立法中涉及的法与政治、法与民主以及法与人权等辩证关系，成功化解立法质疑，证明了我国《民法典》将人格权独立成编有理有据，该编的设立不仅具备坚实的政治基础，也符合人权发展的时代特征。

首先，人格权单独成编具备坚实的政治基础。我国社会主义性质决定了中国共产党自诞生之日起，就将人格权保护作为衡量人民福祉能否得到全面保障的重要指标；我国社会主义法治实践的历史进程也证明，松懈人格权保护不仅会引发践踏人权的社会危机，甚至会严重危及国家统治的政治基础，中国共产党必须在吸取历史教训的基础上，加强对人格权的保护。由此，人格权立法不仅是单纯的立法技术问题，也是复杂的政治问题，人格权立法必须考虑我国政治发展实际要求，脱离政治基础的立法无疑是空中楼阁。从我国人格权保障的发展历程来看，党的十九大首次将人格权写进全国人民代表

---

① 习近平．习近平谈治国理政（第三卷）[M].北京：外文出版社，2020：40.

② 参见《中华人民共和国民法典·合同编》第588条、第625条。

大会工作汇报，指明实现人民对美好生活的需要不仅依靠丰富的物质生活来实现，也要关注以人格权为代表的人的精神生活和政治生活的发展，从而在正式立场上明确我国人格权立法独立成编的政治基础，显示了党对自然人人格权保护的充分重视。之后，党的十九届二中全会再次强调重视人格权保护，并将其纳入保障和改善民生基本发展方略的具体要求。因此，人格权在我国立法中得以独成一编，不仅是我国民事立法的一大创举，也是将党的精神贯彻到民事立法的重要体现。

其次，人格权单独成编符合人权发展的时代特征。习近平法治思想强调，新时代人权发展要求树立坚持以人民为中心的价值理念，充分尊重和保护人权并加强人权法治保障工作建设，因而其法治思想中蕴含丰富的社会主义人权发展理念：2013 年，习近平总书记在党的十八届四中全会上声明，司法改革的重要意义在于实现对人权的保障；2015 年，习近平总书记致信北京人权论坛，强调加快推进中国人权事业的发展；2016 年，习近平总书记致信纪念联合国《发展权利宣言》通过 30 周年，表明中国致力于在世界人权发展中作出更大贡献；2017 年，习近平总书记在党的十九大报告中强调党的执政能力和执政方式的提升必不能脱离人权法治保障，同年致信“南南人权论坛”强调提高人权发展保障水平；2018 年，习近平总书记致信纪念《世界人权发展宣言》70 周年，强调走中国特色社会主义人权发展道路，实事求是推进中国人权发展事业；2020 年，习近平总书记在十九届中央政治局会议上指出颁布实施《民法典》对坚持以人民为中心的发展思想……推动我国人权事业发展意义重大……[①]至此，《民法典》实现人格权独编，是在坚持以习近平人权法治思想指导下，重视民主和人权的在民法中的具体表现，实现了法与人权、法与民主等关系的互动和谐，顺应了新时代我国人权事业关于尊重和保护人民人格利益的现实需求，彰显《民法典》人文色彩。

（二）《人格权编》中法政治学方法论的个案讨论

1. 个人信息保护规定中的法政治学方法论

大数据信息网络技术的发展已实现了社会生活的高度信息化，与此同时，

---

① 习近平．充分认识颁布实施民法典重大意义依法更好保障人民合法权益［J］.社会主义论坛，2020（7）：4.

个人信息保护迎来新挑战。我国关于个人信息保护的法律规范最早规定在公法领域，具体表现为：一是将其以具体罪名确定在刑事犯罪行为中；二是明确将具有严重情节的非法获取个人信息的行为增设于刑法修正案；三是最高人民法院和最高人民检察院针对侵权个人信息刑事案件适用定罪量刑标准出具专项司法解释。[①] 在随后的发展中，我国关于个人信息保护的法律规范不再局限于公法领域，而是兼顾私法保护中的发展。2012 年，全国人民代表大会人大常委会针对网络信息安全保护发布专项规定，明确国家机关及其工作人员、网络服务提供者及其他企事业单位在违反公民个人信息安全保护时承担的刑事、行政和民事责任，首次规定保护个人信息应实现公私并重；之后，在制定《中华人民共和国网络安全法》中，针对网络信息安全同样规定了侵害个人信息所应承担的公法责任和私法责任。当前，《人格权编》针对个人信息保护所作的专章规定以及《中华人民共和国个人信息保护法》的颁行，均充分证明了我国立法对个人信息的保护由单一公法路径转向公私路径并举，越发体现了私法保护的重要性。在此基础上，考察《人格权编》对个人信息保护的具体规定，尤其是在界定个人信息具体含义时，依旧采用了先前公法领域的具体规范及国家最高权力机关发布的具有法律约束力的规范性决定的相关规定，通过记录方式明确个人信息的一般含义，同时以具体列举的模式明确个人信息的一般类别，具有明显的法政治学方法论特征。[②]

2. 其他人格权具体规定中的法政治学方法论

《人格权编》在秉承人权保护价值目标的基础上，为避免民事主体在追求私人利益最大化的过程中无视价值秩序造成秩序失衡，在设置部分民事规范时适用了法政治学基本方法论，要求在严格依法遵守目的限定要求的基础之上，借助公权保护个人人格权，以达到对社会公共利益的维护。这一现象主要体现在：第一，死者人格利益保护中的法政治学方法论。《人格权编》规定，死者人格利益的财产利益主体包括死者近亲属、国家、社会公众等，但

① 参见 2005 年《中华人民共和国刑法修正案（五）》、2009 年《中华人民共和国刑法修正案（七）》、2017 年《最高人民法院、最高人民检察院关于办理侵犯公民个人信息刑事案件适用法律若干问题的解释》。

② 参见《中华人民共和国民法典·人格权编》第 1034 条。

在衡量对死者人格利益进行商业化利用的规则时，《民法典》规定为国家利益和社会公共利益较使用死者人格利益者优先。[①] 这就意味着，当死者近亲属利益追求与国家和社会公共利益追求抵触时，前者应让位后者优先使用。第二，侵害民事主体人格权的抗辩事由中的法政治学方法论。在以公共利益为目的的新闻报道、舆论监督与个人人格权保护之间需要作出价值衡量时，《人格权编》规定以公共利益为目的的新闻报道、舆论监督作为侵害民事主体人格权的抗辩事由。第三，个人放弃部分人格利益程序中的法政治学方法论。人格权编通过规定公法性质的审查、告知等前置程序，对放弃部分人格利益的权利作出明确限制，保证个人对放弃权限的谨慎行使。第四，限制自然人姓氏选择权中的法政治学方法论。《民法典》规定自然人在行使其姓氏选择权时不得违反国家公共秩序和社会善良风俗，从而在价值衡量中选择保护更为重要的利益，即国家利益和社会公共利益。第五，肖像使用侵权行为和个人信息侵权行为的抗辩事由中的法政治学方法论。《民法典》规定为维护社会公共利益或处理社会安全冲突，在个人肖像权益和个人信息自由与社会利益之间作出价值衡量，明确肖像使用人有权不经肖像权人同意行使其肖像，个人信息权人有权不经信息处理人同意处理其信息，行为人对此亦不承担民事责任。[②]

五、《婚姻家庭编》《继承编》中的法政治学方法论

（一）《婚姻家庭编》《继承编》中法政治学方法论的整体考察

《中华人民共和国民法典·婚姻家庭编》（以下简称《婚姻家庭编》）因其调整对象的特殊性而蕴含强烈的伦理属性，这一属性决定了《婚姻家庭编》既要担负起维护个人利益与家庭利益的重任，也要重视对中华传统家文化的保护，从而实现家庭伦理秩序的稳定并维护国家利益和社会总体利益。与此同时，《婚姻家庭编》在以其私法属性调整婚姻家庭关系时，兼以法政治学基本方法论为指导，借助国家公权力指引其在维系人口数量与质量、促进生产

---

① 最高人民法院民法典贯彻实施工作领导小组．中华人民共和国民法典人格权编理解与适用［M］.北京：人民法院出版社，2020：68.

② 参见《中华人民共和国民法典·人格权编》第 994、第 999、第 1008、第 1015、第 1020、第 1025、第 1036 条。

与发展等方面发挥重要作用。对于借助国家公权力的具体限度，李春斌教授通过考察中国家庭法百年变革中曾遭受的三次巨大打击，深刻论证了完全“去家化”的家庭法对国家政权和社会稳定的反噬①，强调《婚姻家庭编》中的公权力因素必须接受法律保留、适度干预等公法原则的约束。因此，整体考察之下，《婚姻家庭编》的设立正是在吸取历史教训的基础上，坚持适度干涉原则，协调法与权力之间的辩证关系，进而创造出离婚冷静期制度、军婚保护制度、限制法定婚龄、调整生育法律制度等一系列适应中国社会实际发展需求的婚姻家庭规范。

《中华人民共和国民法典·继承编》（以下简称《继承编》）借助法政治学方法论，深刻落实习近平总书记关于增进人民福祉，促进社会公平正义的发展要求，深刻体现着《继承编》对和谐社会的创造。从《继承编》基本原则来看，该编主要设立保护、平等、照顾、和睦四项基本原则，尤其是尊老育幼、照顾病残原则的设立，是《总则编》社会主义核心价值观在《继承编》的具体落实。该原则主要关照既缺乏劳动能力又缺乏生活来源的继承群体（以下简称“双缺乏主体”），包括老年人、未成年人、胎儿等特殊人群，旨在实现维护弱势群体合法权益的立法宗旨以及亲属间互爱互助的社会目标。整体考察之下，尊老育幼、照顾病残原则在该编主要表现在：第一，设立履行主要赡养义务的丧偶儿媳、丧偶女婿为第一顺位继承人，并在司法解释中规定不以再婚为限制要件。该规定不仅保障了履行主要赡养义务的丧偶儿媳、丧偶女婿的合法权益，也确保老年人群体在丧失子女后仍可获得照料。第二，设立“双缺乏主体”的必要份额保留，从而对被继承人自由设立遗嘱权利作出合理限制。第三，限制遗嘱自由，保留胎儿遗产份额。第四，设立特殊遗赠扶养协议制度，有利于提升子女履行赡养义务的积极性，同时为老年人群体生养死葬提供法律保障。②

---

① 李春斌．家庭法律化：民法典编纂中婚姻家庭编的重大使命——基于中国家庭法百年来变革的反思［J］.辽宁师范大学学报（社会科学版），2017（4）：40.

② 参见《中华人民共和国民法典·婚姻家庭编》第1129、第1141、第1155、第1158条。

（二）《婚姻家庭编》《继承编》中法政治学方法论的个案讨论

1. 结婚自由与生育政策的迭变

《民法典》规定结婚自由，明确公民有权自主决定结婚意愿和结婚对象。与原《婚姻法》相比，《婚姻家庭编》删除了以患有不应结婚的医学疾病作为结婚禁止的规定，而且将隐瞒重大疾病列为“可撤销婚姻”的法定事由，在一定程度上扩展了结婚自由的权利范围，并弥补了原《婚姻法》对婚姻效力认定上的不足，有一定的“在家化”特征。但与此同时，《婚姻家庭编》中法定婚龄的居高不下，又意味着公民的结婚自由权和生育权实质并未完全重归家庭。关于法定婚龄的规定，放眼国内，自中华人民共和国成立以来，我国《婚姻法》虽经多次修正，但对法定婚龄的规定不降反增（排除少数民族变通规定）①，如今正在施行的《民法典》对此也未作出下调改变；放眼国际，与世界各国民法对法定婚龄的规定相比，我国法定婚龄依旧为世界最高（见表3-1）。因而，我国法定婚龄的居高不下，不仅是国家针对婚龄所作的严格限制，也是对公民结婚自由和生育自由的限制。以法政治学方法论分析，《民法典》为应对我国人口发展规划产生的新变化，落实国家关于倡导适龄婚育、优生优育的生育政策，因而在《婚姻家庭编》删除了原《婚姻法》计划生育原则强调鼓励晚婚晚育的规定，并不断放宽限制标准，但这一立法调整并不意味公民生育权完全重归家庭，其只是为应对我国生育政策的调整所作的积极回应。具体而言，这一做法表面上虽使公民生育权在民法领域得到一定程度的释放，但从我国生育政策的发展变化来看②，公民生育权的行使依旧在国家“计划”之内，优生优育政策依旧是国家对计划生育具体含义所作的时代性演变，其本质是国家通过人口控制改善人口结构并发挥一国人力资源优势，最终达到维护社会秩序等目的。

---

① 1950年《中华人民共和国婚姻法》规定“男二十岁，女十八岁，始得结婚”；1980年《中华人民共和国婚姻法》上调法定婚龄，规定“男不得早于二十二周岁、女不得早于二十周岁”；2001年修订的《中华人民共和国婚姻法》及2020年颁布的《民法典》均维持此规定。

② 2001年我国将计划生育由国家政策纳入法律规范；2015年党的十八届五中全会明确提出“全面二孩”政策；2021年新修订的《中华人民共和国人口与计划生育法》强调国家开始提倡“三孩生育”政策。

表 3-1　世界各国民法对法定婚龄的规定①

各国民法	法定婚龄（周岁）		条文依据
	男	女	
《中华人民共和国民法典》	≥22	≥20	第 1047 条
《德国民法典》	≥20	≥18	第 2 条、第 1301 条
	例外情况下≥16		
《法国民法典》	≥18	≥18	第 144 条、第 145 条
	存在例外规定		
《日本民法典》	≥18	≥16	第 731 条
《美国加利福尼亚州家庭法典》	≥18	≥18	第 301 条
《英国 1948 年婚姻法案》	≥16	≥18	第 76 章：Part1：2
《瑞士民法典》	≥16	≥18	第 14 条、第 90 条第 2 款、第 94 条
	存在例外规定		
《意大利民法典》	≥18	≥18	第 2 条、第 84 条
	例外情况下≥16		
《魁北克民法典》	≥18	≥18	第 521 条附 1 条
《俄罗斯联邦家庭法典》	≥18	≥18	第 13 条
	例外情况下≥16		
《伊朗民法典》	≥15	≥13	第 1041 条、第 1210 条

2. 离婚自由与登记离婚冷静期制度

《婚姻家庭编》第 1077 条设立了登记离婚冷静期制度，该制度早在我国《婚姻登记管理条例》中就有所体现，并在司法实践中早有运用。但即便如此，该制度一经公布立即受到了公众的广泛质疑，有不少群众认为其设立侵犯了公民的离婚自由权利。诚然，《民法典》规定我国公民享有离婚自由，有权自主决定婚姻解除，不受他人强制干涉。然而，实行婚姻自由并不意味着绝对的自由，婚姻不能随意离合、反复无常。法律如何界定离婚自由的范围，在多大程度上限制离婚自由，是由各国的政治、经济、社会发展程度，特别是法律文化、伦理道德观念决定的。② 考虑我国目前“闪结闪离”下高离婚

① 表中所涉境外法律条文详见网站：http：//policy. mofcom. gov. cn/law/index. shtml；https：//www. legislation. gov. uk/；https：//hourei. ndl. go. jp/#/。

② 夏吟兰．离婚自由与限制论［M］.北京：中国政法大学出版社，2007：85.

率带来的家庭破碎和伦理失调等不利现状，为减少冲动离婚的发生率，维护每一个组建不易的家庭并保护每一位未成年子女的利益，登记离婚冷静期制度加强了对当事人离婚真实意思的确认，额外设立了30天缓冲期，成为冲动离婚的夫妻获得缓解婚姻裂缝的降温剂，有利于稳定婚姻关系，实现家庭和睦，进而达到维护我国婚姻家庭秩序的政治目的。

3. 遗嘱自由与遗嘱必留份制度

《继承编》充分尊重自然人设立遗嘱时的自由意志，主要体现在：第一，赋予被继承人宽恕权；第二，赋予自然人自行选择遗嘱执行人的权利，并增设自然人设立遗嘱信托的选择权；第三，规定遗嘱人享有遗嘱撤回认定权；第四，删除公证遗嘱的优先效力，强调优先保护被继承人意思自治的行使等①，这些措施的设立都体现了国家对自然人遗嘱自由的充分保护。然而，遗嘱自由亦非绝对自由，遗嘱自由原则的行使也要受国家为实现保护社会弱势群体、稳定社会秩序的目的而作出必要限制。依据法政治学方法论，设立遗嘱不仅要受《总则编》关于公序良俗原则的规制，其内容设置也要充分考虑对社会弱势群体的保护，彰显《民法典》的人文主义关怀。这一限制尤其体现在《继承编》第1141条和第1155条所构成的必留份制度中。所谓必留份制度，是指在排除法定继承的情形下，被继承人设立遗嘱时应当考虑为“双缺乏主体”以及娩出时为活体的胎儿保留必要的遗产份额，即必须保障该两类继承主体享有最低的遗产份额，而不能以遗嘱自由为由随意抹除，但对于份额的多寡，可由遗嘱设立人自主决定。这一制度的设立主要为满足以上两类主体的基本生活需要，契合公序良俗原则中关于善良风俗的具体要求，同时契合社会主义核心价值观关于公正价值的具体要求。

六、《侵权责任编》中的法政治学方法论

（一）《侵权责任编》中法政治学方法论的整体考察

按照马克思主义政治经济学基本原理，我国侵权法的本质由我国社会主义性质决定，并深受政治、经济以及文化结构的影响，因而其规定中具有一

---

① 参见《中华人民共和国民法典·继承编》第1125条第2款，第1133条，第1142条第2、第3款。

定的政治意蕴。《中华人民共和国民和典·侵权责任编》（以下简称《侵权责任编》）作为《民法典》最后一编，在为被侵权人提供补偿、预防、制裁等救济措施中发挥着重要作用。以法政治学方法论考察《侵权责任编》的整体构架，可以发现该编在承继《中华人民共和国侵权责任法》（以下简称《侵权责任法》）部分条文的基础上，以救济保护为核心，并对特殊侵权规则应对社会实际发展以及党的政策方针指向作出了相应完善，包括完善我国惩罚性赔偿制度，增设知识产权侵权、环境污染和生态破坏作为惩罚性赔偿适用范围等。特别是对党中央生态文明思想下的环境污染和生态破坏责任制度的完善，实现了将生态文明建设在政治层面的期许细化到民事制度实际建设之中。此外，《侵权责任编》的制定还充分考虑党和政府关于保障人民生命财产安全的基本政策，尤其体现在将公权力机关融入完善高空抛物坠物治理规则，实现了《侵权责任编》在私权治理为主、国家公权介入为辅的模式下对人文主义关怀的细致贯彻。

（二）《侵权责任编》中法政治学方法论的个案讨论

1. 中共中央生态文明思想与生态环境损害惩罚性赔偿制度

生态环境保护涉及对社会公共利益的维护，关系中华民族永续发展和美丽中国的实际建设，因而在国家治理和社会治理中至关重要。从党的十八届三中全会提出“严格实行生态环境损害赔偿制度”、党的十九大将“加大生态保护力度”作为我国生态文明体制改革的具体要求、党的十九届三中全会提出针对严重违法行为“实行惩罚性赔偿制度”的决策部署到如今习近平生态文明思想中强调的“最严”生态法治观的发展历程来看，中共中央早已将生态环境保护提高到实现党的历史使命的政治问题来对待。因而，为贯彻党中央关于生态治理提出的各项方针政策，落实《总则编》绿色履行原则的具体适用，《侵权责任编》在增加故意污染环境、破坏生态造成严重后果的惩罚性赔偿规则作为一般规定之外，还增设生态环境损害修复责任和费用负担的救济规则。其中，污染环境和破坏生态是环境侵权惩罚性赔偿规则的两种主要类型，目的在于通过严厉的惩罚制度实现对侵权行为的警示作用，其与生态环境损害的修复责任和费用负担的救济规则共同构成环境民事公益诉讼的实体法规则。[①] 特别是生态环境修复责任的确立，明确了侵权人承担修复责任的具体方式，是对党的十九届四中全会提出“健全生态保护和修复制度”的重要贯彻，也是法与权力辩证关系的正确体现。具体而言，该条将侵权人责任担负置于首要位置，规定在生态环境能够修复的情况下，以私人救济为前置要件，将政府监管的公权救济作为后置保障，在一定程度上显示出对环境法治体系的创新，对于完善我国生态环境法治体系和实现生态文明建设现代化而言意义非凡。

2. 中共中央关于保障人民群众生命财产安全与高空抛物坠物治理规则

与原《侵权责任法》规定高空抛物侵权责任的规定相比，《侵权责任编》在保留由可能加害的建筑物使用人承担补偿责任的基础上，将物业服务企业的安全保障义务和公安机关的调查义务纳入其中，完善了高空抛物侵权责任的具体规定，以解决原《侵权责任法》对责任分配认定的不足。[②] 具体而言，原《侵权责任法》在认定高空抛物侵权人时，仅强调依照过错推定原则由可能加害的建筑物使用人作出补偿，这一做法在司法实践中难免产生两大弊端：一方面，适用过错推定原则难以确定“可能加害的建筑物使用人”的具体范围，而一味将相关建筑物使用人作为补偿人在一定程度上有违民法公平原则；另一方面，有关机关在处理此类案件时仅适用过错推定原则，易忽视案件的真实性而草率结案，不足以保障社会公平正义。因此，为解决上述难题，《侵权责任编》强调了从建筑物中抛掷物品行为的违法性，在适用过错推定原则的基础上明确补偿人有权向侵权人追偿，并规定物业服务企业未尽安全保障义务时应承担侵权责任，从而提升物业服务企业应对高空抛物坠物案件的警觉性，督促其积极履行建筑物管理职责，保障人民群众“头顶的安全”。此外，该条规定在运用法政治学方法论的基础上，追求法与权力关系的辩证统一，明确公安机关在该类案件中的调查职责，以法政治学方法论在立法层面明确了权力机关应尽职责的做法，弥补民法作为私法救济的不足，是立法者在私权自治与维护社会利益之间进行价值抉择的结果。

---

① 参见《中华人民共和国民法典·侵权责任编》第 1232、第 1234、第 1235 条。

② 参见《中华人民共和国民法典·侵权责任编》第 1254 条、《中华人民共和国侵权责任法》第 87 条。

第四章　中国式法治现代化视角下法政治学方法论在公法领域的基本运用

与私法领域相比，法政治学方法论的运用在公法领域表现得更为显著和常见。其原因在于，公法的运用侧重规范和制约国家公权力的行使，并以此推进政治文明和法治文明的发展，所以公法与法政治学之间的联系至少在视觉上显得更为紧密，而国内学者所主张的法政治学应当以“法治政治”为研究对象①的观点，实际上也是对法政治学方法论的效用化首先体现在公法领域的印证。

中国特色社会主义政治是中国特色社会主义的重要组成，实质指向的是有中国特色的社会主义民主政治。具体而言，走中国特色社会主义政治发展道路，发展社会主义民主政治，关键是坚持党的领导、人民当家作主、依法治国有机统一。其中，党的领导是人民当家作主和依法治国的根本保证，人民当家作主是社会主义民主政治的本质要求，依法治国是党领导人民治理国家的基本方略。② 至此，在法政治学的视野之下，中国特色社会主义政治发展道路的核心要义是将民主政治纳入法治化的轨道。正如党的十八届四中全会所强调的，制度化、规范化、程序化是社会主义民主政治的根本保障，应以保障人民当家作主为核心，坚持和完善……推进社会主义民主政治法治化。③ 因而，推进民主政治法治化，是新时期中国特色社会主义民主政治建设的必然要求，是坚持中国特色社会主义政治发展道路的必然趋势，它表明中国特

---

① 刘俊祥．“法政治学”论要［N］.光明日报，2007-02-27（11）.

② 中共中央文献研究室．十六大以来重要文献选编（上）［M］.北京：中央文献出版社，2011：24.

③ 中共中央文献研究室．十八大以来重要文献选编（中）［M］.北京：中央文献出版社，2016：163.

色社会主义政治与中国特色社会主义法治之间存在必然的、内在的、统一的联系。其中，建立在人民当家作主或以人民为中心的理念基础之上的现象，同时具有政治和法治的双重属性，即它们表现出政治现象和法治现象的双重面貌，从而成为法政治学在公法领域的研究对象，由此体现了法政治学方法论在公法领域使用的广泛性。

在中国特色社会主义新时代，中国特色社会主义民主政治正着力推进和实现全过程人民民主，即民主选举、民主协商、民主决策、民主管理、民主监督。实现社会主义民主政治的法治化，实际就是要将全过程人民民主的各个环节纳入法治化轨道，并由此在法治化轨道上推进国家治理体系和治理能力的现代化。具体而言：第一，民主选举是我国社会主义民主政治最基本的实现方式，是贯通全过程人民民主内部机制的首要环节。实现民主选举法治化，就是要将民主选举纳入我国法治建设实践，依法确立人民各项选举权利，确保人民代表大会依法行使立法权、监督权、决定权、任免权，依照宪法法律规定明确选举形式、程序、结果以及选举监督机制的民主运行。第二，民主协商作为社会主义民主参与最广泛的体现，贯穿全过程人民民主的始终，是保障决策制定和政策实施的重要民主形式。实现民主协商法治化，就是要在民主协商现有制度体系的基础上，以宪法、法律确立社会治理主体参与民主协商的身份和地位，以法律程序和法律规则明确社会治理主体参与民主协商的途径与范围，以法治思维和法治方式规制并约束各类治理主体参与民主协商的行为，以法定程序和法治手段保障民主协商主体意愿的表达，构建广泛协商、民主协商、依法协商的法治保障体系。第三，民主决策是社会主义民主政治要求实现人民当家作主最显著的表现，是全过程人民民主各环节之间逻辑联结的核心。实现民主决策法治化，实质就是推进和实现党委决策、人大决策以及政府决策的法治化。具体而言，要求各级党委、人大、政府在坚持法律至上原则、依法保障社会公众享有参与决策权的基础上，依法拓宽人民群众参与决策的渠道，保障决策的启动、论证、公示、确定、执行、评估等各环节于法有据，从而以决策法治化推动决策科学化发展。第四，民主管理是继民主决策之后实现全过程人民民主的第四个环节，是实现人民当家作主最直观的方法和途径。实现民主管理法治化要求坚持党对社会主义现代化建设的根本领导，坚持以法治为依托，确保国家管理和社会治理依法进行，依法构建科学化、标准化、民主化、制度化水平的民主管理模式。第五，民主监督作为我国法治监督体系的重要组成，是我国最管用的一种政治监督形式，是实现全过程人民民主完整机制的重要保障，同时反映了我国对民主政治发展规律的正确把握。所谓实现民主监督法治化，就是要将民主监督的制度安排和机制运行全部纳入法治化轨道，实现依法完善监督运行机制、依法健全权力运行监督体系、依法构建监督纠错问责机制，从而确保民主监督有效落实。

第一节　法治与国家战略的辩证关系

“战略”一词具有狭义和广义两种指向。狭义的“战略”，特指军事战略，含义为“对军事力量运用和建设全局的筹划指导”①；广义的“战略”则可应用于国家和社会的全部领域或特定领域，泛指“对社会政治、经济、文化、科技和外交等领域全局、高层次、长远重大问题的筹划与指导”②。所谓“国家战略”，是指在“战略”的广义语境中，由政党、国家制定的，针对一定时期内具有全局性、高层次、长远性的重大问题的筹划与指导。在中国法政治学中，“法治与国家战略辩证关系”中的“国家战略”，实际指向为国家政治路线，是由党和国家制定的用于筹划及指导中国特色社会主义总目标的基本行动准则，涵摄改革发展稳定、内政国防外交、治党治国治军等诸多领域。总之，战略问题是一个政党、一个国家的根本性问题。③ 法治与国家战略，作为中国特色社会主义法治理论和政治理论的一项重大辩证关系，是对法治基本方略与国家政治战略关系的分析梳理，实质是对法治与社会主义二者之间关系的剖释判辨，是法治在中国特色社会主义实践中所占据的地位和所发挥的作用在法治理论上的具体体现，集中地反映了党看待法治价值问题

① 肖天亮．战略学［M］.北京：国防大学出版社，2015：1.

② 《辞海》（第七版）网络版释义。

③ 习近平．习近平谈治国理政（第二卷）［M］.北京：外文出版社，2017：27.

的基本立场、基本方法和基本观点。

一、法治与国家战略辩证关系的理论原理

（一）法治属于上层建筑，经济基础决定上层建筑，上层建筑反作用于经济基础

马克思主义法政治学在阐述经济基础与上层建筑的关系时主张经济基础对法律上层建筑具有根本决定性，“法的关系，是一种反映着经济关系的意志关系。这种法的关系或意志关系的内容是由这种经济关系本身决定的”[①]。经济不仅决定法律的产生和内容，甚至连法律的演变也构成对经济的依赖。因而，每当经济关系迎来新变革时，法律也会随之发生变化。与此同时，法律上层建筑能够对经济基础产生适度的反决定作用，并且这种反决定作用来自法律上层建筑本身的“意识弹性”所具有的相对独立性。马克思主义法政治学这一基本原理揭示了文明社会经济发展进程与法律上层建筑之间的辩证关系，从而构成无产阶级和广大人民认识并改造现实的科学世界观与方法论。这一基本原理进入中国场域后，不论是新民主主义时期还是社会主义革命和建设时期，法治作为上层建筑，受经济基础决定并反作用于经济基础。

党的十一届三中全会以后，党指出因为“物质是基础”[②]，所以“社会主义首先要发展生产力”[③]，发展生产力要讲究经济效果，“根本目的就是满足人民的物质文化生活的需要”[④]。因此，为了尽快改变我国经济落后的现状和技术掉队的面貌，加快社会主义四个现代化的步伐，就要大幅改变目前落后的生产力，只有当人民的物质生活质量与文化水平提高了，精神面貌才会发生很大变化。鉴于此，党强调必须下定决心，以最大的毅力，集中力量进行

① 中共中央马克思恩格斯列宁斯大林著作编译局．马克思恩格斯全集（第四十四卷）［M］.北京：人民出版社，2001：103.

② 中央文献编辑委员会．邓小平文选（第三卷）［M］.北京：人民出版社，1993：89.

③ 中央文献编辑委员会．邓小平文选（第二卷）［M］.北京：人民出版社，1993：311.

④ 中共中央文献研究室．三中全会以来重要文献选编（上）［M］.北京：中央文献出版社，2011：255.

经济建设，实现工业、农业、国防和科学技术的现代化。[①] 以打击刑事犯罪活动为例，对刑事犯罪活动进行打击虽属必要，亦应长期予以坚持，但只依赖打击并不能解决根本问题，只有实现经济发展的既定目标，即“把经济搞上去才是真正治本的途径”[②]。此外，党在承认“经济基础是根本标准”的基础上，重视生产关系和上层建筑对经济基础巨大的反作用，强调改变生产关系，改变上层建筑，改变工农业企业的管理方式和国家对工农业企业的管理方式，必须同当代中国生产力发展的状况和要求相适应，使之适应于现代化大经济的需要。[③]

党的十三届四中全会以后，党提出要高度重视上层建筑对经济基础、政治对经济的巨大反作用这个辩证唯物主义和历史唯物主义的原理。[④] 我党不止一次地重申和强调：经济基础决定上层建筑，上层建筑对经济基础又有巨大的反作用，这是马克思主义的一个基本观点；[⑤] 经济基础决定上层建筑，上层建筑又反过来对经济基础发生作用，这是马克思主义的基本原理，[⑥] 并据此指出，经济基础是不断发展的，上层建筑也要随之不断调整和完善，这是人类社会发展的一条普遍规律。[⑦] 由此，我们应当根据经济基础发展的要求，调整和改革生产关系同生产力、上层建筑同经济基础不相适应的方面和环节，促进生产力发展和社会各项事业全面进步。[⑧] 以立法工作为例，立法工作要以解放和发展社会生产力为出发点，以“三个代表”重要思想为指导，通过立法把改革的成功经验确定下来，巩固改革的成果。同时，要发挥法律对改革实践的引导和规范作用。因此，制定法律既要强调稳定性，这是主要的方面；又要注意前瞻性，为改革和发展留有一定空间。只有把二者结合起来，才能

---

① 中共中央文献研究室．十二大以来重要文献选编（中）［M］.北京：中央文献出版社，2011：52.

② 中央文献编辑委员会．邓小平文选（第三卷）［M］.北京：人民出版社，1993：89.

③ 中央文献编辑委员会．邓小平文选（第二卷）［M］.北京：人民出版社，1993：135-136.

④ 中央文献编辑委员会．江泽民文选（第一卷）［M］.北京：人民出版社，2006：162.

⑤ 中央文献编辑委员会．江泽民文选（第一卷）［M］.北京：人民出版社，2006：563.

⑥ 中央文献编辑委员会．江泽民文选（第三卷）［M］.北京：人民出版社，2006：70.

⑦ 中央文献编辑委员会．江泽民文选（第二卷）［M］.北京：人民出版社，2006：107.

⑧ 中央文献编辑委员会．江泽民文选（第二卷）［M］.北京：人民出版社，2006：527.

适应改革和发展的需要，推动生产力的发展。[①] 在指明“上层建筑对经济基础有反作用”的同时，党着重强调了经济基础对上层建筑的决定性作用，提出古往今来，任何国家政权都是建立在一定的经济基础之上的。在现代国家中，国家政权作为政治上层建筑，包括立法、行政、司法、军队、警察、政党和政府机构，一定的阶级、政党通过掌握它们来贯彻自己的路线方针政策，进行政治统治和社会治理。任何一个政权，都必须掌握一定的经济和物质力量，都需要有与之相适应的经济基础来提供这种经济和物质力量，否则便不能存在和发生作用。[②]

党的十六大以后，党重申生产力发展是人类社会发展的最终决定力量。[③] 根据经济社会发展的需要，党在十六大以后提出了“科学发展观”的重大战略思想。科学发展观的基本要求是全面协调可持续发展，而要贯彻落实全面协调可持续发展的基本要求，“必须按照中国特色社会主义事业总体布局，全面推进经济建设、政治建设、文化建设、社会建设，促进现代化建设各个环节、各个方面相协调，促进生产关系和生产力、上层建筑和经济基础相协调”[④]。就作为上层建筑的政治体制改革而言，必须把推动经济基础变革同推动上层建筑改革结合起来，不断推进政治体制改革。[⑤] 与此同时，党还强调，法律是上层建筑，它是由经济基础决定的，又反作用于经济基础，而我国的社会主义民主法制作为上层建筑，总体上是与我国的经济基础相适应的，对经济社会发展起到了有力的保障作用。[⑥] 因而，在加强立法工作、提高立法质量方面，要坚持立法从我国的国情出发，从实际出发，不能从主观愿望和想当然出发，不能搞本本主义。法律只能是实践经验的总结。[⑦]

---

① 中共中央文献研究室．十五大以来重要文献选编（中）［M］.北京：中央文献出版社，2011：539-540.

② 中央文献编辑委员会．江泽民文选（第三卷）［M］.北京：人民出版社，2006：70.

③ 中央文献编辑委员会．胡锦涛文选（第二卷）［M］.北京：人民出版社，2016：104.

④ 中央文献编辑委员会．胡锦涛文选（第三卷）［M］.北京：人民出版社，2016：6.

⑤ 中央文献编辑委员会．胡锦涛文选（第三卷）［M］.北京：人民出版社，2016：162.

⑥ 中共中央文献研究室．十六大以来重要文献选编（上）［M］.北京：中央文献出版社，2011：259.

⑦ 中共中央文献研究室．十六大以来重要文献选编（上）［M］.北京：中央文献出版社，2011：234.

党的十八大以来，以习近平同志为核心的党中央对中国特色社会主义的总布局作出新调整，把生态文明建设纳入其中，强调“要牢牢抓好党执政兴国的第一要务，始终代表中国先进生产力的发展要求，坚持以经济建设为中心，在经济不断发展的基础上，协调推进政治建设、文化建设、社会建设、生态文明建设以及其他各方面建设”。按照这个总布局，促进现代化建设各方面相协调，促进生产关系与生产力、上层建筑与经济基础相协调。[①] 其中，经济建设是党的中心工作，意识形态工作是党的一项极端重要的工作，党始终坚持以经济建设为中心，集中精力把经济建设搞上去、把人民生活搞上去。只要国内外大势没有发生根本变化，坚持以经济建设为中心就不能也不应该改变。这是坚持党的基本路线100年不动摇的根本要求，也是解决当代中国一切问题的根本要求。[②] 在中国特色社会主义总布局中，经济基础决定法律和政治上层建筑，法律和政治上层建筑竖立在经济基础之上。经济体制改革对其他方面的改革具有重要影响和传导作用，重大经济体制改革的进度决定着其他方面很多体制改革的进度，具有牵一发而动全身的作用，要求全面深化改革要“坚持以经济体制改革为主轴”[③]。

此外，马克思主义认为，生产力是一切社会生活的物质基础，是推动社会发展和变革、实现从低级形态过渡到高级形态的最终决定力量；现代化的过程其实也是生产力发展的过程，生产力不仅是推动现代化进程的直接力量，也是衡量现代化程度的客观依据。在坚持以经济建设为中心、坚持做好新时代经济工作的基本前提下，以习近平同志为核心的党中央科学审视国内外经济发展趋势，立足于我国经济已进入高质量发展阶段的新形势，着眼于高瞻思维和历史眼光，提出了“新质生产力”这一原创理念，并围绕如何培育和发展新质生产力作出一系列重要论述，这些重要论述对新时代推动我国经济社会转型升级、实现高质量发展并进一步深化拓展新时代中国式现代化有不可替代的现实指导意义。“新质生产力”是2023年9月7日习近平总书记在黑龙江哈尔滨主持召开新时代推动东北全面振兴座谈会上首次提出的：“积极

① 习近平．习近平谈治国理政（第一卷）［M］.北京：外文出版社，2018：11.
② 习近平．习近平谈治国理政（第一卷）［M］.北京：外文出版社，2018：153.
③ 习近平．习近平谈治国理政（第一卷）［M］.北京：外文出版社，2018：94.

培育新能源、新材料、先进制造、电子信息等战略性新兴产业，积极培育未来产业，加快形成新质生产力，增强发展新动能。”① 次日上午，习近平总书记在听取黑龙江省委、省政府工作汇报时再次强调，“整合科技创新资源，引领发展战略性新兴产业和未来产业，加快形成新质生产力”②。从习近平总书记这两段重要论述中可以总结出四个关键点：第一，战略性新兴产业和未来产业是新质生产力的实体支撑、主要阵地和核心载体，有别于传统产业发展范式，具有更高的创新活跃、技术含量和发展潜力等特征；第二，加快形成新质生产力的落脚点在于增强高质量发展的新动能；第三，战略性新兴产业和未来产业必须依靠前沿重大科技创新或技术突破；第四，战略性新兴产业与未来产业之间概念相似但又不同，存在联系却有区别。战略性新兴产业具备成熟的技术及产业发展形态，未来产业则具有更为前沿的产业技术，但仍处于产业试错期和萌芽期，具有前瞻性和不稳定性。从两者的发展逻辑来看，未来产业在经过一定阶段的培育后成为战略性新兴产业，战略性新兴产业则是现代化产业体系的核心支撑。面对新形势新任务，新质生产力的出现和发展可能引起新质生产关系的形成，继而通过“新质经济基础”推动上层建筑朝着“新质上层建筑”转变。③ 各地在积极响应培育发展新质生产力号召的大视角下，尚需牢记习近平总书记关于“对生产力标准必须全面准确理解，不能绝对化，不能撇开生产关系、上层建筑来理解生产力标准”的重要论断，④ 从生产关系、上层建筑等层面出发，通过多方合力，全面把握新质生产力。在新质生产力的催生下，作为“新质生产关系”总和的“新质经济基础”进一步推动上层建筑发生根本性变革。在这一过程中，法治作为国家政治上层建筑的重要组成部分，是国家治理的基本方式，受“新质经济基础”决定的同时又往往具有较大的相对独立性，对“新质经济基础”具有能动的

① 习近平主持召开新时代推动东北全面振兴座谈会强调　牢牢把握东北的重要使命　奋力谱写东北全面振兴新篇章［N］.人民日报，2023-09-10（01）.

② 习近平在黑龙江考察时强调　牢牢把握在国家发展大局中的战略定位　奋力开创黑龙江高质量发展新局面［N］.人民日报，2023-09-09（01）.

③ 莫纪宏．论“新质生产力”基础上的“新质民主”与“新质法治”辩证统一［J］.政治与法律，2024（6）：2.

④ 中共中央文献研究室．习近平关于协调推进“四个全面”战略布局论述摘编［M］.北京：中央文献出版社，2015：8.

反作用，即用以维护、巩固先进的经济基础。

（二）法治属于政治，经济决定政治，政治为经济服务

马克思主义法政治学认为，法是国家用于调整和管理社会的产物，而国家权力又是政治的集中表现，因而法律与政治之间存在深度联系。对于法律而言，政治在人类社会出现公共事务和公共管理之后便率先产生，而法律产生于政治的需要，政治是法律的基础，没有政治权力，就不可能产生法律，也不可能依据不同政治形态而产生不同的法律；对于政治而言，法律对政治具有促进和保障作用。政治本身需要法律的保障，政治权力只有通过法律规则加以设定，才能获得存在的合法性。而且，政治主体在制定法律时，必然选择将法律规则作为统治阶级意志的重要载体，并赋予其国家强制力为后盾，最终确保统治阶级意志借以法律规则顺利实现。然而，就实质而言，“法律是一种政治措施，是一种政治”①，不论是法律或法治、法治或政治，抑或作为政治的法治，都作为社会上层建筑受制于经济基础，同时服务于经济基础。

党的十一届三中全会以后，党指出经济与政治、经济与法律之间“都有相互依存的关系，不能顾此失彼”②，当前和今后，“经济工作是当前最大的政治，经济问题是压倒一切的政治问题”③。基于此，“政治问题要从经济的角度来解决”，“用经济办法解决政治问题”④。比如，要真正巩固安定团结的政治局面，除依照社会主义法制的原则实行无产阶级专政之外，“主要的当然还是要依靠积极的、根本的措施，还是要依靠发展经济、发展教育，同时也要依靠完备法制”⑤。作为政治的法治与经济之间的关系，在党的十一届三中全会以后还集中表现为政治体制改革与经济体制改革之间的关系。党强调，“不搞政治体制改革，必然会阻碍经济体制改革，拖经济发展的后腿”⑥，“政

① 中共中央马克思恩格斯列宁斯大林著作编译局．列宁全集（第十八卷）［M］.北京：人民出版社，1990：140.

② 中央文献编辑委员会．邓小平文选（第二卷）［M］.北京：人民出版社，1993：250.

③ 中央文献编辑委员会．邓小平文选（第二卷）［M］.北京：人民出版社，1993：194.

④ 中央文献编辑委员会．邓小平文选（第二卷）［M］.北京：人民出版社，1993：195-196.

⑤ 中央文献编辑委员会．邓小平文选（第二卷）［M］.北京：人民出版社，1993：254-255.

⑥ 中央文献编辑委员会．邓小平文选（第三卷）［M］.北京：人民出版社，1993：160.

治体制改革同经济体制改革相互依赖、相互配合”[①]。因而，为了适应经济体制改革的需要，应当推进政治体制改革，“政治体制改革包括民主和法制”[②]，并认为当时“不改革政治体制，就不能保障经济体制改革的成果，不能使经济体制改革继续前进，就会阻碍生产力的发展，阻碍四个现代化的实现”[③]。简言之，不搞政治体制改革，经济体制改革就难以贯彻。[④] 因而，要使政治体制改革的任务适应经济的发展。

党的十三届四中全会以后，党对政治与经济的关系有了更加集中的理论判断。一方面重申了马克思主义关于政治与经济关系的基本观点，指出“政治是经济的集中表现”“政治是由经济决定的，又反过来影响和作用于经济”，这是马克思主义关于经济和政治关系的基本观点；[⑤]“政治是经济的集中表现，是为经济服务的”，这是马克思主义的基本原理；[⑥]“经济是基础，一切政治归根到底都是为经济服务的”[⑦]。在具体处理二者之间的关系时，党认为经济发展是社会全面进步的基础，但它不是孤立进行的。在集中力量发展经济的过程中，要高度重视民主法制建设；如果法制不健全，就会直接影响经济发展的全局。[⑧] 原因在于，没有离开政治的经济，也没有离开经济的政治。没有强有力的政治保证，经济建设是搞不好的。只有讲政治，才能把国家的法律法规贯彻到经济建设和各项工作中。[⑨] 具体而言：

第一，政治与经济之间的关系直接反映在党关于政法工作与经济建设的关系处理上，核心观点在于政法部门一切工作的出发点和根本目的在于为经济建设服务：一要充分运用法律手段，打击经济犯罪活动，明确“惩治经济犯罪是为经济建设直接服务，及时办理、办好各种经济案件”；二要充分运用法律手段，加强经济领域的执法工作，充分发挥法律制约和引导经济行为、

---

① 中央文献编辑委员会．邓小平文选（第三卷）[M].北京：人民出版社，1993：164.
② 中央文献编辑委员会．邓小平文选（第三卷）[M].北京：人民出版社，1993：244.
③ 中央文献编辑委员会．邓小平文选（第三卷）[M].北京：人民出版社，1993：176.
④ 中央文献编辑委员会．邓小平文选（第三卷）[M].北京：人民出版社，1993：177.
⑤ 中央文献编辑委员会．江泽民文选（第三卷）[M].北京：人民出版社，2006：232.
⑥ 中央文献编辑委员会．江泽民文选（第一卷）[M].北京：人民出版社，2006：516.
⑦ 中央文献编辑委员会．江泽民文选（第一卷）[M].北京：人民出版社，2006：332.
⑧ 中央文献编辑委员会．江泽民文选（第二卷）[M].北京：人民出版社，2006：102.
⑨ 中央文献编辑委员会．江泽民文选（第一卷）[M].北京：人民出版社，2006：516.

维护经济秩序的作用；三要加强法制宣传和法律服务工作，引导经济生活按照社会主义法律规范，协调、有序、稳定、健康地发展。① 第二，政治与经济之间的关系的理论论断，同样会反映在党关于政治体制改革与经济体制改革之间关系的理论认识上，核心观点是坚持政治体制改革要与经济体制改革相适应。② 正如党的十五大报告指出的，我国经济体制改革的深入和社会主义现代化建设跨越世纪的发展，要求我们在坚持四项基本原则的前提下，继续推进政治体制改革，进一步扩大社会主义民主，健全社会主义法制，依法治国，建设社会主义法治国家。③ 具体到法治，为了在发展社会主义市场经济的条件下更好地建设中国特色社会主义，我们必须建立与之相适应的社会主义法律体系。④ 第三，在同周边国家发展睦邻友好关系的问题上，也涉及关于政治关系和经济关系的理论问题。党强调，深化我国同周边国家的关系要坚持"政经结合"，因为"政治关系和经济关系密不可分"，"政治关系为经济关系提供良好的环境，经济关系则为政治关系奠定坚实的基础。因此，要"通过支持周边国家的经济发展，进一步巩固我国与这些国家的政治关系"⑤。

党的十六大以后，党在初次阐发科学发展观时，一方面指出经济发展为社会全面进步和人的全面发展提供了坚实的物质基础，另一方面同时强调"经济发展又是同政治发展、文化发展紧密联系的"。并且"从根本上说，经济发展决定政治发展和文化发展，但政治发展和文化发展也会反过来对经济发展产生作用，在一定条件下还可以产生决定性作用"⑥。所以，如果忽视社会主义民主法制建设，"经济建设是很难搞上去的，即使一时搞上去了最终也可能要付出沉重代价"⑦。历史和现实都告诉我们，"中国特色社会主义事业，是经济建设、政治建设、文化建设、社会建设有机统一、互为条件、不可分

① 中共中央文献研究室．十三大以来重要文献选编（下）［M］.北京：中央文献出版社，2011：372-374.

② 中央文献编辑委员会．江泽民文选（第二卷）［M］.北京：人民出版社，2006：535.

③ 中央文献编辑委员会．江泽民文选（第二卷）［M］.北京：人民出版社，2006：28.

④ 中央文献编辑委员会．江泽民文选（第三卷）［M］.北京：人民出版社，2006：91.

⑤ 中央文献编辑委员会．江泽民文选（第三卷）［M］.北京：人民出版社，2006：316-317.

⑥ 中央文献编辑委员会．胡锦涛文选（第二卷）［M］.北京：人民出版社，2016：104-105.

⑦ 中央文献编辑委员会．胡锦涛文选（第二卷）［M］.北京：人民出版社，2016：105.

割的整体"①。我国在实现全面建设小康社会的宏伟目标，进而实现把中国建设成为富强民主文明的社会主义现代化国家的宏伟目标的过程中，要紧紧坚持以经济建设为中心，继续推进社会主义政治建设、文化建设、社会建设，为经济建设提供有力的体制保障、智力支持和良好的社会氛围。同时，要不断加强社会主义民主法制建设，坚持党的领导、人民当家作主和依法治国的有机统一。

党的十八大以来，以习近平同志为核心的党中央在强调经济基础对政治上层建筑起决定作用的同时，更加注重政治上层建筑对经济基础的反作用，要求在全面深化改革过程中坚持和发展我们的政治优势，推动社会主义市场经济体制不断完善、社会主义市场经济更好发展。② 第一，经济和政治的关系、经济和法律的关系集中反映在政治体制改革与经济体制改革之间的关系上。党重申坚持以经济体制改革为重点，坚持社会主义市场经济改革方向，全面深化经济体制、政治体制、文化体制、社会体制、生态文明体制和党的建设制度改革。③ 其中，司法体制是政治体制的重要组成部分，对推进国家治理体系和治理能力现代化具有十分重要的意义。政法机关要加强领导、协力推动、务求实效，加快建设公正、高效、权威的社会主义司法制度。④ 第二，全面依法治国必须正确处理政治和法治、改革和法治、依法治国和以德治国、依法治国和依规治党的一系列辩证关系。关于政治和法治的关系问题，在我国集中体现为党和法的关系问题，并且二者辩证统一："社会主义法治必须坚持党的领导，党的领导必须依靠社会主义法治"⑤。第三，社会主义法治引领并保障生产力发展。生产力是"人类改造自然时从事实践活动的生产能

① 中共中央文献研究室．十六大以来重要文献选编（上）［M］.北京：中央文献出版社，2011：1102.

② 习近平．习近平谈治国理政（第一卷）［M］.北京：外文出版社，2018：118.

③ 习近平．习近平谈治国理政（第二卷）［M］.北京：外文出版社，2017：39.

④ 习近平．论坚持全面依法治国［M］.北京：中央文献出版社，2020：59.

⑤ 习近平．习近平谈治国理政（第三卷）［M］.北京：外文出版社，2020：286.

力”①，马克思主义生产力理论主张“人们所达到的生产力的总和决定着社会状况”②。党的十八大以来，以习近平同志为核心的党中央继续将历史唯物主义和马克思主义生产力理论的基本原理同中国实际完美结合，更大限度地解放和发展社会生产力，中国特色社会主义生产力总体显著提高，形成了生产力发展的新质态。对此，习近平总书记强调，“发展新质生产力是推动高质量发展的内在要求和重要着力点”③。新质生产力以创新为特点，质优是关键，本质是马克思主义生产力理论同新时代中国生产力发展实际需要相结合的先进生产力。发展新质生产力，为高质量发展赋予强劲动能，离不开高水平法治的坚实保障，必须充分发挥法治的引领、规范和保障作用，加大对关键技术、重点领域、新兴产业的知识产权保护力度，以法治之力支撑和服务新质生产力发展。此外，法治也是一种生产力。从生产力“结构优化”的层面出发，法治在市场经济发展现代化的环境构建、畅通生产力转化链和消除生产力发展阻碍因素方面发挥重要作用，是生产力“存量”不可或缺的重要部分。从这个角度来说，法治是一种软实力。④

二、法治与国家战略辩证关系的方法论实践

（一）“整体论”

整体与部分紧密联系。整体是指事物内部各个要素相互联系而组成的统一体系，是事物的全部；部分是指构成整体的某个或某些要素，是事物的局部。在整体与部分的对比中，“整体是从部分组成的，以致没有部分，它便什么也不是”，而对于部分而言，“部分只有在整体中才具有独立性……没有整体，便没有部分”⑤。因而，既要立足整体，又要搞好局部，以局部带动整体，

---

① 中共中央马克思恩格斯列宁斯大林著作编译局．马克思恩格斯全集（第一卷）［M］.北京：中央文献出版社，1960：208.

② 中共中央马克思恩格斯列宁斯大林著作编译局．马克思恩格斯选集（第一卷）［M］.北京：中央文献出版社，2012：160.

③ 习近平在中共中央政治局第十一次集体学习时强调　加快发展新质生产力　扎实推进高质量发展［N］.人民日报，2024-02-02（01）.

④ 刘剑文．法治也是生产力［N］.经济参考报，2014-09-16（08）.

⑤ 黑格尔．逻辑学（下）［M］.杨一之，译．北京：商务印书馆，1976：158，159.

实现事物总体协调发展。在中国特色社会主义建设进程中，法治问题构成了社会整体问题的有机部分，并且只有将每个阶段的法治问题置于社会主义现代化建设整体事业中才能逐步解决。

党的十一届三中全会后不久，党便建立起中国特色社会主义的“整体论”认识，认为进入社会主义现代化建设的新时期，“我们要在大幅提高社会生产力的同时，改革和完善社会主义的经济制度和政治制度，发展高度的社会主义民主和完备的社会主义法制”①，将社会主义民主和法制纳入社会主义现代化建设的整体予以布局和谋划。在提出社会主义现代化建设包括物质文明建设和精神文明建设之后，又将社会主义民主和法制建设确定为精神文明建设的重要组成部分。

党的十三届四中全会以后，党在社会主义物质文明建设和精神文明建设的总体布局基础上，提出了建设中国特色社会主义经济、政治、文化新的总体布局，指出“中国特色社会主义的经济、政治、文化，是有机统一、不可分割的整体”②，并将社会主义民主和法制建设确定为中国特色社会主义政治建设的重要组成部分。党的十四大进一步提出，在实现社会主义现代化的进程中，必须坚持“两手抓”的战略方针，并强调“没有民主和法制就没有社会主义，就没有社会主义的现代化”③，在党的十五大正式提出“依法治国、建设社会主义法治国家”的战略目标并将“依法治国”确定为党领导人民治理国家的基本方略之后，中国特色社会主义法治建设也成为社会主义现代化建设、中国特色社会主义政治建设的重要组成部分，而“我国社会主义现代化建设事业，是以经济为中心的社会全面发展、全面进步的事业”④。

党的十六大闭幕后不久，党便提出要坚持全面的发展观，并明确全面建设小康社会的目标是中国特色社会主义经济、政治、文化全面发展，因此要继续坚持依法治国的基本方略。⑤ 所谓全面发展，“就是要以经济建设为中心，

---

① 中央文献编辑委员会．邓小平文选（第二卷）[M].北京：人民出版社，1993：208.
② 中央文献编辑委员会．江泽民文选（第一卷）[M].北京：人民出版社，2006：161.
③ 中央文献编辑委员会．江泽民文选（第一卷）[M].北京：人民出版社，2006：235.
④ 中央文献编辑委员会．江泽民文选（第一卷）[M].北京：人民出版社，2006：599.
⑤ 中央文献编辑委员会．胡锦涛文选（第二卷）[M].北京：人民出版社，2016：43-44.

全面推进经济、政治、文化建设，实现经济发展和全面进步”①。之后，党的十六届四中全会提出构建社会主义和谐社会的战略目标，将中国特色社会主义事业总体布局更加明确地由社会主义经济建设、政治建设、文化建设“三位一体”发展为社会主义经济建设、政治建设、文化建设、社会建设“四位一体”②，中国特色社会主义事业，成为经济建设、政治建设、文化建设、社会建设有机统一、互为条件、不可分割的整体。③ 中国特色社会主义法治建设作为政治建设的重要组成部分同样是作为整体的中国特色社会主义事业的重要组成部分。因此，要坚持把政法工作放在党和国家工作全局中来谋划、来推进④，使我国的政法工作着力服务经济社会发展大局⑤。党的十七大以后，党按照中国特色社会主义事业总体布局的要求，继续为夺取全面建设小康社会新胜利、开创中国特色社会主义事业新局面作出战略部署，其中，依法治国作为社会主义民主政治的基本要求，在中国特色社会主义事业“四位一体”总体布局中占据重要地位，必须“全面落实依法治国基本方略，加快建设社会主义法治国家”⑥。

党的十八大以来，中国特色社会主义事业进入新的发展阶段。在新的历史起点上，以习近平同志为核心的党中央提出了中国特色社会主义事业“五位一体”总体布局和“四个全面”战略布局，都体现了我们对协调发展认识的不断深化，体现了唯物辩证法在解决我国发展问题上的方法论意义⑦，强调“主动把握和积极适应经济发展新常态，协调推进全面建成小康社会、全面深化改革、全面依法治国、全面从严治党，推动改革开放和社会主义现代化建设迈上新台阶”⑧。这表明，中国特色社会主义事业从第一个百年奋斗目标迈向第二个百年奋斗目标，全面建成小康社会、加快推进社会主义现代化、实

---

① 中央文献编辑委员会．胡锦涛文选（第二卷）[M].北京：人民出版社，2016：167.

② 中央文献编辑委员会．胡锦涛文选（第二卷）[M].北京：人民出版社，2016：274.

③ 中央文献编辑委员会．胡锦涛文选（第二卷）[M].北京：人民出版社，2016：378.

④ 中央文献编辑委员会．胡锦涛文选（第三卷）[M].北京：人民出版社，2016：27.

⑤ 中央文献编辑委员会．胡锦涛文选（第三卷）[M].北京：人民出版社，2016：28.

⑥ 中共中央文献研究室．十七大以来重要文献选编（上）[M].北京：中央文献出版社，2011：24.

⑦ 习近平．习近平谈治国理政（第二卷）[M].北京：外文出版社，2017：205.

⑧ 习近平．习近平谈治国理政（第二卷）[M].北京：外文出版社，2017：22.

现中华民族伟大复兴既面临更为光明的前景，也需要我们付出更为艰巨的努力。[①] 因而，随着中国特色社会主义事业不断发展，法治建设将承载更多使命、发挥更为重要的作用。全面推进依法治国是一项长期而重大的历史任务，也必然是一场深刻的社会变革和历史变迁。我们要既着眼长远、打好基础、建好制度，又立足当前、突出重点、扎实工作，不断推进全面依法治国向纵深发展。[②]

（二）“中心论”

中心与边缘、半边缘相对立。在社会结构中，中心是“符号秩序的中心，是价值和信念秩序的中心”，并由那些“符号、价值和信念支配着社会”[③]，因而处于核心地位，社会其他价值系统都将围绕这个中心点转动；而边缘、半边缘则是在社会结构中除中心之外的沿边区域，构成社会结构的外围部分。在中国特色社会主义结构中，经济建设在中国特色社会主义现代化事业中一直处于统帅地位，是兴国之要、立邦之本，社会主义建设事业的其他组成部分必须紧紧围绕经济建设这一中心展开。

党的十一届三中全会以后，党在推进实现四个现代化的宏伟目标时，指出“四个现代化，集中起来讲就是经济建设”[④]；或者说“搞四个现代化，最主要的是搞经济建设”[⑤]，由此确立了经济建设在社会主义现代化建设中的中心地位，社会主义民主和法制也紧紧围绕经济建设这个心中而展开。

党的十三届四中全会之后，党立足于“经济是基础”的原理论断[⑥]，提出“解决中国的所有问题，归根到底要靠经济的发展”[⑦]，认识到“经济优先已成为世界潮流”“对每个国家来说，悠悠万事，唯经济发展为大”[⑧]。据此，党提出“在社会主义现代化建设中，我们始终要以经济建设为中心。党和国

---

① 习近平．习近平谈治国理政（第三卷）［M］.北京：外文出版社，2020：61.
② 习近平．论坚持全面依法治国［M］.北京：中央文献出版社，2020：173.
③ 爱德华·希尔斯．中心与边缘［M］.甘会斌，余昕，译．江苏：译林出版社，2019：3.
④ 中央文献编辑委员会．邓小平文选（第二卷）［M］.北京：人民出版社，1993：240.
⑤ 中央文献编辑委员会．邓小平文选（第二卷）［M］.北京：人民出版社，1993：276.
⑥ 中央文献编辑委员会．江泽民文选（第一卷）［M］.北京：人民出版社，2006：499.
⑦ 中央文献编辑委员会．江泽民文选（第一卷）［M］.北京：人民出版社，2006：514.
⑧ 中央文献编辑委员会．江泽民文选（第一卷）［M］.北京：人民出版社，2006：224.

家的各项工作都必须服从和服务于经济建设这个中心，而不能离开这个中心，更不能干扰这个中心”①；坚持以经济建设为中心，绝对不能动摇。② 党的十四大更是明确指出，“要围绕经济建设这个中心，加强社会主义民主法制和精神文明建设，促进社会全面进步”③。因此，党始终牢牢把握经济建设这个中心，发展社会主义民主政治，④ 原因在于，只要经济建设取得长足进展，就能在社会主义民主法制建设方面取得重要进展。⑤ 在提出建立社会主义市场经济体制改革目标后不久，为了适应发展社会主义市场经济的客观需要⑥，党又适时提出了依法治国、建设社会主义法治国家的战略方针，并将依法治国确定为党领导人民治理国家的基本方略，根本在于“世界经济的实践证明，一个比较成熟的市场经济，必然要求并具有比较完备的法制”⑦。

鉴于生产力发展是人类社会发展的最终决定力量，党的十六大以后，党指出，“只有坚持以经济建设为中心，不断解放和发展社会生产力，才能为社会全面进步和人的全面发展奠定坚实物质基础”⑧。因此，在推进中国特色社会主义经济建设、政治建设、文化建设、社会建设的过程中，仍然必须坚持以经济建设为中心⑨，作为政治建设重要组成的法治建设同样也不例外。

党的十八大以来，以习近平同志为核心的党中央坚持“发展仍是解决我国所有问题的关键”这个重大战略判断，以经济建设为中心，发挥经济体制改革牵引作用，推动生产关系同生产力、上层建筑同经济基础相适应，推动经济社会持续健康发展⑩；特别强调在坚持以经济建设为中心的同时，“全面推进经济建设、政治建设、文化建设、社会建设、生态文明建设以及其他各方面建设；既坚持四项基本原则，又坚持改革开放；既不断解放和发展社会

① 中央文献编辑委员会．江泽民文选（第一卷）［M］.北京：人民出版社，2006：414.
② 中央文献编辑委员会．江泽民文选（第一卷）［M］.北京：人民出版社，2006：499.
③ 中央文献编辑委员会．江泽民文选（第一卷）［M］.北京：人民出版社，2006：224.
④ 中央文献编辑委员会．江泽民文选（第一卷）［M］.北京：人民出版社，2006：355.
⑤ 中央文献编辑委员会．江泽民文选（第一卷）［M］.北京：人民出版社，2006：300.
⑥ 中央文献编辑委员会．江泽民文选（第二卷）［M］.北京：人民出版社，2006：75.
⑦ 中央文献编辑委员会．江泽民文选（第一卷）［M］.北京：人民出版社，2006：511-512.
⑧ 中央文献编辑委员会．胡锦涛文选（第二卷）［M］.北京：人民出版社，2016：104.
⑨ 中央文献编辑委员会．胡锦涛文选（第二卷）［M］.北京：人民出版社，2016：104.
⑩ 中共中央文献研究室．十八大以来重要文献选编（上）［M］.北京：中央文献出版社，2014：513.

生产力，又逐步实现全体人民共同富裕、促进人的全面发展”[①]。在这一过程中，社会主义民主法治建设必须同扩大人民民主和经济社会发展相适应。

（三）“保障论”

党的十一届三中全会以后，党提出“为了实现四个现代化，必须发扬社会主义民主和加强社会主义法制”[②]。第一，社会主义民主法制保障社会主义现代化建设生动活泼、安定团结的政治局面。社会主义民主和法制对社会主义现代化建设的保障着重体现在如下方面：生动活泼和安定团结的政治局面是进行社会主义现代化建设的保障或条件，没有生动活泼的政治局面，人民就不可能有进行现代化建设的积极性；没有安定团结的政治局面，人民“就不能安下心来搞建设”[③]。发扬社会主义民主可以形成生动活泼的政治局面，加强社会主义法制可以形成安定团结的政治局面，因此，“民主要坚持下去，法制要坚持下去。这好像两只手，任何一只手削弱都不行”[④]。不要社会主义法制的民主，“只能使我们的国家再一次陷入无政府状态”“使国民经济更难发展，使人民生活更难改善”[⑤]。在这个意义上，社会主义民主法制是社会主义现代化建设的基础。[⑥] 第二，社会主义民主法制保障现代化建设的社会主义的正确方向。党在十一届三中全会以后高度重视打击经济犯罪活动的工作，认为对于打击经济犯罪活动工作，在政治上应当“提得更高一点”，在认识上应当“看得更深一点”，不能将它“只当作一般性质的问题来对待”[⑦]。因为打击经济犯罪活动“是我们坚持社会主义道路和实现四个现代化的一个保证”，是最重要的保证之一。[⑧] 使现代化建设“能够不脱离社会主义方向”[⑨]。第三，党的十一届三中全会以后，党关于社会主义民主法制保障社会主义现

① 习近平．习近平谈治国理政（第一卷）［M］.北京：外文出版社，2018：9.
② 中央文献编辑委员会．邓小平文选（第二卷）［M］.北京：人民出版社，1993：187.
③ 中央文献编辑委员会．邓小平文选（第二卷）［M］.北京：人民出版社，1993：251.
④ 中央文献编辑委员会．邓小平文选（第二卷）［M］.北京：人民出版社，1993：189.
⑤ 中央文献编辑委员会．邓小平文选（第二卷）［M］.北京：人民出版社，1993：359-360.
⑥ 中央文献编辑委员会．邓小平文选（第三卷）［M］.北京：人民出版社，1993：69.
⑦ 中央文献编辑委员会．邓小平文选（第二卷）［M］.北京：人民出版社，1993：371.
⑧ 中央文献编辑委员会．邓小平文选（第三卷）［M］.北京：人民出版社，1993：3.
⑨ 中央文献编辑委员会．邓小平文选（第二卷）［M］.北京：人民出版社，1993：409.

代化建设的法治理论，尤为看重人民民主专政的作用，认为“没有无产阶级专政，我们就不可能保卫从而也不可能建设社会主义”[①]；而在四项基本原则之中，坚持人民民主专政不低于其他三项原则。[②] 但同时主张不再采用过去那种搞政治运动的办法，而是遵循社会主义法制的原则，在法律的范围内同反党反社会主义势力和各种刑事犯罪分子进行斗争。[③]

党的十三届四中全会以后，党更加重视法治建设对改革开放和经济建设的保障作用。党的十四大提出一系列“两手抓”的战略方针，强调一手抓改革开放、一手抓打击犯罪和一手抓经济建设、一手抓民主法制，为改革和建设的顺利进行提供有力的政治保证。[④] 同时明确提出，我们应当在发展社会主义民主、健全社会主义法制方面取得明显进展，以巩固和发展稳定的社会政治环境，保证经济建设和改革开放的顺利进行。[⑤] 在明确提出依法治国的战略方针之后，党的十四大又进一步指出，“实行和坚持依法治国，对于推动经济持续、快速、健康发展和社会全面进步，保证国家长治久安，具有十分重要的意义”[⑥]；并特别多次强调，依法治国是实现国家长治久安的重要保障。[⑦]

党的十六大以后，法治对国家战略的保障作用有了更加丰富的指向：一是整体意义的保障作用。党的十六大闭幕伊始，党便提出推进社会主义政治文明建设，坚持依法治国，建设社会主义法治国家，“为推进改革开放和发展社会主义市场经济，为保持良好社会秩序和维护社会政治稳定提供有力法律保障”[⑧]。同时，党之所以要进一步加强依法治国基本方略的落实，原因在于“依法治国是党领导人民治理国家的基本方略，也是实现全面建设小康社会宏伟目标的有力保障”[⑨]。二是与促进和实现相并列意义上的保障。构建社会主义和谐社会，必须健全社会主义法制，建设社会主义法治国家，充分发挥法

① 中央文献编辑委员会．邓小平文选（第二卷）［M］.北京：人民出版社，1993：403.
② 中央文献编辑委员会．邓小平文选（第三卷）［M］.北京：人民出版社，1993：365.
③ 中央文献编辑委员会．邓小平文选（第二卷）［M］.北京：人民出版社，1993：371.
④ 中央文献编辑委员会．江泽民文选（第一卷）［M］.北京：人民出版社，2006：215.
⑤ 中央文献编辑委员会．江泽民文选（第一卷）［M］.北京：人民出版社，2006：235.
⑥ 中央文献编辑委员会．江泽民文选（第一卷）［M］.北京：人民出版社，2006：511.
⑦ 中央文献编辑委员会．江泽民文选（第二卷）［M］.北京：人民出版社，2006：75.
⑧ 中央文献编辑委员会．胡锦涛文选（第二卷）［M］.北京：人民出版社，2016：34.
⑨ 中央文献编辑委员会．胡锦涛文选（第二卷）［M］.北京：人民出版社，2016：72.

治在促进、实现、保障社会和谐方面的重要作用。① 三是政治意义上的保障。强调通过发展社会主义民主政治来不断加强和谐社会建设的政治保证。② 四是体制和机制意义上的保障。社会主义政治建设能够为经济建设提供有力体制保障③，推进政治体制改革，为改革开放和社会主义现代化建设提供制度保证和法制保障。④

党的十八大以来，党重申法治是一个国家发展的重要保障⑤，全面依法治国是中国特色社会主义的本质要求和重要保障⑥。要推动我国经济社会持续健康发展，不断开拓中国特色社会主义事业更加广阔的发展前景，就必须全面推进社会主义法治国家建设，从法治上为解决问题提供制度化方案：⑦ 第一，法治保障党对全面依法治国的领导。全面依法治国是要加强和改善党的领导，健全党领导全面依法治国的制度和工作机制，推进党的领导制度化、法治化，通过法治保障党的路线方针政策有效实施。⑧ 第二，法治保障人民当家作主。推进全面依法治国，根本目的是依法保障人民权益。要积极回应人民群众新要求、新期待，系统研究谋划和解决法治领域人民群众反映强烈的突出问题，不断增强人民群众的获得感、幸福感、安全感，用法治保障人民安居乐业。⑨ 第三，法治是国家治理体系和治理能力的重要依托。只有全面依法治国才能有效保障国家治理体系的系统性、规范性、协调性，才能最大限度凝聚社会共识。⑩ 第四，法治保障全面深化改革。改革和法治是全面深化改革和全面依法治国的辩证关系，要求“深化党和国家机构改革，要做到改革和立法相统一、相促进，发挥法治规范和保障改革的作用，做到重大改革于法有据、依法依规进行。同时，要同步考虑改革涉及的立法问题，需要制定或修改法律

① 中央文献编辑委员会．胡锦涛文选（第二卷）[M].北京：人民出版社，2016：289.
② 中央文献编辑委员会．胡锦涛文选（第二卷）[M].北京：人民出版社，2016：286.
③ 中央文献编辑委员会．胡锦涛文选（第二卷）[M].北京：人民出版社，2016：378.
④ 中央文献编辑委员会．胡锦涛文选（第三卷）[M].北京：人民出版社，2016：162.
⑤ 习近平．论坚持全面依法治国［M].北京：中央文献出版社，2020：31.
⑥ 习近平．习近平谈治国理政（第三卷）[M].北京：外文出版社，2020：18.
⑦ 习近平．论坚持全面依法治国［M].北京：中央文献出版社，2020：85.
⑧ 习近平．论坚持全面依法治国［M].北京：中央文献出版社，2020：2.
⑨ 习近平．论坚持全面依法治国［M].北京：中央文献出版社，2020：2.
⑩ 习近平．论坚持全面依法治国［M].北京：中央文献出版社，2020：3.

的要通过法定程序进行，做到在法治下推进改革，在改革中完善法治”[①]。第五，法治保障道德建设。法律是道德的保障，可以通过强制性规范人们行为、惩罚违法行为来引领道德风尚。[②] 第六，法治保障网络安全。没有网络安全就没有国家安全，经济社会就不可能稳定运行，广大人民群众的利益也难以得到保障。[③] 第七，法治保障军事法治建设重点任务落实。[④]

此外，从战略全局的角度出发，法治与国家治理现代化具有内在统合性，发展新质生产力、推动高质量发展离不开法治现代化的坚实保障。党的二十大报告提出，“必须更好发挥法治固根本、稳预期、利长远的保障作用，在法治轨道上全面建设社会主义现代化国家”[⑤]，法治为新质生产力持续发展提供长远保障作用，必须适应社会生产力、生产关系和经济基础的要求，必须符合经济社会发展和各项事业的发展需要。一方面，“利长远”意味着坚持问题导向。法治不仅要适应当下形成和发展新质生产力、推动高质量发展的现实需要，将一切从实际出发作为解决新质生产力发展问题的出发点和落脚点，深入了解战略性新兴产业、未来产业的实际需求及发展“瓶颈”，有针对性地提出改革措施，推动新质生产力发展壮大，塑造发展新动能、新优势。另一方面，“利长远”意味着保持与时俱进的创新性、开拓进取的前瞻性。法治不断适应新质生产力发展，必须坚定不移推进法治领域改革，清除保障新质生产力发展的阻碍因素，通过深化立法体制改革，制定并完善新质生产力发展亟须的法律制度；通过深化司法体制改革，为促进发展新质生产力提供公正、高效、权威的司法制度；通过深化行政执法体制改革，坚持严格、公正、文明执法，最大限度地将法律实施转化为新质生产力发展的实际效能。

（四）“改革论”

早在党的十一届三中全会召开之前，邓小平同志便提出要通过解放思想，

---

① 习近平．论坚持全面依法治国［M］.北京：中央文献出版社，2020：40.
② 习近平．论坚持全面依法治国［M］.北京：中央文献出版社，2020：109.
③ 习近平．习近平谈治国理政（第三卷）［M］.北京：外文出版社，2020：306.
④ 习近平．论坚持全面依法治国［M］.北京：中央文献出版社，2020：133.
⑤ 习近平．习近平著作选读（第一卷）［M］.北京：人民出版社，2023：33.

“正确地改革同生产力迅速发展不相适应的生产关系和上层建筑”①。所谓的改革是全面的改革，“包括经济体制改革、政治体制改革和相应的其他各个领域的改革”②。随着经济体制改革的深入，党适时提出了推进政治体制改革的主张，认为改革“应该包括政治体制的改革，而且应该把它作为改革向前推进的一个标志”③；因为“政治体制改革同经济体制改革应该相互依赖、相互配合。只搞经济体制改革，不搞政治体制改革，经济体制改革也搞不通”④。

党的十三届四中全会以后，“改革论”的方法论继续发挥明显而又重要的作用，法治中的改革和改革中的法治同时在三个维度得到呈现。一是改革的全面性。党的十五大强调改革是“全面的改革”，“是在坚持社会主义基本制度的前提下，自觉调整生产关系和上层建筑的各个方面和环节，来适应初级阶段生产力发展水平和实现现代化的历史要求”⑤。法治作为上层建筑中的一个重要方面和环节，自然属于“全面的改革”的重要内容之一。二是改革的协同性。改革“是一个复杂的巨大的系统工程，包括经济、政治、教育、科技、文化等各方面的改革，需要相互协调、配套进行”⑥。为此，党的十四大提出“同经济体制改革和经济发展相适应，必须按照民主化和法制化紧密结合的要求，积极推进政治体制改革”⑦。法治作为政治体制改革的重要组成部分，自然应该适应经济体制改革的需要。三是改革的目标性。“我们的改革，是社会主义制度的自我完善和发展，是在坚持社会主义基本制度的前提下，自觉调整和改革生产关系、上层建筑同经济基础不相适应的方面和环节，促进生产力发展和各项事业全面进步，目的是更好地实现最广大人民群众的利益”⑧；同时最终使我国社会主义社会的各方面都形成比较成熟、比较定型的制度。⑨

---

① 中央文献编辑委员会．邓小平文选（第二卷）[M].北京：人民出版社，1993：141.
② 中央文献编辑委员会．邓小平文选（第三卷）[M].北京：人民出版社，1993：89.
③ 中央文献编辑委员会．邓小平文选（第三卷）[M].北京：人民出版社，1993：237.
④ 中央文献编辑委员会．邓小平文选（第三卷）[M].北京：人民出版社，1993：164.
⑤ 中央文献编辑委员会．江泽民文选（第二卷）[M].北京：人民出版社，2006：16.
⑥ 中央文献编辑委员会．江泽民文选（第一卷）[M].北京：人民出版社，2006：162.
⑦ 中央文献编辑委员会．江泽民文选（第一卷）[M].北京：人民出版社，2006：235.
⑧ 中央文献编辑委员会．江泽民文选（第二卷）[M].北京：人民出版社，2006：254.
⑨ 中央文献编辑委员会．江泽民文选（第三卷）[M].北京：人民出版社，2006：120.

党的十六大以后，党提出“要正确处理改革、发展、稳定的关系”，把改革的力度、发展的速度、社会可承受的程度统一起来，真正做到在社会稳定中推进改革发展，通过改革发展促进社会稳定。① 把不断改善人民生活作为处理改革、发展、稳定关系的重要结合点。② 一方面，继续积极稳妥推进政治体制改革。重点是要全面推进依法行政，继续深化行政体制改革，加快转变政府职能，努力建设法治政府。③ 坚持依法治国基本方略，树立社会主义法治理念，实现国家各项工作法治化，推进社会主义民主政治制度化、规范化、程序化。④ 总而言之，必须把推动经济基础变革同推动上层建筑改革结合起来，不断推进政治体制改革。⑤ 另一方面，积极推进司法体制改革。司法体制改革，是加强和改进政法工作的必然要求。要积极推进司法体制改革，提高司法效率，充分发挥司法制度和司法机关维护社会公平正义的作用，保障国家经济、政治、文化生活的正常秩序。⑥ 要加强和改进党对政法工作的领导，以司法公正为目标推进司法体制改革。⑦

党的十八大以来，以习近平同志为核心的党中央强调解决法治领域的突出问题，根本途径在于改革；要坚定不移推进法治领域改革，坚决破除束缚全面推进依法治国的体制机制障碍。为此，要积极稳妥推进政治体制改革，以保证人民当家作主为根本，以增强党和国家活力、调动人民的积极性为目标，不断建设社会主义政治文明。⑧ 其中，司法体制改革是政治体制改革的重要组成部分，公正司法事关人民切身利益，事关社会公平正义，事关全面推进依法治国⑨，司法体制改革要加强顶层设计，自上而下有序推进。要坚持从实际出发，结合不同地区、不同层级司法机关的实际情况积极实践，推动制度创新。司法体制改革必须为了人民、依靠人民、造福人民。要紧紧抓住影

---

① 中央文献编辑委员会．胡锦涛文选（第二卷）[M].北京：人民出版社，2016：118.
② 中央文献编辑委员会．胡锦涛文选（第二卷）[M].北京：人民出版社，2016：284.
③ 中央文献编辑委员会．胡锦涛文选（第二卷）[M].北京：人民出版社，2016：634.
④ 中央文献编辑委员会．胡锦涛文选（第二卷）[M].北京：人民出版社，2016：635.
⑤ 中央文献编辑委员会．胡锦涛文选（第三卷）[M].北京：人民出版社，2016：162.
⑥ 中央文献编辑委员会．胡锦涛文选（第二卷）[M].北京：人民出版社，2016：232.
⑦ 中央文献编辑委员会．胡锦涛文选（第二卷）[M].北京：人民出版社，2016：463.
⑧ 习近平．论坚持全面依法治国 [M].北京：中央文献出版社，2020：81.
⑨ 习近平．习近平谈治国理政（第二卷）[M].北京：外文出版社，2017：130.

响司法公正、制约司法能力的重大问题和关键问题，提高改革的针对性和实效性①；深化司法体制综合配套改革，全面落实司法责任制，努力让人民群众在每一个司法案件中感受到公平正义。② 与此同时，2024 年 1 月，习近平总书记在中共中央政治局第十一次集体学习时提出“发展新质生产力，必须进一步全面深化改革，形成与之相适应的新型生产关系”，因而，发展新质生产力不仅属于创新命题，也是改革命题。正如“凡属重大改革都要于法有据”③，必须坚持在法治下推进改革，坚持在改革中完善法治。具体而言，发展新质生产力以深化改革为内生动力，助推科技创新与体制机制创新“双轮驱动”。其一，推进科技体制机制创新与深化司法体制改革相衔接。随着数字治理体制进一步创新发展，必须释放数字化转型红利效应④，加快架构全国最严密的数字司法屏障，全方位落实在线诉讼服务，做到立审执一体化、诉讼服务一条龙。加快各地智慧法院建设，打造数字时代互联网司法新高地，重点关注不愿意、不擅长上网当事人的诉讼需求，推行弱势群体诉讼辅导绿色窗口，通过“送法下乡”“家门口的检察院”等贴心诉讼服务让群众感受到司法为民的真实温度。其二，推进科技体制机制创新与深化行政执法体制改革相衔接。推进行政审批数字化改革，转“面对面”“分头办”为“智慧办”“协同办”，完善一体化智慧审批业务平台；推进执法数字化改革，提供“云平台”等便捷式的政务服务，深刻落实“互联网+监管执法”模式，全面推行非现场执法和现场执法检查的“双现”执法监督模式，破解城市管理人机不匹配难题。其三，推进科技体制机制创新与深化社会治理机制改革相衔接。加快城乡全覆盖的公共法律服务体系建设，建议把握不同年龄阶段的民众需求，研发“公民全生命周期”等公共法律服务产品，提高社会治理法治化水平。

---

① 习近平 . 论坚持全面依法治国［M］.北京：中央文献出版社，2020：132.

② 习近平 . 习近平谈治国理政（第三卷）［M］.北京：外文出版社，2020：30-31.

③ 习近平 . 论坚持全面依法治国［M］.北京：中央文献出版社，2020：35.

④ 陈秀英，刘胜，沈鸿 . 以数字化转型赋能提升新质生产力［J］.新疆社会科学，2024（2）：41.

第二节　法治与党的领导的辩证关系

习近平总书记指出，“全面依法治国这件事情能不能办好，最关键的是方向是不是正确、政治保证是不是坚强有力，具体来讲就是要坚持党的领导，坚持中国特色社会主义制度，贯彻中国特色社会主义法治理论”①。其中，党的领导是中国特色社会主义最本质的特征，坚持党的全面领导是坚持和发展中国特色社会主义的必由之路。在新征程上，处理好法治与党的领导的关系，是发展中国特色社会主义法治必须厘清的重要辩证关系，是推进全面依法治国，加强和改善党的领导，健全党领导全面依法治国的制度和工作机制，推进党的领导制度化、法治化，实现依法治国和依规治党有机统一等系列问题的重要理论支撑。坚持党对全面依法治国的领导，进一步阐明了全面依法治国为什么必须坚持中国共产党领导、怎样坚持党对全面依法治国的领导等重大理论和实践问题。

法治与党的领导是一致的，社会主义法治与党的领导是高度统一而非割裂对立的。首先，社会主义法治必须坚持党的领导。党的领导是中国特色社会主义最本质的特征，是社会主义法治最根本的保证，是中国特色社会主义法治同西方资本主义法治的最大区别，决定了中国特色社会主义法治的性质、方向、前途和命运。坚持党的领导，是全面推进依法治国的题中应有之义，就是要把党的领导贯彻到依法治国的全过程和各方面，特别体现在确保党领导立法、保证执法、支持司法、带头守法上，发挥党在社会主义法治建设中总揽全局、协调各方和领导核心作用。脱离党的领导，是无法发展社会主义法治的，更不可能成功建设中国特色社会主义法治体系和社会主义法治国家。其次，党的领导必须依靠社会主义法治。法治作为党领导人民治国理政的基本方式，是巩固党的执政地位、改善党的执政方式、提高党的执政能力的重要手段。全面依法治国是要加强和改善党的领导，健全党领导全面依法治国

① 习近平．习近平谈治国理政（第四卷）［M］.北京：外文出版社，2022：301.

的制度和工作机制，推进党的领导制度化、法治化，通过法治保障党的路线方针政策有效实施。最后，发展人民民主，坚持党的领导、人民当家作主、依法治国有机统一，是发展中国特色社会主义法治的基本经验。第一，党的领导是人民当家作主和依法治国的根本保证。坚持党的领导，就是要坚持人民当家作主，实施好依法治国这个党领导人民治理国家的基本方略。第二，人民当家作主是社会主义民主的本质属性。只有保障人民当家作主，才能促使人民更加拥护和支持党的领导，才能扎实推进全面依法治国，精准落实良法善治。第三，依法治国是党领导人民治理国家的基本方略。全面依法治国是国家治理的一场深刻革命，既关系党执政兴国又关系人民幸福安康，为坚持党的领导和实现人民当家作主提供坚实的法治保障。

一、法治与党的领导辩证关系的理论原理

（一）法治是党坚定不移的基本方针

法治是治国理政的基本方式，依法治国是党领导人民治理国家的基本方略。改革开放以来，中国共产党深刻认识到社会主义民主和社会主义法制对实现中国现代化的重要意义，强调没有社会主义民主和法制就没有社会主义，就没有社会主义的现代化。为此，党将发展民主和健全法制确立为党坚定不移的方针，强调为了保障人民民主，必须健全社会主义法制，使民主制度化、法律化，使这种制度和法律具有稳定性、连续性和权威性。

党的十一届三中全会之后，党高度重视民主和法制建设，认为我们的民主制度还有诸多不完善之处，要通过制定法律、法令等方式使民主制度化、法律化，并将继续完善民主和法律制度，努力发扬民主作为全党今后一个长期的坚定不移的目标，在此基础上提出了“我们坚持发展民主和法制，这是我们党的坚定不移的方针”①，“要继续发展社会主义民主，健全社会主义法制。这是十一届三中全会以来中央坚定不移的方针，今后也绝不允许有任何动摇”② 等重要论断。可见，发展社会主义民主和健全社会主义法制成为党的

① 中央文献编辑委员会．邓小平文选（第二卷）［M］.北京：人民出版社，1993：256-257.

② 中央文献编辑委员会．邓小平文选（第二卷）［M］.北京：人民出版社，1993：359.

十一届三中全会以来的一系列重要方针、政策、措施的重要组成部分，对维护安定团结的政治局面，发展社会主义现代化建设具有重要意义。

党的十三届四中全会之后，党明确提出“建设高度的社会主义民主和完备的法制，是我们的根本目标和根本任务之一，也是人民群众的共同愿望”①。党的十五大提出，“要进一步扩大社会主义民主，健全社会主义法制，依法治国，建设社会主义法治国家。这个目标，我们要坚定不移地加以落实”②。同时，党在这一时期着重强调了依法治国的重要地位，指出“依法治国是社会进步、社会文明的一个重要标志，是我们建设社会主义现代化国家的必然要求”③，“依法治国是新的历史条件下党领导人民建设和治理国家的基本方略”④，“坚持有法可依、有法必依、执法必严、违法必究，是党和国家事业顺利发展的必然要求”⑤。党的十五大把依法治国提到党领导人民治理国家的基本方略的高度，提出建设社会主义法治国家，把坚持党的领导、发扬人民民主和严格依法办事统一起来，从制度和法律上保证党的基本路线与基本方针的贯彻实施。

党的十六大以后，党提出发展社会主义民主政治，必须坚持中国特色社会主义政治发展道路，而“坚持中国特色社会主义政治发展道路，关键是要坚持党的领导、人民当家作主、依法治国有机统一”。其中，“依法治国是党领导人民治理国家的基本方略”⑥。同时认为，依法执政是新的历史条件下马克思主义政党执政的基本方式，“依法执政，就是坚持依法治国、建设社会主义法治国家，领导立法，带头守法，保证执法，不断推进国家经济、政治、文化、社会生活法制化、规范化，以法治的理念、法治的体制、法治的程序保证党领导人民有效治理国家”⑦。加强党的执政能力建设，就要坚持依法执政，“就要始终坚持依法治国的基本方略，坚持依法执政的基本方式，完善社

---

① 中央文献编辑委员会．江泽民文选（第一卷）[M].北京：人民出版社，2006：111.
② 中央文献编辑委员会．江泽民文选（第三卷）[M].北京：人民出版社，2006：233.
③ 中央文献编辑委员会．江泽民文选（第一卷）[M].北京：人民出版社，2006：513.
④ 中央文献编辑委员会．江泽民文选（第一卷）[M].北京：人民出版社，2006：644.
⑤ 中央文献编辑委员会．江泽民文选（第二卷）[M].北京：人民出版社，2006：30.
⑥ 中央文献编辑委员会．胡锦涛文选（第三卷）[M].北京：人民出版社，2016：74.
⑦ 中央文献编辑委员会．胡锦涛文选（第二卷）[M].北京：人民出版社，2016：463.

会主义法制，建设社会主义法治国家，增强法制观念，严格依法办事，不断推进各项治国理政活动制度化、法律化”①。

党的十八大以来，党重申依法治国是坚持和发展中国特色社会主义的本质要求与重要保障，是实现国家治理体系和治理能力现代化的必然要求，事关党执政兴国，事关人民幸福安康，事关党和国家长治久安。② 此后，党的十九大提出，依法治国是党领导人民治理国家的基本方式，赋予依法治国在治国理政中基础性、战略性地位。深化依法治国实践，必须坚持厉行法治，推进科学立法、严格执法、公正司法、全民守法。党成立中央全面依法治国领导小组，加强对法治中国建设的统一领导。③ 到党的二十大，党提出了全面依法治国是国家治理的一场深刻革命，关系党执政兴国，关系人民幸福安康，关系党和国家长治久安。必须更好发挥法治固根本、稳预期、利长远的保障作用，在法治轨道上全面建设社会主义现代化国家。④

（二）党领导中国特色社会主义法治

党的领导是全面依法治国的根本保证，是社会主义法治最根本的保证，决定着中国特色社会主义法治的性质和方向、前途和命运。坚持党对中国特色社会主义法治的领导，是改革开放以来中国特色社会主义法治实践的基本经验和法治理论的基本原则，是中国法治不断取得令人瞩目的伟大成就的根本原因。

坚持党领导法治是法治理论、国家理论和政党理论的统一。其一，马克思主义法治理论的基本原理认为，工人阶级和广大劳动人民在夺取政权以后，应当打破旧的法律、创立新的法治，通过运用法律和实行法治来掌握与巩固国家政权；法律和法治是工人阶级及广大劳动人民夺取国家政权后体现阶级意志、实行阶级统治的主要形式与基本方式。其二，马克思主义国家理论的基本原理认为，社会主义国家是以维护社会主义法律为职责的公共权力机关，

---

① 中央文献编辑委员会．胡锦涛文选（第二卷）［M］.北京：人民出版社，2016：244.

② 习近平．论坚持全面依法治国［M］.北京：中央文献出版社，2020：170.

③ 中共中央文献研究室．十九大以来重要文献选编（上）［M］.北京：中央文献出版社，2019：27.

④ 习近平．习近平著作选读（第一卷）［M］.北京：人民出版社，2023：33.

社会主义法律是体现社会主义国家意志的主要形式；社会主义国家的政权为工人阶级和广大劳动人民所掌握，社会主义法律同时是掌握国家政权的工人阶级和广大劳动人民意志的集中体现。其三，马克思主义政党理论的基本原理认为，工人阶级政党在代表工人阶级和广大劳动人民夺取及掌握国家政权以后，应当通过国家政权机关，以法律形式和法治方式表达其所代表的工人阶级及广大劳动人民的根本利益与共同意愿，从而贯彻党的纲领和实现党的意志，实现党对国家和社会的领导。可见，坚持党领导法治是马克思主义法治理论、国家理论和政党理论的有机统一。社会主义法治是体现工人阶级和广大劳动人民利益的法治，社会主义国家是维护工人阶级和广大劳动人民权益的国家，工人阶级政党是反映工人阶级和广大劳动人民意愿的政党。工人阶级政党根据工人阶级和广大劳动人民的意愿掌握国家政权，制定和实行体现工人阶级及广大劳动人民利益的法律与法治，使社会主义国家成为维护工人阶级和广大劳动人民权益的国家。

坚持党领导法治是历史逻辑、理论逻辑和现实逻辑的统一。其一，在改革开放和社会主义现代化建设时期，中国特色社会主义法治在党的领导下不断取得法治建设的卓越成就。党的十一届三中全会以后，中国特色社会主义法治坚持党的领导、遵从人民意志、依法办事相统一，建设具有中国特色的社会主义法治体系；党的十三届四中全会以后，中国特色社会主义法治实行坚持党的领导、充分发扬民主、严格依法办事相统一，加强适合中国国情的社会主义法治建设；党的十六大以后，中国特色社会主义法治坚持党的领导、人民当家作主、依法治国有机统一，走中国特色社会主义政治发展道路，建设社会主义法治国家。其二，马克思主义法治思想和中国特色社会主义法治理论认为，中国共产党作为工人阶级政党的人民属性、中国作为人民民主国家的人民属性和中国特色社会主义法治体系作为社会主义法治体系的人民属性，决定了党是代表人民的党、国家是人民当家作主的国家、法治是保护人民的法治。实行和推进中国特色社会主义法治，必须坚持党的领导，党的领导是中国特色社会主义法治最本质的特征。其三，党的十八大以来，在坚持党领导法治的前提下，继续加强党对法治的领导，同时推动完善党领导法治的体制和机制，不断提高党领导运用法律与制度治理国家和管理社会的能力及水平，将党的领导贯穿中国特色社会主义法治的全过程和各方面，确保党领导立法、保证执法、支持司法、带头守法，保证党始终在依法治国中发挥总揽全局、协调各方的领导核心作用，形成了全面依法治国的崭新局面。由此，改革开放和社会主义现代化建设时期法治的历史奋斗证明、马克思主义法治理论和中国特色社会主义法治思想的理论探索说明、进入中国特色社会主义新时代以来全面依法治国的现实成就表明，坚持党对中国特色社会主义法治的领导，是历史逻辑、理论逻辑和现实逻辑的有机统一。

坚持党领导法治是实践创新、理论创新和制度创新的统一。党的十一届三中全会以后，党提出为了保障民主，必须加强法治，使民主制度化、法律化，强调坚持党的领导与依法办事相一致，形成了邓小平民主法制思想，以《宪法》为根本的中国特色社会主义法律体系开始萌发；党的十三届四中全会以后，党提出依法治国，并将依法治国确定为党领导人民治理国家的基本方略，强调坚持党的领导与依法治国相一致，形成了"三个代表"重要思想中关于实行依法治国基本方略的思想，以《宪法》为基础的中国特色社会主义法律体系初步形成；党的十六大以后，党提出依法执政，并将依法执政确定为党治国理政的基本方式，强调坚持党的领导与依法执政相一致，形成了科学发展观中关于实行依法执政基本方式的思想，以《宪法》为统帅的中国特色社会主义法律体系正式形成；党的十八大以来，党提出全面依法治国，并将法治确定为治国理政的基本方式，强调坚持党的领导与全面依法治国相一致，创立了习近平法治思想，以宪法为核心的中国特色社会主义法律体系日臻完善。可见，坚持党领导法治是实践创新、理论创新和制度创新的有机统一，党既把成功的法治实践上升为法治理论，又以正确的法治理论指导新的法治实践，还把法治实践中已见成效的方针政策、经验做法上升为国家的法律制度。

（三）党的领导是社会主义法治的首要前提和根本保证

党的领导是社会主义法治最根本的保证，坚持党的领导是新时代坚持和发展中国特色社会主义法治最根本的保证。应对改革开放和现代化建设中的繁重任务和复杂考验，就要坚持党的领导，运用法治思维和法治方式巩固党的执政地位、改善党的执政方式、提高党的执政能力、保证党和国家长治久安。

党的十一届三中全会以后，党提出社会主义现代化建设需要集中统一的领导，“我们要在中国实现四个现代化，必须在思想政治上坚持四项基本原则。这是实现四个现代化的根本前提”①，“这四个坚持的核心，就是坚持党的领导”②。四项基本原则是实现四个现代化的根本前提，坚持共产党的领导是四项基本原则的核心，而四个现代化需要通过“一手抓建设，一手抓法制”的方式实现，由此可见，党的领导是法制建设的根本前提。

党的十三届四中全会以后，党指出要坚持和完善中国共产党的领导，“不能削弱和放弃共产党的领导，不能搞西方那种多党制”③。在法治领域，党决定实行依法治国，指出“依法治国把坚持党的领导、发扬人民民主和严格依法办事统一起来，从制度上和法律上保证党的基本路线和基本方针的贯彻实施，保证党始终发挥总揽全局、协调各方的领导核心作用”④。具体而言，就是“党通过国家权力机关制定宪法和法律，并自觉在宪法和法律范围内活动，以实现党对国家的领导同依法治国的统一，保证党始终发挥总揽全局、协调各方的领导核心作用”⑤。

党的十六大以后，党认为党的领导本身或党的执政本身，就是要领导和支持人民当家作主，即在党的领导下，人民群众依法管理国家和社会事务、管理经济和文化事业。指出“坚持中国特色社会主义政治发展道路，关键是要坚定不移地坚持党的领导、人民当家作主、依法治国有机统一”。其中，党的领导是人民当家作主和依法治国的根本保证。⑥

党的十八大以来，以习近平同志为核心的党中央强调党的领导是中国特色社会主义最本质的特征，是社会主义法治最根本的保证。坚持中国特色社会主义法治道路，最根本的是坚持中国共产党的领导。坚持党的领导，是社会主义法治的根本要求，是全面推进依法治国的题中应有之义。要把党的领

① 中央文献编辑委员会. 邓小平文选（第二卷）[M].北京：人民出版社，1993：164.
② 中央文献编辑委员会. 邓小平文选（第二卷）[M].北京：人民出版社，1993：266.
③ 中央文献编辑委员会. 江泽民文选（第一卷）[M].北京：人民出版社，2006：155.
④ 中央文献编辑委员会. 江泽民文选（第二卷）[M].北京：人民出版社，2006：29.
⑤ 中央文献编辑委员会. 江泽民文选（第二卷）[M].北京：人民出版社，2006：258.
⑥ 中央文献编辑委员会. 胡锦涛文选（第三卷）[M].北京：人民出版社，2016：74.

导贯彻到依法治国全过程和各方面，坚持党的领导、人民当家作主、依法治国有机统一。[①] 其中，最根本的是坚持党的领导。坚持党的领导，就是要支持人民当家作主，实施好依法治国这个党领导人民治理国家的基本方略。[②]

二、法治与党的领导辩证关系的方法论实践

（一）“同时推进论”

党的十一届三中全会以后，党提出在党内和人民内部的政治生活中同时采用民主手段，要求“宪法和党章规定的公民权利、党员权利、党委委员的权利，必须坚决保障，任何人不得侵犯”[③]。同时认为，国法和党法要同时推进，指出“国要有国法，党要有党规党法”“没有党规党法，国法就很难保障”[④]。公民在法律和制度面前人人平等，党员在《中国共产党章程》（以下简称《党章》）和《中国共产党纪律处分条例》（以下简称《党纪》）面前人人平等。[⑤] 任何犯了法的人都不能逍遥法外，任何违反《党章》《党纪》的人都要受到纪律处分。

党的十三届四中全会以后，在坚持从严治党、加强反腐败斗争的过程中，党提出要严格执纪执法，建立并完善“党纪国法约束两道防线，努力把党内违纪违法行为和腐败现象逐步减少到最低限度”[⑥]，“要加大反腐倡廉工作的宣传教育力度，加强对党员、干部的党性党风党纪教育和遵纪守法教育”[⑦]。

党的十六大以后，党指出要“坚持依法治国、依法执政，大力加强社会主义法制建设”[⑧]。同时，要加强党的纪律建设，维护党的集中统一，“加强监督检查，严肃党的纪律特别是政治纪律，对违反纪律的行为必须严肃认真处理，切实做到纪律面前人人平等”[⑨]。在法治建设的同时，“深入开展党风

---

① 习近平．论坚持全面依法治国［M］.北京：中央文献出版社，2020：144.
② 习近平．论坚持全面依法治国［M］.北京：中央文献出版社，2020：42.
③ 中央文献编辑委员会．邓小平文选（第二卷）［M］.北京：人民出版社，1993：144.
④ 中央文献编辑委员会．邓小平文选（第二卷）［M］.北京：人民出版社，1993：147.
⑤ 中央文献编辑委员会．邓小平文选（第二卷）［M］.北京：人民出版社，1993：332.
⑥ 中央文献编辑委员会．江泽民文选（第三卷）［M］.北京：人民出版社，2006：29.
⑦ 中央文献编辑委员会．江泽民文选（第三卷）［M］.北京：人民出版社，2006：191.
⑧ 中央文献编辑委员会．胡锦涛文选（第二卷）［M］.北京：人民出版社，2016：32.
⑨ 中央文献编辑委员会．胡锦涛文选（第三卷）［M］.北京：人民出版社，2016：658.

党纪教育"[1]，使领导干部模范遵守党纪国法。

党的十八大以来，以习近平同志为核心的党中央提出，新形势下我们党要履行好执政兴国的重大职责，必须依据《党章》从严治党、依据《宪法》治国理政[2]，二者统筹推进，缺一不可。依据《党章》从严治党，是指要完善党内法规制定体制机制，注重党内法规同国家法律的衔接和协调，构建以《党章》为根本、若干配套党内法规为支撑的党内法规制度体系，提高党内法规执行力。《党章》等党规对党员的要求比法律要求更高，党员不仅要严格遵守法律法规，而且要严格遵守《党章》等党规，对自己提出更高要求。[3]依据宪法治国理政，强调依法执政的关键在于依宪执政，"党领导人民制定宪法和法律，党领导人民执行宪法和法律，党自身必须在宪法和法律范围内活动，真正做到党领导立法，保证执法、带头守法"[4]。

（二）"统筹结合论"

党的十一届三中全会以后，党指出党员要按照党的纪律规定严格遵守国家的法律，坚持党的领导和依法办事是一致的。宪法、法律是人民意志、国家意志的集中表现，"党领导人民制定宪法和法律，党也领导人民执行宪法和法律。新的《党章》中'党必须在宪法和法律的范围内活动'的规定，是一项极其重要的原则，从中央到基层，所有党组织和党员的活动都不能同国家的宪法法律相抵触，都只有模范地遵守宪法和法律的义务，而没有任何超越宪法和法律的特权。越是领导机关、领导干部，越要带头学法、懂法，严格依法办事，不做违宪、违法的事。贯彻党的路线、方针、政策与执行宪法、法律是统一的"[5]。

党的十三届四中全会以后，党提出依法治国的基本方略，认为国家法律是党的主张和人民意志的统一，服从法律，就是服从党的领导，服从党的领

---

① 中央文献编辑委员会．胡锦涛文选（第二卷）[M].北京：人民出版社，2016：656.
② 习近平．习近平谈治国理政（第一卷）[M].北京：外文出版社，2018：142.
③ 习近平．习近平谈治国理政（第二卷）[M].北京：外文出版社，2017：119.
④ 习近平．习近平谈治国理政（第一卷）[M].北京：外文出版社，2018：142.
⑤ 中共中央文献研究室．十二大以来重要文献选编（下）[M].北京：中央文献出版社，2011：24.

导，就应当遵守国家法律，指出“国家法律是党的主张和人民意志相统一的表现，一经制定并付诸实施，各地区各部门必须一律遵照执行”“各级干部特别是领导干部都要从自身做起，带头维护国家的政令和法制统一，自觉反对和防止地方保护主义、部门保护主义”①。

党的十六大以后，党提出依法执政基本方式的思想，指出“必须坚持依法治国、依法执政，大力加强社会主义法制建设，使党和国家各项工作、社会生活方方面面都走上制度化、法律化轨道”②。党要不断改革和完善领导与执政方式，坚持依法治国的基本方略和依法执政的基本方式，在宪法法律范围内活动，严格依法办事，“宪法法律是党的主张和人民意志相统一的体现。党领导人民制定宪法法律，并在宪法法律范围内活动。党员干部特别是领导干部，都要成为遵守宪法法律的模范”③。

党的十八大以来，以习近平同志为核心的党中央强调法是党的主张和人民意愿的统一体现，党领导人民制定宪法法律，党领导人民实施宪法法律，党自身必须在宪法法律范围内活动，这就是党的领导力量的体现。党和法、党的领导和依法治国是高度统一的。党就是在不折不扣地贯彻以宪法为核心的依宪治国、依宪执政，党依据的是《中华人民共和国宪法》。④ 与此同时，要正确处理党的政策和国家法律的关系。党的政策和国家法律都是人民根本意志的反映，在本质上是一致的。⑤

（三）“法定形式论”

党的十一届三中全会以后，党认为社会主义法制建设的目的是保障社会主义民主并使民主制度化、法律化，使民主通过制度特别是法律的连续性、稳定性和权威性，获得自己的连续性、稳定性和权威性，以保证社会主义民主和社会主义法制共同推进社会主义现代化建设。因此，在提出必须坚持四项基本原则的同时，“要用适当的法律形式加以确定”⑥，指出“为了保障人

---

① 中央文献编辑委员会．江泽民文选（第一卷）[M].北京：人民出版社，2006：644.
② 中央文献编辑委员会．胡锦涛文选（第二卷）[M].北京：人民出版社，2016：32.
③ 中央文献编辑委员会．胡锦涛文选（第二卷）[M].北京：人民出版社，2016：32-33.
④ 习近平．习近平谈治国理政（第二卷）[M].北京：外文出版社，2017：128.
⑤ 习近平．习近平谈治国理政（第一卷）[M].北京：外文出版社，2018：147-148.
⑥ 中央文献编辑委员会．邓小平文选（第二卷）[M].北京：人民出版社，1993：358.

民民主，必须加强法制。必须使民主制度化、法律化，使这种制度和法律不因领导人的改变而改变，不因领导人看法和注意力的改变而改变”①。

党的十三届四中全会以后，党认为党的路线方针政策体现的是人民利益，应该经过法定程序和法律形式使党的主张成为国家意志，并指出依法治国“就是广大人民群众在党的领导下”② 的基本方略，同时强调党委要通过科学化、规范化、制度化的机制，加强对人大、政府、政协、人民团体的领导，“要坚持和完善能够保证党的领导坚强有力和社会主义兴旺发达的一整套制度”，“这套科学的制度，主要应包括党的领导制度，以及在党的领导下国家各个方面的具体领导制度和保障这种领导制度能够有效运转的法律制度”③。

党的十六大以后，党指出中国共产党的执政就是领导和支持人民当家作主，“必须坚持依法治国、依法执政，大力加强社会主义法制建设，使党和国家各项工作、社会生活方方面面都走上制度化、法律化轨道”④。同时强调，加强党的执政能力建设，就要坚持依法执政，“就要始终坚持依法治国的基本方略，坚持依法执政的基本方式，完善社会主义法制，建设社会主义法治国家，增强法制观念，严格依法办事，不断推进各项治国理政活动制度化、法律化”⑤。

党的十八大以来，以习近平同志为核心的党中央强调我国《宪法》规定了党总揽全局、协调各方的领导地位。为发挥党总揽全局、协调各方的领导核心作用，要进一步推进党的领导入法入规，善于使党的主张通过法定程序成为国家意志、转化为法律法规，推进党的领导制度化、法治化、规范化。⑥同时，善于使党组织推荐的人选成为国家政权机关的领导人员，善于通过国家政权机关实施党对国家和社会的领导，支持国家权力机关、行政机关、审判机关、检察机关依照《宪法》和法律独立负责、协调一致地开展工作。⑦

---

① 中央文献编辑委员会．邓小平文选（第二卷）［M］.北京：人民出版社，1993：146.
② 中央文献编辑委员会．江泽民文选（第二卷）［M］.北京：人民出版社，2006：28-29.
③ 中央文献编辑委员会．江泽民文选（第二卷）［M］.北京：人民出版社，2006：575.
④ 中央文献编辑委员会．胡锦涛文选（第二卷）［M］.北京：人民出版社，2016：32.
⑤ 中央文献编辑委员会．胡锦涛文选（第二卷）［M］.北京：人民出版社，2016：244.
⑥ 习近平．论坚持全面依法治国［M］.北京：中央文献出版社，2020：273.
⑦ 习近平．习近平谈治国理政（第一卷）［M］.北京：外文出版社，2018：142.

（四）“全过程和各方面领导论”

党的十一届三中全会以后，党明确坚持四项基本原则的核心，是坚持党的领导，“从根本上说，没有党的领导，就没有现代中国的一切”①，党的领导要贯穿社会主义的经济、政治、军事、文化等各个方面，“属于政策、方针的重大问题，国务院也好，人大也好，其他方面也好，都要由党员负责干部提到党常委会讨论，讨论决定之后再去多方商量，贯彻执行”②。

党的十三届四中全会以后，党指出“党的领导主要是政治、思想和组织的领导，要通过政治原则、政治方向、重要决策的领导和思想政治工作、向政权机关推荐重要干部等来实现”③，包括人大、政府和司法机关在内的各级政权组织，都必须接受党的领导。如果放弃了这种领导，就谈不上执政地位。其具体途径有二：一是凡属方针政策的重大问题，都要经过党委讨论，然后分头执行。二是政权机构中的党组，应当对同级党委负责；在政权机构中任职的党员，应当执行党的决议，接受党的监督。党不是政权本身，“党与政权机关性质不同，职能不同，组织形式和工作方法也不同”④，不能取代政权机关的职能。要发挥党总揽全局、协调各方的领导核心作用，进一步加强和完善党的领导体制，改进党的领导方式和执政方式，“既保证党委的领导核心作用，又充分发挥人大、政府、政协以及人民团体和其他方面的职能作用”⑤。

党的十六大以后，党要求各级党委要围绕党和国家中心工作，“自觉在宪法和法律范围内活动，支持人大、政府、政协、司法机关等依照法律和各自章程独立负责、协调一致开展工作”⑥；同时“要充分发挥国家政权机关中党组织和党员的作用，贯彻党的理论和路线方针政策，实现党对国家事务的领导。这样做，有利于把党的主张和人民的意志统一起来，有利于把党的决策和决策贯彻执行统一起来，有利于国家政权机关及其领导人员把对党负责和

① 中央文献编辑委员会．邓小平文选（第二卷）［M］.北京：人民出版社，1993：266.
② 中央文献编辑委员会．邓小平文选（第三卷）［M］.北京：人民出版社，1993：319.
③ 中央文献编辑委员会．江泽民文选（第一卷）［M］.北京：人民出版社，2006：112.
④ 中央文献编辑委员会．江泽民文选（第一卷）［M］.北京：人民出版社，2006：112.
⑤ 中央文献编辑委员会．江泽民文选（第三卷）［M］.北京：人民出版社，2006：288.
⑥ 中央文献编辑委员会．胡锦涛文选（第三卷）［M］.北京：人民出版社，2016：537.

对人民负责统一起来，保证我们党始终站在时代前列带领人民前进”[①]。

党的十八大以来，以习近平同志为核心的党中央强调坚决维护党的权威和集中统一领导，把党的领导落实到党和国家事业各领域、各方面、各环节。[②] 具体到法治建设方面，就是要“坚持党的领导、人民当家作主、依法治国有机统一，把党的领导贯彻到依法治国全过程”[③]；“继续推进党的领导制度化、法治化，不断完善党的领导体制和工作机制，把党的领导贯彻到全面依法治国全过程和各方面”，这既是加强党的领导的应有之义，也是推进法治建设的重要任务。[④] 坚持党的领导，不是一句空的口号，必须具体体现在党领导立法、保证执法、支持司法、带头守法上。一方面，要坚持党总揽全局、协调各方的领导核心作用，统筹依法治国各领域工作，确保党的主张贯彻到依法治国全过程和各方面。另一方面，要加强党对依法治国的领导，不断提高党领导依法治国的能力和水平。党既要坚持依法治国、依法执政，自觉在宪法法律范围内活动，又要发挥好各级党组织和广大党员、干部在依法治国中的政治核心作用和先锋模范作用。[⑤] 具体作用到培育和发展新质生产力上，当前我国经济已由高速增长阶段转向高质量发展阶段，推动高质量发展要始终发挥党对新质生产力发展总揽全局、协调各方的领导核心作用，破除制约发展的体制机制障碍，为经济社会发展锚定正确目标。因此，发展新质生产力必须服务党的全面领导，党的领导是发展新质生产力的根本保证。确保发挥党对新质生产力发展总揽全局、协调各方的领导核心作用，既要在党对立法工作的领导中将党的领导纳入带有实验性立法特性的党的修法主张[⑥]，通过党的决议、决定和指导性意见提出修法建议；又要推进党的领导入法，将党的领导写入前沿科技和产业变革、未来产业等相关领域立法，上升为国家法律，以法治化形式明确党领导新质生产力发展全过程。

---

① 中央文献编辑委员会．胡锦涛文选（第二卷）[M].北京：人民出版社，2016：233-234.

② 习近平．习近平著作选读（第一卷）[M].北京：人民出版社，2023：22.

③ 习近平．论坚持全面依法治国 [M].北京：中央文献出版社，2020：25.

④ 习近平．论坚持全面依法治国 [M].北京：中央文献出版社，2020：223.

⑤ 习近平．论坚持全面依法治国 [M].北京：中央文献出版社，2020：107.

⑥ 贺海仁．论中国共产党领导法治化 [J].河北法学，2016（4）：16.

第三节　法治与人民民主的辩证关系

“democracy”（民主）一词，源于古希腊文“demokratia”，由词根“demoe”（人民）和“kratos”（权力）组成，基本含义为“人民之治”，《现代汉语词典》将其解释为“人民所享有的参与国家事务和社会事务管理或对国事自由发表意见的权利”[①]，与“专制”相对。“民主”是一个多维度、多学科的历史性概念，虽不断历经演化，但其意涵依旧纷争多元，分歧凸显，要确切地确定该词的内涵和外延，首先要确定“民”和“主”各自的含义。

从中华文字学史考证，“民”，通“萌”“氓”“甿”，本义“众萌也”[②]“萌犹懵懵无知貌也”[③]。笼统概括下，比喻数量极多、懵懂无知且尚未教化的人。在古汉语研究中，“民”作为非自由语素通常需要与其他语素组合使用，如君民、臣民、士民、万民、野民、黎民、流民、山民、刁民、民生、治民、人民……[④]其中，“人民”往往在政治学、法学、哲学、社会学领域属于高频使用词汇，并且具有强烈的政治色彩和法治色彩，在中西方不同语境下，该词被赋予了丰富的内涵和广博的外延。在西方语境下，“人民”的话语大致经历了“排除奴隶、外邦人和妇女儿童之外的奴隶主和自由民”（古希腊）—“排除奴隶之外的城邦居民”（古罗马）[⑤] —“政治合法性的根基”（西方近代资产阶级革命）[⑥] —“所有阶层和群体的所有人”（现代西方政党

---

① 中国社会科学院语言研究所词典编辑室编．现代汉语词典（第7版）[M].北京：商务印书馆，2016：909.

② 许慎．说文解字（上册）[M].陶生魁，点校．北京：中华书局，2020：25，415，456.

③ 段玉裁．说文解字 [M].北京：中华书局，2013：633.

④ 参见中国基本古籍库，https：//dh-ersjk-com。

⑤ 亚里士多德．政治学 [M].吴寿彭，译．北京：商务印书馆，1965：158.

⑥ 在近代西方主权学说的话语中，人民被赋予了至高无上的地位，成为执政合法性的基础。其中，洛克、卢梭、马克思等阐述了具有代表性的“人民主权”理论。参见：

刘培卿．当代中国语境下的“人民”概念：古今之辨与理论审思 [J].荆楚学刊，2022（4）：14-16.

袁光锋．“人民”概念与政治现代性 [J].党史研究与教学，2015（2）：106.

的“人民”定位)[①] 的转变。在马克思人民主体立场中，“人民”被赋予明确的阶级属性，他指出“真正的人民即无产者、小农和城市贫民”[②]，列宁也将其概括为“无产阶级和农民、农村小资产阶级和城市小资产阶级”[③]，其外延包括奴隶社会、资本主义社会、封建主义社会、社会主义社会的人民。在中国语境下，放眼中国古代历史时空视域[④]，将“人”“民”合为一词的古文献最早有《诗序》[⑤]，而这时的“人民”指向的是相对于封建统治者而言的芸芸众生。直到在近代中国政治和社会话语中，尤其是在新民主主义革命时期，毛泽东在吸收马克思主义人民主体思想的释义和延伸的基础上，采用阶级分析方法，主张“在中国，在现阶段，是工人阶级，农民阶级，城市小资产阶级和民族资产阶级”[⑥]，并进一步提出“人民”的“社会主义标准”，即“在现阶段，在建设社会主义的时期，一切赞成、拥护和参加社会主义建设事业的阶级、阶层和社会集团，都属于人民的范围”[⑦]；到改革开放和社会主义现代化建设时期，“人民”的内涵和外延除遵循“社会主义标准”之外，还增添了“爱国主义标准”“社会主义建设者”“以人为本”“人民主体地位”等思想，这一时期“人民”的内涵总是和“社会主义社会生产力发展”“社会主义物质文明和精神文明”等思想息息相关。[⑧] 到中国特色社会主义新时代，习近平总书记则进一步扩展了“人民”的内涵和外延，提出了“坚持以人民为中心”的发展思想，强调“人民群众对美好生活的需要，就是我们奋斗的

---

① 于海青．西方政党的“人民”定位及其实践悖论［J］.人民论坛，2020（24）：39.

② 中共中央马克思恩格斯列宁斯大林著作编译局．马克思恩格斯全集（第四卷）［M］.北京：人民出版社，1958：22.

③ 列宁强调，“只有人民，即无产阶级和农民，才是能够取得‘对沙皇制度的彻底胜利’的力量，我们是就主要的巨大的力量来说的，并且把农村小资产阶级和城市小资产阶级（也是“人民”）分别算到了这两种力量中去”。中共中央马克思恩格斯列宁斯大林著作编译局．列宁全集（第十一卷）［M］.北京：人民出版社，2017：38.

④ 中国基本古籍对“人民”一词的记述颇多，涉及4000多部图书成书，4万多条举句。参见中国基本古籍库，https：//dh-ersjk-com。

⑤ “《有狐》，刺时也。卫之男女失时，丧其妃耦焉。古者国有凶荒，则杀礼而多昏，会男女之无家者，所以育人民也。”参见：卜商．诗序［M］.北京：商务印书馆，1937：14.

⑥ 毛泽东．毛泽东选集（第四卷）［M］.北京：人民出版社，1991：1475.

⑦ 中共中央文献研究室．毛泽东选集（第七卷）［M］.北京：人民出版社，1999：205.

⑧ 刘培卿．当代中国语境下的“人民”概念：古今之辨与理论审思［J］.荆楚学刊，2022（4）：16-17.

目标”，并且将人民具体定义为“全体社会主义劳动者、社会主义事业的建设者、拥护社会主义的爱国者和拥护祖国统一和致力于中华民族伟大复兴的爱国者”。

从中华文字学史考证，“主”的含义大致为：①灯中火柱，[①] 这是从字形解释来讲；②主宰，掌管，如“心者，神之主也”[②]；③家主，诸侯、公卿大夫等，如“今家主独知爱其家”[③]；④主体,如“精主水，魄主金”[④]；⑤君主，如“惟天生民有欲，无主乃乱”[⑤]；⑥公主，郡主，如“吕后也，生孝惠帝、鲁元公主”[⑥]；⑦推崇、注重，如“主信爱之，则谨慎而嗛”[⑦]；考察中国古籍，“主”与“民”也存在合为“民主”一词使用的情形，表示“民之君主”，如“自古以来，能除民害、为百姓所归者，即民主也”[⑧]，与现代民主毫不相干。而在西方，尤其是西欧国家，当“主”与“民”关联使用时，“主”指的是“主权”，同“次权”相对应，亦称国家主权，是国家统治的最高权力，具有对内实行政治统治（对内主权）和对外独立自主处理本国对外事务（对外主权）的双重属性，同时具有最高权威、不可让与、不可分割的本质特征。

从语义学的角度来讲，“民主”有其一定的内涵和外延，内涵系民主的价值追求，而外延反映民主价值追求的一切对象，民主的内涵作为价值追求是抽象的、有共性的，而民主的外延是具体的、有个性的。[⑨] 作为一种政治上层建筑，民主是人类政治文明发展到一定历史阶段的产物，因而在不同历史发展时期，受不同国家和社会制度、历史传承、文化传统和经济社会发展水平影响，民主的类型和具体表现形式也各不相同。在几千年的漫长岁月中，民主的内涵和外延大致经历了从原始奴隶社会萌生到资本主义社会发展、变化

---

① 许慎．说文解字（上册）[M].陶生魁，点校．北京：中华书局，2020：160.
② 许富宏．陶注鬼谷子校订考说 [M].陶弘景，注．南京：凤凰出版社，2007：18.
③ 孙诒让．墨子间诂（上）[M].孙启治，点校．北京：中华书局，2001：101.
④ 尹喜．关尹子 [M].北京：中华书局，1985：26.
⑤ 尚书 [M].钱武宗，解读．北京：国家图书馆出版社，2017：132.
⑥ 班固．汉书（卷一上・高帝纪）[M].北京：中华书局，2007：1.
⑦ 荀子 [M].张晚林，注译．长沙：岳麓书社，2022：90.
⑧ 陈寿．三国志（魏志卷一・武帝纪）[M].裴松之，注．杭州：浙江古籍出版社，2002：33.
⑨ 李良栋．论民主的内涵与外延 [J].政治学研究，2016（6）：6.

再到社会主义社会逐步完善的过程。古往今来，“民主”概念虽不断历经演化，其意涵至今依旧纷争多元，分歧凸显。然而，无论民主概念分化出多少种不同理论和观念，其最基本的意涵可以从马克思主义民主理论对民主概念的科学规定中理解。正因如此，马克思才在批判黑格尔“君主主权论”并继承卢梭“人民主权论”基础上坚定地指出，“民主”一词在德语里的意思是“人民当权的”[①]，真正的民主是“人民主权”“人民意志”的实现，概括地说，就是“人民当家作主”[②]。因而，“民主”本义包含“人民”，在“民主”之前再加“人民”旨在重视民主主体的广泛性和全员性，即无产阶级和广大劳动人民的民主。正因如此，马克思、恩格斯在《共产党宣言》中指出“工人革命的第一步就是使无产阶级上升为统治阶级，争得民主”；在列宁的“民主”概念中，他认为“民主是国家形式、国家形态的一种”“民主是多数人的统治”[③]，并且民主与专政始终统一。在我国社会主义民主进程中，中国共产党一直特别重视人民民主的制度化、规范化、程序化和法制化建设，创立了人民代表大会制度、中国共产党领导的多党合作和政治协商制度，为人民民主的实现提供坚实的制度基础。

法治与人民民主的关系是中国特色社会主义法治理论中的一项重大辩证关系，关系中国特色社会主义法治的性质，也是社会主义法治区别于资本主义法治的关键所在，集中地反映了党看待法治性质问题的基本立场、基本方法和基本观点。从社会主义民主政治发展进程来看，社会主义民主自产生之初，就与社会主义法治紧密结合。尤其是党的十一届三中全会以后，邓小平同志提出，“没有民主就没有社会主义，就没有社会主义的现代化”[④] 的重要论断，成功开辟了中国特色社会主义民主政治发展道路。因此，为了保障人民民主，必须加强社会主义法制建设，使民主制度化、法律化，使这种制度和法律具有稳定性、连续性和极大的权威性，做到有法可依，有法必依，执

---

① 中共中央马克思恩格斯列宁斯大林著作编译局．马克思恩格斯选集（第三卷）［M］.北京：人民出版社，2012：371.

② 钟明华，叶啟绩．马克思主义政治理论研究［M］.北京：中国人民大学出版社，2015：74.

③ 中共中央马克思恩格斯列宁斯大林著作编译局．列宁全集（第二十二卷）［M］.北京：人民出版社，1990：53.

④ 中央文献编辑委员会．邓小平文选（第二卷）［M］.北京：人民出版社，1993：168.

法必严，违法必究；党的十五大在提出依法治国基本方略的同时，高度重视社会主义民主与社会主义法治之间的逻辑关联，强调“发展民主必须同健全法制紧密结合，实行依法治国”①；党的十七大提出“人民民主是社会主义的生命”，发展社会主义民主政治，就要“推进社会主义民主政治制度化、规范化、程序化，为党和国家长治久安提供政治和法律制度保障”②；党的十九大提出“人民当家作主是社会主义民主政治的本质特征”，要求将人民当家作主同党的领导、依法治国“统一于社会主义民主政治伟大实践”③；党的二十大提出“全过程人民民主是社会主义民主政治的本质属性，是最广泛、最真实、最管用的民主”④，实现了过程民主和成果民主、程序民主和实质民主、直接民主和间接民主、人民民主和国家意志相统一，是全链条、全方位、全覆盖的民主。⑤ 由此，社会主义民主与社会主义法治相辅相成，不可偏废。社会主义法治须以社会主义民主为前提，只有充分发扬人民民主，才能真正体现社会主义法治的价值取向；社会主义民主须以社会主义法治为保障，通过社会主义法治为实现人民行使当家作主的权利提供方式指引和制度保障。

一、法治与人民民主辩证关系的理论原理

（一）民主属于上层建筑，和法治等其他上层建筑共同服务于经济基础

民主与法治属于政治上层建筑，受经济基础制约并反映经济基础的发展要求，但政治上层建筑自身对经济基础也存在能动的、积极的反作用，而不是简单地、机械地受经济基础的制约。政治上层建筑的反作用，不仅表现为政治上层建筑对经济发展的加速或阻碍作用，还表现为政治上层建筑内部彼此之间的相对独立性所产生的交互作用。因此，正是由于包括民主和法治在

① 中共中央文献研究室．十五大以来重要文献选编（上）［M］.北京：中央文献出版社，2011：26.

② 中共中央文献研究室．十七大以来重要文献选编（上）［M］.北京：中央文献出版社，2011：22.

③ 中共中央文献研究室．十九大以来重要文献选编（上）［M］.北京：中央文献出版社，2019：26.

④ 习近平．习近平著作选读（第一卷）［M］.北京：人民出版社，2023：30-31.

⑤ 习近平．习近平谈治国理政（第四卷）［M］.北京：外文出版社，2022：260-261.

内的政治上层建筑内部间的交互作用，才能使其更有力地反作用于经济基础。

党的十一届三中全会以后，党着重强调发扬经济民主的问题，指出一方面，要以法律形式确定国家和企业、企业和企业、企业和个人等之间的关系，要以法律的形式来解决它们之间的矛盾①；另一方面，要“让地方和企业、生产队有更多的经营管理的自主权”②，并“切实保障工人农民个人的民主权利，包括民主选举、民主管理和民主监督”③，才能充分激发国家、地方、企业和劳动者个人四个方面的积极性，才能实现实行现代化的经济管理和提高劳动生产率。④ 与此同时，党在强调我国政治体制改革总目标时，指出“发扬社会主义民主，调动广大人民的积极性”，而“调动人民积极性的最中心的环节是发展生产力，提高人民的生活水平”⑤。所以，作为上层建筑的民主和法治，终究服务于发展社会生产力。当然，生产力提高了，人民的积极性便被调动起来了，民主和法治也就获得进一步的发展空间。

党的十三届四中全会以后，党进一步研究民主政治建设与商品经济发展之间的内在联系，指出“民主建设是一个过程，它的发展程度，又同一定的经济文化状况相关联”⑥。因而，民主属于上层建筑，我国实行什么样的民主，根本取决于经济基础。到党的十四大，党指出我国改革和建设的主要任务就是集中精力搞经济建设。其中，加强社会主义民主法制和精神文明建设，也要紧紧围绕经济建设这个中心。⑦ 同时，党在强调积极推进政治体制改革时指出，政治体制改革的推进，必须按照民主化和法制化紧密结合的要求，同经济体制改革和经济发展相适应。⑧ 之后，党再次重申我国推进政治体制改革，进一步扩大社会主义民主，健全社会主义法制，依法治国，建设社会主义法治国家，是我国经济体制改革的深入和社会主义现代化建设跨越世纪的发展

① 中央文献编辑委员会．邓小平文选（第二卷）［M］.北京：人民出版社，1993：147.
② 中央文献编辑委员会．邓小平文选（第二卷）［M］.北京：人民出版社，1993：145.
③ 中央文献编辑委员会．邓小平文选（第二卷）［M］.北京：人民出版社，1993：146.
④ 中央文献编辑委员会．邓小平文选（第二卷）［M］.北京：人民出版社，1993：145.
⑤ 中央文献编辑委员会．邓小平文选（第三卷）［M］.北京：人民出版社，1993：178.
⑥ 中央文献编辑委员会．江泽民文选（第一卷）［M］.北京：人民出版社，2006：122.
⑦ 中央文献编辑委员会．江泽民文选（第一卷）［M］.北京：人民出版社，2006：224.
⑧ 中央文献编辑委员会．江泽民文选（第一卷）［M］.北京：人民出版社，2006：224.

的明确要求。[①]

党的十六大以后，党继续强调法治与人民民主作为上层建筑，共同服务于经济基础，明确为了把我国建设成为富强民主文明和谐美丽的社会主义现代化国家，就必须坚持“牢牢把握经济建设这个中心，坚定不移发展社会主义市场经济，坚定不移发展社会主义民主政治，坚定不移发展社会主义精神文明”[②]，并进一步指出，“在牢牢把握经济建设这个中心的同时，加强社会主义民主法制和精神文明建设、促进社会全面进步是建设中国特色社会主义的必然要求和重要保证”[③]。之后，党在十七大分析我国发展呈现的阶段性特征时指出，我国社会主义民主法制建设与扩大人民民主和经济社会发展的要求还存在不完全适应的问题[④]，进而强调社会主义民主法制建设作为我国政治体制改革的重要组成部分，必须随着经济社会发展而不断深化，不断推动我国社会主义上层建筑与经济基础相适应。

党的十八大以来，党重申民主不是抽象的，而是对一定经济基础的反映。同样，法律根源于物质生活，是对经济关系的记载。与此同时，我国社会主义现代化建设取得的一切成就都建立在经济持续健康发展的基础之上，经济不发展，什么事情都办不成。[⑤] 因而，作为上层建筑的社会主义民主和社会主义法治都是建立在经济基础上的，并坚持以经济建设为中心，坚持四项基本原则，坚持改革开放，推动科学发展，着力改善民生，促进社会和谐。[⑥] 一方面，及时将改革开放和社会主义现代化建设的实践经验上升为法律，为经济社会发展的现代化提供有力保障；另一方面，不断完善以人民当家作主为核心的制度体系，切实保障和具体实现人民当家作主，使民主制度化、规范化、程序化，为社会主义经济建设提供制度保证。

---

① 中央文献编辑委员会．江泽民文选（第二卷）[M].北京：人民出版社，2006：28.

② 中央文献编辑委员会．胡锦涛文选（第一卷）[M].北京：人民出版社，2016：78.

③ 中央文献编辑委员会．胡锦涛文选（第一卷）[M].北京：人民出版社，2016：79.

④ 中央文献编辑委员会．胡锦涛文选（第二卷）[M].北京：人民出版社，2016：622.

⑤ 中共中央文献研究室．十八大以来重要文献选编（上）[M].北京：中央文献出版社，2014：184.

⑥ 中共中央文献研究室．十八大以来重要文献选编（上）[M].北京：中央文献出版社，2014：199.

（二）民主是一种国家制度，人民民主是对人民实行民主和对敌人实行专政的内容与形式的有机统一，是社会主义法治的天然使命

人民代表大会制度是我国的根本政治制度，其基本内涵为人民当家作主，是社会主义民主政治的最本质核心，也是巩固无产阶级专政的基础。我国在坚持马克思主义人民民主概念的基础上，深刻认识到社会主义民主是由无产阶级及政党的根本性质决定的民主，是人类社会最高类型的民主。同时，社会主义民主效能的实现离不开法治的保障，社会主义民主的制度化、法律化是人民民主的基本要求，是发展社会主义民主政治的重要体现。

党的十一届三中全会以后，党指出我国在坚持四项基本原则当中特别强调坚持人民民主专政，这是因为我国的人民民主专政，既包含对人民内部的民主，又有对破坏分子的专政，因而我国的人民民主是对人民实行民主和对敌人实行专政的内容与形式的有机统一，只有这样才能保持社会安定团结的政治局面，才可能把现代化建设搞成功。[①] 同时，党开始着重关注人民民主与法治内部的辩证关系，强调在宣传民主时，一定要把民主和法治结合起来[②]，因为我国的政治体制改革包括民主和法治，我国的民主同法治是相关联的[③]，这就表明发展对人民实行民主和对敌人实行专政的内容与形式有机统一的人民民主，是社会主义法治的天然使命。

党的十三届四中全会以后，党注意到有些青年学生和群众法制观念淡薄，导致其对民主缺乏正确认识，进而使得有的人所要的“民主”，实际上是无法无天的极端民主化，是无政府状态，同民主根本不是一回事，是对民主的反动和破坏。[④] 正因如此，党重申“民主总是同法制结合在一起的，什么样的民主就由什么样的法制来体现和保障”[⑤]，发展社会主义民主，必须与加强社会主义法制结合起来，坚持依法治国的基本方略，促进社会主义民主的制度化、法律化，有法必依、执法必严、违法必究。[⑥] 同时，要高度重视法制建设，

---

① 中央文献编辑委员会．邓小平文选（第二卷）[M].北京：人民出版社，1993：154.
② 中央文献编辑委员会．邓小平文选（第二卷）[M].北京：人民出版社，1993：176.
③ 中央文献编辑委员会．邓小平文选（第三卷）[M].北京：人民出版社，1993：244-245.
④ 中央文献编辑委员会．江泽民文选（第一卷）[M].北京：人民出版社，2006：62.
⑤ 中央文献编辑委员会．江泽民文选（第二卷）[M].北京：人民出版社，2006：258.
⑥ 中央文献编辑委员会．江泽民文选（第三卷）[M].北京：人民出版社，2006：221.

“把民主法制实践和民主法制教育结合起来，不断增强广大干部群众的民主意识和法制观念”[①]。

党的十六大以后，党强调社会主义法治的使命在于发展人民民主，旨在实现从制度上、法律上保证人民当家作主[②]，并基于此指出建设社会主义和谐社会，建设社会主义法治国家，必须坚定不移实施依法治国基本方略，充分发挥法治在促进、实现、保障社会和谐方面的重要作用，尤其是要制定和完善发展社会主义民主政治、保障公民权利、促进社会全面进步、规范社会建设和管理、维护社会安定的法律。[③] 此外，党还强调我国政法工作旨在维护人民权益。政法工作搞得好不好，最终要看人民满意不满意。[④]

党的十八大以来，以习近平同志为核心的党中央继续强调人民是依法治国实践的最终主体和力量源泉，同时人民是依法治国成效的检验标准和衡量依据。一方面，人民是历史的创造者，是国家的主人，也是全面依法治国的源头活水。习近平总书记指出，“全面推进依法治国需要全社会共同参与，需要全社会法治观念增强”[⑤]，表明了人民在社会主义法治建设中始终处于中心位置，发挥重要作用。我国实行社会主义制度，社会主义制度保证人民成为全面依法治国名副其实的主体，在坚持《宪法》作为我国根本大法和坚持人民代表大会制度作为我国根本政治制度的前提下，将人民立场贯穿立法、执法、司法、守法等法治建设全过程。另一方面，新时代我国社会基本矛盾的转化，意味着人民对美好生活的向往并不局限在对物质生活的需求上，还体现在对精神文化生活、社会服务保障、生态文明发展等方面的多样化、高层次需求上。因而在新时代培育和发展新质生产力上，需要深刻认识到人民立场是中国式法治现代化的根本立场，而推动高质量发展的根本目的在于满足人民日益增长的美好生活需要，实现共同富裕。以法治保障新质生产力，必须坚持发展为了人民，依靠人民，发展成果由人民共享，将类脑智能、量子

---

① 中央文献编辑委员会．江泽民文选（第一卷）[M].北京：人民出版社，2006：236.

② 中央文献编辑委员会．胡锦涛文选（第二卷）[M].北京：人民出版社，2016：232.

③ 中央文献编辑委员会．胡锦涛文选（第二卷）[M].北京：人民出版社，2016：289.

④ 中央文献编辑委员会．胡锦涛文选（第三卷）[M].北京：人民出版社，2016：30.

⑤ 中共中央文献研究室．十八大以来重要文献选编（中）[M].北京：中央文献出版社，2016：188.

信息、基因技术等前沿科技新兴领域的技术规则纳入伦理治理和法治体系，推动新技术经济范式下科技进步与生产力向上发展，使法治约束下的新质生产力成果惠及人民群众生活的各个方面，进一步改变人们社会生产生活方式、优化社会资源配置方式，确保新质生产力“发展成果更多更公平惠及全体人民”①。

二、法治与人民民主辩证关系的方法论实践

（一）“民主基础论”

党的十一届三中全会以后，党提出“没有民主就没有社会主义”② 的著名论断，表明社会主义民主的本质是人民民主，即人民当家作主。同时，党进一步指出人民民主对法制的作用主要体现在人民民主是社会主义法制的前提和基础，明确社会主义法制是在广大人民群众在党的领导下实现人民当家作主的民主权利之后，才以反映和保障人民意志的法律面貌产生的。因而，社会主义民主决定社会主义法制的内容和发展，社会主义法制伴随社会主义民主的产生而建立，没有社会主义民主就没有社会主义法制。

党的十三届四中全会以后，党强调在坚定不移走中国特色社会主义政治发展道路的同时，提出“坚持党的领导、充分发扬民主和严格依法办事”相统一③，之后又完善为“坚持党的领导、发扬人民民主和严格依法办事”相统一④，继而完善为“坚持党的领导、人民当家作主和依法办事”相统一⑤。其中，党的领导、发扬民主或人民当家作主、依法办事三者之间具有密切的逻辑联系，党的领导是关键，发扬民主或人民当家作主是基础，依法办事是保证。尤其是“发扬民主或人民当家作主是基础”，进一步揭示了人民民主是社会主义法制的基础和前提，从而强调发扬人民民主在依法治国中起前提和基础的作用。

党的十六大以后，党确立依法执政是新的历史条件下马克思主义政党执

① 习近平．论把握新发展阶段、贯彻新发展理念、构建新发展格局［M］.北京：中央文献出版社，2021：95.

② 中央文献编辑委员会．邓小平文选（第二卷）［M］.北京：人民出版社，1993：168.

③ 中央文献编辑委员会．江泽民文选（第一卷）［M］.北京：人民出版社，2006：113.

④ 中央文献编辑委员会．江泽民文选（第二卷）［M］.北京：人民出版社，2006：17，29.

⑤ 中央文献编辑委员会．江泽民文选（第三卷）［M］.北京：人民出版社，2006：440.

政的基本方式，明确推进政治文明建设所遵循的基本方式是要坚持党的领导、人民当家作主、依法治国有机统一。① 其中，人民民主是社会主义的生命，人民当家作主是社会主义民主政治的本质和核心，也是确保依法治国基本方略得以贯彻落实的基础和前提。因而，发展社会主义民主政治，推进政治体制改革，必须以保证人民当家作主为根本，要健全民主制度，丰富民主形式，拓宽民主渠道，依法实行民主选举、民主决策、民主管理、民主监督，保障人民的知情权、参与权、表达权、监督权，建设社会主义法治国家，发展社会主义政治文明。②

党的十八大以来，以习近平同志为核心的党中央强调“人民民主是社会主义的生命，没有民主就没有社会主义，就没有社会主义的现代化，就没有中华民族伟大复兴”③，进一步指明人民民主对社会主义法治、社会主义、社会主义现代化及实现中华民族伟大复兴的前提和基础作用；而“全过程人民民主是社会主义民主政治的本质属性，是最广泛、最真实、最管用的民主”，没有全过程人民民主，就无法建设高水平法治中国。全面依法治国最广泛、最深厚的基础是人民，必须坚持为了人民、依靠人民，坚定不移走中国特色社会主义民主政治发展道路，把法治中国建设建立在中国特色社会主义民主政治基础上，把体现人民利益、反映人民愿望、维护人民权益、增进人民福祉落实到全面依法治国各领域、全过程。

（二）“法治保障论”

党的十一届三中全会以后，根据我国当时的实际情况，党指出“解放思想是当前的一个重大政治问题，而民主是解放思想的重要条件”④，只有人民享有充分的民主权利，才能真正实行无产阶级的民主集中制。所以，不论是特别强调民主还是坚决发扬民主，首先要求切实保障民主。为此，党提出“为了保障人民民主，必须加强法制”，确保实现“民主制度化、法律化，使

---

① 中央文献编辑委员会．胡锦涛文选（第二卷）[M].北京：人民出版社，2016：32.

② 中央文献编辑委员会．胡锦涛文选（第二卷）[M].北京：人民出版社，2016：635.

③ 中共中央文献研究室．十八大以来重要文献选编（中）[M].北京：中央文献出版社，2016：55.

④ 中央文献编辑委员会．邓小平文选（第二卷）[M].北京：人民出版社，1993：143-144.

这种制度和法律不因领导人的改变而改变，不因领导人的看法和注意力的改变而改变"①，最终以发扬社会主义民主和加强社会主义法制，调动人民的积极性，保证社会主义建设有领导、有秩序地进行。②

党的十三届四中全会以后，党指出在社会主义建设的过程中，民主总是和法制结合在一起，"什么样的民主就由什么样的法制来体现和保障"③，以此表明发展社会主义民主总是与加强社会主义法制建设之间存在必然的、内在的联系，二者之中，社会主义法制体现并保障社会主义民主；发展社会主义民主，必须与加强社会主义法制建设结合起来，通过坚持依法治国的基本方略，体现并保障社会主义民主的制度化、法律化。④

党的十六大以后，党指出"法律以体现人民共同意志、维护人民根本利益、保障人民当家作主为本质特征"⑤。因此，"要进一步扩大社会主义民主，健全社会主义法制，坚持依法治国，建设社会主义法治国家。通过社会主义民主政治建设，进一步形成既有集中又有民主，既有纪律又有自由，既有统一意志又有个人心情舒畅、生动活泼的政治局面……"⑥

党的十八大以来，以习近平同志为核心的党中央强调全过程人民民主不是抽象而是具体的，是在中国共产党领导下我国经济、政治、文化、社会综合因素发展的产物。践行全过程人民民主的政治发展理念，最关键的是要把全过程人民民主与全面依法治国有机结合起来，在依法治国的框架内逐步实现全过程人民民主制度化、法律化。其中，依法治国是发展全过程人民民主的重要制度保障。社会主义民主自产生之初就同社会主义法制之间存在紧密联系，社会主义民主必须制度化、法律化，才能保证人民民主发展的稳定性、长期性和权威性。同样，全过程人民民主与法治中国建设密切相关，发展全过程人民民主必须坚持依法治国，维护宪法法律权威，把依法治国作为党领

---

① 中央文献编辑委员会．邓小平文选（第二卷）[M].北京：人民出版社，1993：162.

② 中央文献编辑委员会．邓小平文选（第三卷）[M].北京：人民出版社，1993：210.

③ 中央文献编辑委员会．江泽民文选（第二卷）[M].北京：人民出版社，2006：258.

④ 中央文献编辑委员会．江泽民文选（第三卷）[M].北京：人民出版社，2006：221.

⑤ 中共中央文献研究室．十六大以来重要文献选编（上）[M].北京：中央文献出版社，2011：235.

⑥ 中央文献编辑委员会．胡锦涛文选（第二卷）[M].北京：人民出版社，2016：319.

导人民治理国家的基本方略，把法治作为党领导治国理政的基本方式，更好地发挥法治固根本、稳预期、利长远的作用。在全面依法治国实践中，要将全过程人民民主理念贯彻到立法、司法、执法和守法工作中，保证人民参与国家和社会治理有法可依、有法必依。

（三）“协调发展论”

党的十一届三中全会以后，党在推进实现四个现代化的宏伟目标时指出，社会主义民主和社会主义法制同实现四个现代化紧密结合并协调发展，“为了实现四个现代化，必须发扬社会主义民主和加强社会主义法制”①。因此，协调发展社会主义民主和社会主义法制，有助于实现四个现代化。之后，党又重申“实现民主和法制，同实现四个现代化一样”，“一定要有步骤，有领导。否则，只能助长动乱，只能妨碍四个现代化，也只能妨碍民主和法制”②。

党的十三届四中全会以后，党明确发展社会主义民主和健全社会主义法制，往往是置于社会主义之中统筹考虑并协调发展的。没有民主，就没有社会主义，就没有社会主义现代化③；我们应当在发展社会主义民主、健全社会主义法制方面取得明显进展，以巩固和发展稳定的社会政治环境，保证经济建设和改革开放的顺利进行。④

党的十六大以后，党指出我国进行的政治体制改革，就是在党的领导下，发展人民民主，健全国家法制，建设有中国特色的社会主义民主政治。⑤由此，进一步阐明发展人民民主，健全国家法制是在我国政治体制改革范畴内实现协调发展的。政治体制改革作为我国全面改革的重要组成部分，是社会主义政治制度的自我完善和发展，必须坚持中国特色社会主义政治发展道路，坚持党的领导、人民当家作主、依法治国有机统一，坚持社会主义政治制度特点和优势，坚持从我国国情出发。⑥

党的十八大以来，以习近平同志为核心的党中央强调，推进全面依法治

---

① 中央文献编辑委员会．邓小平文选（第二卷）［M］.北京：人民出版社，1993：187.
② 中央文献编辑委员会．邓小平文选（第二卷）［M］.北京：人民出版社，1993：257.
③ 中央文献编辑委员会．江泽民文选（第一卷）［M］.北京：人民出版社，2006：111.
④ 中央文献编辑委员会．江泽民文选（第一卷）［M］.北京：人民出版社，2006：235.
⑤ 中央文献编辑委员会．江泽民文选（第二卷）［M］.北京：人民出版社，2006：258.
⑥ 中央文献编辑委员会．胡锦涛文选（第三卷）［M］.北京：人民出版社，2016：163.

国是国家治理的一场深刻变革，必然涉及政治、经济、文化、改革、法治等多个方面，为了统筹好全面依法治国各项任务，必须确保各要素间协调发展，其中就包含统筹法治与人民民主。一方面，要牢牢把握人民民主的本质核心是实现人民当家作主；另一方面，要牢牢把握社会主义法治的本质核心在于保护和实现最广大人民的根本利益。除此之外，人民民主是一种国家治理和社会治理的方式，法治是一种治国理念或治国方略，这就要求在依法治国的实践中，要始终坚持人民的主体地位，通过依法治国切实保障人民民主；坚定不移地坚持人民民主本质、弘扬人民民主精神，在不断发展人民民主中完善法治，推进依法治国与人民民主协调发展。也就是说，在建设社会主义法治国家过程中完善社会主义民主，就能把我国建设成为具有现代化特征的社会主义国家。

（四）"有机统一论"

党的十一届三中全会以后，党在充分认识法制是人民民主的体现和保障的同时，强调民主与法制之间相辅相成、辩证统一，"发扬社会主义民主，健全社会主义法制，两方面是统一的"①，指出民主和法制作为建立安定团结、生动活泼政治局面的"两只手"，"这两个方面都应该加强，过去我们都不足。要加强民主就要加强法制。没有广泛的民主是不行的，没有健全的法制也是不行的"②。发扬社会主义民主和加强社会主义法制是保证我国有领导、有秩序地进行社会主义建设的一整套相互关联的方针政策。③

党的十三届四中全会以后，党指出人民民主是社会主义的本质要求。这种民主，是维护全体人民利益的民主，是与社会主义法制必然结合在一起、保障有领导、有秩序地进行社会主义建设的民主，④ 并重申民主同法制紧密结合，社会主义民主总是与社会主义法制相结合。发展社会主义民主，必须与加强社会主义法制建设结合起来，坚持依法治国的基本方略，促进社会主义

① 中央文献编辑委员会．邓小平文选（第二卷）［M］.北京：人民出版社，1993：276.
② 中央文献编辑委员会．邓小平文选（第二卷）［M］.北京：人民出版社，1993：189.
③ 中央文献编辑委员会．邓小平文选（第三卷）［M］.北京：人民出版社，1993：210.
④ 中央文献编辑委员会．江泽民文选（第一卷）［M］.北京：人民出版社，2006：356.

民主的制度化、法律化，有法必依、执法必严、违法必究。[①] 之后，党在十五大上指出“发展民主必须同健全法制紧密结合，实行依法治国”[②]。

党的十六大以后，党对法治与人民民主的关系有了更深刻的理解，提出我国社会主义政治文明区别于资本主义政治文明的本质特征在于我国在发展社会主义民主政治，推进政治文明建设的过程中，不仅坚持法治与人民民主的紧密结合，而且最根本的是坚持中国共产党的领导，并将其作为政治保障，坚持党的领导、人民当家作主、依法治国有机统一，并对三者之间的内部关系作出更为清晰的论断：党的领导是人民当家作主、依法治国的根本保证，人民当家作主是社会主义民主政治的本质要求，依法治国是党领导人民治理国家的基本方略。[③] 因此，切实发展社会主义民主，“要把坚持党的领导、人民当家作主、依法治国有机统一起来……不断推进社会主义民主政治制度化、规范化、程序化，更好发挥社会主义政治制度特点和优势”[④]。

党的十八大以来，以习近平同志为核心的党中央要求坚持和完善人民当家作主制度体系，把党的领导、人民当家作主和依法治国三者有机统一于新时代中国特色社会主义民主政治建设的伟大实践中，“扩大人民有序政治参与，保证人民依法实行民主选举、民主协商、民主决策、民主管理、民主监督”[⑤]。党的二十大高度重视全过程人民民主在中国特色社会主义事业中的分量和地位，提出“全过程人民民主制度化、规范化、程序化”是全面建设社会主义现代化国家在未来五年的主要目标任务之一，为实现这一目标任务，“必须坚定不移走中国特色社会主义政治发展道路，坚持党的领导、人民当家作主、依法治国有机统一，坚持人民主体地位，充分体现人民意志、保障人民权益、激发人民创造活力”[⑥]。党进一步明确将全过程人民民主与全面依法治国紧密结合，才能保证全过程人民民主制度化、规范化、程序化的全面落实和贯彻执行。

---

① 中央文献编辑委员会．江泽民文选（第三卷）[M].北京：人民出版社，2006：221.
② 中央文献编辑委员会．江泽民文选（第二卷）[M].北京：人民出版社，2006：28-29.
③ 中央文献编辑委员会．胡锦涛文选（第二卷）[M].北京：人民出版社，2016：32.
④ 中央文献编辑委员会．胡锦涛文选（第二卷）[M].北京：人民出版社，2016：288.
⑤ 习近平．习近平谈治国理政（第三卷）[M].北京：外文出版社，2020：29.
⑥ 习近平．习近平著作选读（第一卷）[M].北京：人民出版社，2023：31.

第四节　法治与改革的辩证关系

在我国改革开放的历程中，法治的推进和改革的深入是两条互相关联、互相促进的主线。从“四个全面”战略布局来看，全面依法治国和全面深化改革作为战略举措共同服务于全面建设社会主义现代化国家的战略目标。具体而言，第一，全面深化改革是全面建设社会主义现代化国家的驱动。党的十八届三中全会明确全面深化改革的总目标，强调使市场在资源配置中起决定性作用、更好发挥政府作用，为各类资本发展营造更加有利的市场环境和法治环境。[①] 同时，继续以巨大的政治勇气全面深化改革并推动改革的实施，进而实现全面建设社会主义现代化国家的历史任务。第二，全面依法治国是全面建设社会主义现代化国家的定磐石。党的十八届四中全会提出全面推进依法治国，要求更好发挥法治固根本、稳预期、利长远的保障作用，为建设社会主义现代化国家提供有力法治保障。为此，习近平总书记提出“全面推进依法治国与全面深化改革一起构成全面建成小康社会和全面建设社会主义现代化国家的两个翅膀、两个轮子”[②]。鉴于改革和法治如鸟之双翼、车之两轮，因此要高度重视二者之间辩证统一的内在联系，坚持法治与改革的统一协调。首先，坚持在法治轨道上推动改革。对于“凡属重大改革要于法有据，需要修改法律的可以先修改法律，有的重要改革举措，需要得到法律授权的，要按法律程序进行”[③]。其次，坚持在深化改革中完善法治。“对实践证明已经比较成熟的改革经验和行之有效的改革举措，要尽快上升为法律”[④]。最后，处理法治与改革辩证关系的关键在于科学立法。“实现立法和改革决策相衔

---

① 习近平．习近平谈治国理政（第四卷）［M］.北京：外文出版社，2022：218.

② 习近平．习近平谈治国理政（第二卷）［M］.北京：外文出版社，2017：27.

③ 中共中央文献研究室．习近平关于全面依法治国论述摘编［M］.北京：中央文献出版社，2015：45-46.

④ 中共中央文献研究室．习近平关于协调推进“四个全面”战略布局论述摘编［M］.北京：中央文献出版社，2015：16.

接，做到重大改革于法有据、立法主动适应改革和经济社会发展需要”①。

一、法治与改革辩证关系的理论原理

（一）改革调整生产关系中同生产力、上层建筑中同经济基础发展不适应的部分

唯物史观基本原理指明，“社会的物质生产力发展到一定阶段，便同它们一直在其中运动的现存生产关系或财产关系（这只是生产关系的法律用语）发生矛盾。于是这些关系便由生产力的发展形式变成生产力的桎梏。那时社会革命的时代就到来了。随着经济基础的变更，全部庞大的上层建筑也或慢或快地发生变革”②。因此，上层建筑的政治体制改革，必须坚持以经济建设为中心，发挥经济体制改革的牵引作用，改革政治体制中同经济社会发展不相适应的部分，进一步推动生产关系同生产力、上层建筑同经济基础相适应。

党的十一届三中全会以后，党深刻认识到要实现四个现代化，加快现代化建设事业的发展，需要正确改革同生产力迅速发展不相适应的生产关系和上层建筑。③ 首先在社会主义经济方面，改革经济管理工作，克服官僚主义；④ 其次上层建筑的政治体制改革的目的不仅要适应经济的发展，还要“通过改革，处理好法治和人治的关系，处理好党和政府的关系”⑤。

党的十三届四中全会以后，党提出继续治理整顿和深化改革，为保持社会主义内在的生机和活力，充分发挥社会主义的优越性，必须依照社会生产力的现实水平和发展要求实行社会主义改革，“自觉调整生产关系中与生产力不相适应的部分，调整上层建筑中与经济基础不相适应的部分”⑥，因而必须按照民主化和法制化紧密结合的要求，积极推进政治体制改革，建设有中国

---

① 中共中央文献研究室．十八大以来重要文献选编（中）［M］.北京：中央文献出版社，2016：164.

② 中共中央马克思恩格斯列宁斯大林著作编译局．马克思恩格斯选集（第二卷）［M］.北京：人民出版社，1995：38.

③ 中央文献编辑委员会．邓小平文选（第二卷）［M］.北京：人民出版社，1993：141.

④ 中央文献编辑委员会．邓小平文选（第二卷）［M］.北京：人民出版社，1993：150.

⑤ 中央文献编辑委员会．邓小平文选（第三卷）［M］.北京：人民出版社，1993：177.

⑥ 中央文献编辑委员会．江泽民文选（第一卷）［M］.北京：人民出版社，2006：68.

特色的社会主义民主政治。①

党的十六大以后，党着眼于21世纪，在“最注重发展社会生产力”的同时，“既积极推进经济体制改革，又积极推进政治体制改革，发展社会主义民主政治，建设社会主义法治国家，保证人民当家作主……”按照推进改革开放和完善社会主义市场经济体制、维护最广大人民根本利益的原则，随着经济体制改革的推进相应地进行政治体制改革，要积极建设社会主义政治文明，为改革开放和社会主义现代化建设提供有力的政治保障和法律保障。②

党的十八大以来，以习近平同志为核心的党中央指出全面深化改革，必须立足我国长期处于社会主义初级阶段这个最大实际，强调经济体制改革对其他方面改革具有重要的影响和传导作用，重大经济体制改革的进度决定着其他方面体制改革的进度，具有牵一发而动全身的作用。其中，司法制度又是上层建筑的重要组成部分，是政治体制改革的重要组成部分，推进司法体制改革，是社会主义司法制度的自我完善和发展，走的是中国特色社会主义法治道路。故而，深化司法体制改革，完善司法管理体制和司法权力运行机制，必须在党的统一领导下进行，坚持和完善我国社会主义司法制度。要把党总揽全局、协调各方的作用，同审判机关和检察机关依法履行职能、开展工作统一起来。③ 同时，我国作为幅员辽阔、人口众多的多民族国家，也是世界上最大的发展中国家，为更好地处理全面深化改革在攻坚深水期面临的深层次难题，必须在坚持全面依法治国的战略布局下，运用法治手段处理经济发展中的矛盾和问题，从而引导各类经济主体在法治轨道上行动。具体而言，建设中国特色社会主义法治体系是全面依法治国的目标组成部分，有利于完善国家根本制度、根本领导制度、根本政治制度、基本政治制度、基本经济制度及其他各方面的重要制度④，也为新质生产力发展的可持续性提供了规范和保障。

其一，形成完备的法律规范体系。例如，通过建立科学完备的数据法律

① 中央文献编辑委员会．江泽民文选（第一卷）［M］.北京：人民出版社，2006：235.
② 中央文献编辑委员会．胡锦涛文选（第三卷）［M］.北京：人民出版社，2016：162.
③ 习近平．习近平谈治国理政（第二卷）［M］.北京：外文出版社，2017：131.
④ 沈春耀．有效发挥法治固根本、稳预期、利长远的保障作用［J］.中国人大，2020（22）：25.

规范体系，为鼓励云计算、区块链、人工智能、量子信息等技术创新和新产品开发提供了规范基础。其二，形成高效的法治实施体系。例如，紧跟数字化法治建设潮流，打造数字执法新模式，对内对外分别构建网络化、数字化的诉讼服务平台和数字化司法业务管理和保障平台，实现对法治工作的升级改造①；借助智能化法律服务平台，为新兴产业和未来产业提供精准性、便利性法律服务，降低法律风险。其三，形成严密的法治监督体系。例如，通过加强当前人工智能与法律监督的深度融合，积极拓展 ChatGPT 在四大检察、四项权能中的应用场景，为新时代数字检察业务破解技术难题开辟灵活、创新、高效的发展路径。② 其四，形成有力的法治保障体系。例如，通过坚持和加强党的领导为发展新质生产力提供政治保障；坚持中国特色社会主义制度为发展新质生产力提供组织保障；坚持中国特色社会主义法治理论为发展新质生产力提供思想保障；坚持法治文化建设为发展新质生产力提供文化保障；等等。③ 其五，形成完善的党内法规体系。《党章》总纲规定中国共产党代表先进生产力，将社会主义建设“各项工作都要把有利于发展社会主义社会的生产力”作为总的出发点和检验标准，通过形成完善的党内法规体系，为规范党组织和全体党员行为符合中国先进生产力的发展要求提供基础法规。

（二）坚持政治体制改革同经济体制改革相适应，经济体制改革同政治体制改革相互配合、相互促进

上层建筑必须适应经济基础发展，居于上层建筑主导地位的政治上层建筑必须建立在经济基础上并同经济基础相适应、协调，社会主义经济体制改革与政治体制改革也应遵循这一理论依据。我国在改革过程中十分注重经济和政治关系，强调经济体制改革同政治体制改革统一于中国特色社会主义事业，经济体制改革关涉转变经济发展方式、完善社会主义市场经济体制，政治体制改革指向发展社会主义民主政治，建设社会主义政治文明。经济体制改革同政治体制改革最终都服务于解放和发展生产力。

---

① 黄文艺．数字法治是现代法治新形态［J］.数字法治，2023（2）：4.

② 庄明源．ChatGPT 在法律监督领域中的应用机理与发展路径［J］.江汉大学学报（社会科学版），2024（1）：17-19.

③ 江必新，孙珺涛．法治保障体系的基本构成［J］.河北法学，2023（9）：9-19.

党的十一届三中全会以后，党指出改革包括经济体制改革、政治体制改革和相应的其他各个领域的改革。① 其中，政治体制改革是我国改革向前推进的一个标志②，“不改革政治体制，就不能保障经济体制改革的成果，不能使经济体制改革继续前进，就会阻碍生产力的发展，阻碍四个现代化的实现”③。中国的政治体制改革，要分步骤、有领导、有秩序地进行，④ 要讲社会主义的民主，也要讲社会主义的法制。在强调发展民主的同时，要强调教育我国的人民特别是青年要有理想、守纪律。⑤

党的十三届四中全会以后，党强调政治体制改革要同经济体制改革和经济文化发展相适应，有步骤、有秩序地向前推进⑥，坚持政治体制改革要与经济体制改革相适应⑦，经济体制改革需要同政治体制改革相互配合、相互促进。⑧ 因此，必须积极推进政治体制改革，使社会主义民主和法制建设实现较大的发展。⑨

党的十六大以后，党继续强调政治体制改革是我国全面改革的重要组成部分，要随着经济体制改革的推进相应调整和深化，以实现社会主义民主政治不断发展、依法治国基本方略扎实贯彻，民主法制建设与扩大人民民主和经济社会发展的要求完全适应。⑩ 因此，为了全面建设小康社会，开创中国特色社会主义事业新局面，必须“继续推进政治体制改革，进一步扩大社会主义民主，健全社会主义法制，依法治国、建设社会主义法治国家，保持社会政治稳定”⑪。

党的十八大以来，以习近平同志为核心的党中央重申改革必须坚持以经济体制改革为重点，坚持社会主义市场经济改革方向，全面深化经济体制、

① 中央文献编辑委员会．邓小平文选（第三卷）［M］.北京：人民出版社，1993：237.
② 中央文献编辑委员会．邓小平文选（第三卷）［M］.北京：人民出版社，1993：160.
③ 中央文献编辑委员会．邓小平文选（第三卷）［M］.北京：人民出版社，1993：176.
④ 中央文献编辑委员会．邓小平文选（第三卷）［M］.北京：人民出版社，1993：252.
⑤ 中央文献编辑委员会．邓小平文选（第三卷）［M］.北京：人民出版社，1993：245.
⑥ 中央文献编辑委员会．胡锦涛文选（第二卷）［M］.北京：人民出版社，2016：258.
⑦ 中央文献编辑委员会．胡锦涛文选（第二卷）［M］.北京：人民出版社，2016：535.
⑧ 中央文献编辑委员会．胡锦涛文选（第二卷）［M］.北京：人民出版社，2016：214.
⑨ 中央文献编辑委员会．胡锦涛文选（第一卷）［M］.北京：人民出版社，2016：235.
⑩ 中央文献编辑委员会．胡锦涛文选（第二卷）［M］.北京：人民出版社，2016：622.
⑪ 中央文献编辑委员会．胡锦涛文选（第一卷）［M］.北京：人民出版社，2016：423.

政治体制、文化体制、社会体制、生态文明体制和党的建设制度改革。[①] 其中，为坚定不移走中国特色社会主义政治发展道路，积极稳妥推进政治体制改革、不断发展社会主义民主政治，建设社会主义政治文明，必须将“坚持全面依法治国”作为原则之一，坚定不移走中国特色社会主义法治道路，加快建设中国特色社会主义法治体系，建设社会主义法治国家，推进科学立法、严格执法、公正司法、全民守法，加快建设法治经济和法治社会，把经济社会发展纳入法治轨道。[②] 与此同时，法治作为治国理政的基本方式，其功能作用不仅体现在对社会关系的确认、规范、调整和保护上，还体现在以形式内容相对稳定的法律政策为经济社会发展和人民幸福生活提供引导、预测和评价上，具体作用到新质生产力，就是为推进新质生产力行稳致远提供了政策预期，制定了科学合理的制度安排。一方面，通过确立透明稳定的法律规则和制度机制，有利于巩固和保障科技创新与产业创新的探索成果，提升转移转化科技创新成果水平，孵化高新技术企业，不断催生新技术、新产业、新业态、新模式；同时，通过实施公开明确的行为准则和政策导向，有利于为公民、法人和其他组织等市场主体参与公平竞争提供清楚认知，使其基于稳定合理的行为预期对投资规划作出判断、选择，降低投资风险，促进企业合法合规经营。另一方面，继续完善以宪法为统帅的中国特色社会主义法律体系，及时总结新质生产力发展中的经验和做法，通过法定程序将政策主张及成功经验上升为国家意志、确立为法律制度并最终转化为法律法规，为加快形成新质生产力发展的理论机制、重点方向、实践路径等研究提供更加科学完善、系统全面的规范体系。

---

① 中共中央文献研究室．十八大以来重要文献选编（下）［M］.北京：中央文献出版社，2018：351.

② 中共中央文献研究室．十八大以来重要文献选编（中）［M］.北京：中央文献出版社，2016：790.

二、法治与改革辩证关系的方法论实践

（一）“保障论”

党的十一届三中全会以后，党指出政治体制改革的必要性同经济体制改革密切相关，政治体制改革要适应经济体制改革和四个现代化建设的要求。政治体制改革包括民主和法制，通过改革政治体制，才能保障经济体制改革的成果，使经济体制改革继续前进，才能推动生产力的发展，促进四个现代化的实现①；在巩固安定团结的问题上，主要还是要依靠积极的、根本的措施，让法制完备起来、司法工作完善起来，才可以在更大程度上保障整个社会有秩序地前进。②

党的十三届四中全会以后，党提出政治体制改革的主要任务是“发展民主，加强法制，实行政企分开、精简机构的措施，完善民主监督制度，维护安定团结”③。在政治体制改革上，“同经济体制改革和经济发展相适应，必须按照民主化和法制化紧密结合的要求，积极推进政治体制改革”，应当在发展社会主义民主、健全社会主义法制方面取得明显进展，以巩固和发展稳定的社会政治环境，保证经济建设和改革开放的顺利进行④；在司法体制改革方面，通过完善诉讼程序，保障公民和法人的合法权益。⑤

党的十六大之后，党指出以宪法为核心的中国特色社会主义法律体系初步形成，有力推动和保障了改革开放和社会主义现代化建设顺利进行⑥；并要求继续积极稳妥推进政治体制改革，大力建设社会主义政治文明，坚持社会主义政治制度的特点和优势，推进社会主义民主政治制度化、规范化、程序化⑦，为改革开放和社会主义现代化建设提供有力的政治保证和法律保障。⑧

---

① 中央文献编辑委员会．邓小平文选（第三卷）[M].北京：人民出版社，1993：176.
② 中央文献编辑委员会．邓小平文选（第二卷）[M].北京：人民出版社，1993：255.
③ 中央文献编辑委员会．江泽民文选（第二卷）[M].北京：人民出版社，2006：29.
④ 中央文献编辑委员会．江泽民文选（第一卷）[M].北京：人民出版社，2006：235.
⑤ 中央文献编辑委员会．江泽民文选（第三卷）[M].北京：人民出版社，2006：557.
⑥ 中央文献编辑委员会．胡锦涛文选（第二卷）[M].北京：人民出版社，2016：229.
⑦ 中央文献编辑委员会．胡锦涛文选（第三卷）[M].北京：人民出版社，2016：635.
⑧ 中央文献编辑委员会．胡锦涛文选（第二卷）[M].北京：人民出版社，2016：31.

党的十八大以来，以习近平同志为核心的党中央提出紧紧围绕坚持党的领导、人民当家作主、依法治国有机统一深化政治体制改革[①]，为相关领域改革提供法治保障，坚持立法和改革决策相统一、相衔接，及时修改完善涉及改革的法律，作出有关改革试点的决定，听取审议改革试点工作报告，保证改革和法治相辅相成、相互促进：第一，统筹修改多部法律，持续推进行政审批制度改革；第二，依法作出授权决定，为改革先行先试提供依据；第三，总结改革试点经验，通过修改完善法律予以复制和推广。[②]

（二）“协调发展论”

党的十一届三中全会以后，党提出要在进行经济体制改革的同时，将政治体制改革提上日程。要求政治体制改革和经济体制改革共同推进，协调发展，因为不改革政治体制，就无法保障经济体制改革的成果，就不能使经济体制改革继续前进。不搞政治体制改革，经济体制改革难以贯彻。[③] 发展经济需要有一个稳定的政治局面，在进行政治体制改革的同时，必须坚持四项基本原则。在进行政治体制改革的同时，要让政治体制改革服务于经济体制改革，二者之间“应该相互依赖、相互配合”[④]。

党的十三届四中全会以后，党提出把建设中国特色社会主义事业推向21世纪，必须“围绕经济建设中心，经济体制改革要有新的突破，政治体制改革要继续深入，精神文明建设要切实加强，各个方面相互配合，实现经济发展和社会全面进步”[⑤]。政治体制改革要与经济体制改革相适应，紧密结合经济和社会其他方面发展的需要，通过政治体制改革增强党和国家的活力，保持和发挥社会主义制度的特点和优势，维护国家统一、民族团结和社会稳定，充分发挥人民群众的积极性，促进生产力发展和社会进步。[⑥]

---

① 中共中央文献研究室．十八大以来重要文献选编（上）［M］.北京：中央文献出版社，2014：512.

② 中共中央文献研究室．十八大以来重要文献选编（下）［M］.北京：中央文献出版社，2018：655-656.

③ 中央文献编辑委员会．邓小平文选（第三卷）［M］.北京：人民出版社，1993：177.

④ 中央文献编辑委员会．邓小平文选（第三卷）［M］.北京：人民出版社，1993：164.

⑤ 中央文献编辑委员会．江泽民文选（第二卷）［M］.北京：人民出版社，2006：1-2.

⑥ 中央文献编辑委员会．江泽民文选（第二卷）［M］.北京：人民出版社，2006：29.

党的十六大以后，党强调政治体制改革是我国全面改革的重要组成部分，必须随着经济社会发展而不断深化，与人民政治参与积极性不断提高相适应。① 必须继续积极稳妥推进政治体制改革，发展更加广泛、更加充分、更加健全的人民民主。必须坚持党的领导、人民当家作主、依法治国有机统一，以保证人民当家作主为根本，以增强党和国家活力、调动人民积极性为目标，扩大社会主义民主，加快建设社会主义法治国家，发展社会主义政治文明。②

党的十八大以来，以习近平同志为核心的党中央重申政治体制改革是全面深化改革的重要组成部分；同时，政治体制改革是全面的改革，是一项复杂而庞大的系统工程，涉及法治建设改革、政治制度改革、行政体制改革等多个方面，同经济社会、文明建设和社会发展之间紧密关联，直接关系党和国家事业发展全局。因此，政治体制改革必须分步骤、有领导、有秩序地进行。随着政治体制改革尤其是司法体制改革的不断深化，政法改革已经成为亟待完成的重大任务与时代课题，摆在了我们的面前。政法改革是政法工作体制机制改革的集中概括，是深化司法体制改革的迫切需要，是推进政治体制改革的重要方面。③ 为此，要全面深化政法改革，巩固深化政法队伍教育整顿成果，切实履行好维护国家安全、社会安定、人民安宁的重大责任，让人民群众切实感受到公平正义就在身边④；要深化执法司法人员管理体制改革，加强对法治专门队伍管理教育和培养；要深化政法队伍教育整顿，继续依法打击执法、司法领域腐败行为，推动扫黑除恶常态化。⑤

第五节 依法治国与以德治国的辩证关系

法律是成文的道德，道德是内心的法律，法律与道德是人类社会两种重要的社会规范：法律是调整人与人之间社会关系的行为规范，道德是调整人

① 中央文献编辑委员会．江泽民文选（第二卷）[M].北京：人民出版社，2006：634.
② 中央文献编辑委员会．江泽民文选（第三卷）[M].北京：人民出版社，2006：632-633.
③ 卓泽渊．全面深化政法改革刻不容缓 [J].中国法律评论，2018（6）：1.
④ 习近平．习近平著作选读（第一卷）[M].北京：人民出版社，2023：571.
⑤ 习近平．习近平谈治国理政（第四卷）[M].北京：外文出版社，2022：303.

与人以及人与社会之间关系的社会规范。同时，法治与德治也是国家治理的两种重要方式：法治主要依靠他律，以国家强制力实现对公民行为的刚性约束，进而保证社会安定有序，维护国家长治久安；德治主要依靠自律，通过发挥道德教化作用引导和规范公民行为，形成良好的社会风气。法律与道德作为两种不同的社会规范，致使法治与德治在国家治理和社会治理中扮演不同角色，发挥不同作用，二者同等重要，不可分离、不可偏废。

依法治国是党领导人民治理国家的基本方略。党的十五大将依法治国确立为党领导人民治理国家的基本方略之后，党高度重视社会主义法治建设，将建设中国特色社会主义法治体系，建设中国特色社会主义法治国家确立为新时代全面推进依法治国的总目标，强调全面依法治国是国家治理的一场深刻革命，是中国特色社会主义的本质要求和重要保障。以德治国是党领导人民治理国家的重要方略。以德治国是党的十三届四中全会以后，以江泽民同志为核心的党中央在把中国特色社会主义成功推向21世纪，确立社会主义市场经济改革目标的重要时期提出的重要治国方略，强调建立社会主义道德体系，加快社会主义精神文明建设。以德治国是维护社会秩序的柔性手段，在传递社会核心价值观念、提高民族道德素质、推动社会精神文明建设等方面具有基石作用。推进全面依法治国必须处理好法治与德治的关系，坚持依法治国与以德治国紧密结合，一手抓法治，一手抓德治，两手都要抓，两手都要硬，形成依法治国与以德治国相辅相成、相得益彰的良好局面。

依法治国与以德治国，作为中国特色社会主义法治理论的一项重大辩证关系，是法治在中国特色社会主义中的地位和作用的具体体现，同时集中反映了党处理法治问题的基本立场和基本态度。从历史维度来看，依法治国与以德治国的辩证关系可以追溯到邓小平民主法制思想提出的“一靠教育，二靠法制”，其中，教育是主要手段，法制为辅助手段；实行依法治国基本方略的思想进一步发展了教育和法制的关系，指出“靠教育，更靠法制”，更加凸显法制的作用，并且正式提出依法治国与以德治国相结合是中国特色社会主义的安邦治国之道；实行依法执政基本方式的思想将坚持依法治国和以德治国相结合作为建立与社会主义市场经济相适应、与社会主义法律规范相协调、与中华民族传统美德相承接的社会主义思想道德体系的重要内容；习近平法治思想则认为依法治国与以德治国相结合是中国特色社会主义最鲜明的历史经验，强调坚持依法治国与以德治国相结合，既要“以道德滋养法治精神，强化道德对法治的支撑作用”①，把道德要求贯彻到法治建设中，推动社会主义核心价值观“入法入规”；又要“以法治体现道德理念，强化法律对道德建设的促进作用”②，运用法治手段解决道德领域的突出问题，并发挥领导干部在依法治国与以德治国中的关键作用，使其做社会主义法治和社会主义道德的模范践行者。此外，习近平法治思想还强调，中国特色社会主义法治体系是中国特色社会主义制度的重要组成部分，坚持建设中国特色社会主义法治体系是推进全面依法治国的总抓手。加快建设中国特色社会主义法治体系，必须正确处理依法治国与以德治国的关系，坚持依法治国与以德治国相结合，实现法治和德治相辅相成、相得益彰。③

一、依法治国与以德治国辩证关系的理论原理

（一）法律与道德都属于上层建筑范畴，由经济基础决定并反作用于经济基础

法治属于政治建设，属于政治文明；德治属于思想建设，属于精神文明，二者虽在调整范围、调整方式和实施保障上存在区别，但本质上都是党治国理政不可或缺的重要手段，都是为经济基础服务的上层建筑，由经济基础决定并反作用于经济基础。其中，法治通过法律规范以其权威性和强制性规范人的社会行为；德治通过道德规范以其教化作用引导人的社会行为，二者共同以经济建设为出发点和落脚点，并受经济建设状况制约以及能动地反作用于经济基础。

党的十一届三中全会以后，党认真总结过去的经验教训，坚持将马克思主义法治理论的基本原理同改革开放的具体实际相结合，接受马克思主义法治理论基本原理的指导，提出“物质是基础”④，是第一性的，物质基础对法

① 习近平．论坚持全面依法治国［M］.北京：中央文献出版社，2020：110.
② 习近平．论坚持全面依法治国［M］.北京：中央文献出版社，2020：166.
③ 习近平．习近平谈治国理政（第四卷）［M］.北京：外文出版社，2022：292.
④ 中央文献编辑委员会．邓小平文选（第三卷）［M］.北京：人民出版社，1993：89.

律、道德等上层建筑具有决定性作用。社会生产力的发展关系人民的物质和文化生活条件能否得到改善，也关系国家能否摆脱贫穷落后的状态①，是为了最大限度地满足人民的物质、文化需要。② 因此，“社会主义时期的主要任务就是发展生产力，使社会物质财富不断增长，人民生活一天天好起来”③，同时要推进物质文明建设和精神文明建设。④

党的十三届四中全会以后，党强调从理论上和实践上牢固地树立建设社会主义必须以经济建设为中心的观念，社会主义初级阶段的根本任务就是发展生产力，为实现共产主义创造物质基础。⑤ 同时，党提出要注重发挥道德、法律等上层建筑对经济基础的反作用，即“高度重视精神对物质、社会意识对社会存在、生产关系对生产力、上层建筑对经济基础、政治对经济的巨大反作用”⑥，强调在推进物质文明建设和精神文明建设的进程中，既要让发达的生产力给精神文明建设提供更加充实的物质基础，又要保持“精神文明的相对独立性”⑦。

党的十六大以后，党提出科学发展观的战略思想，全面协调可持续发展是其基本要求。为贯彻落实全面协调可持续发展的基本要求，“必须按照中国特色社会主义事业总体布局，全面推进经济建设、政治建设、文化建设、社会建设，促进现代化建设各个环节、各个方面相协调，促进生产力关系和生产力、上层建筑和经济基础相协调”⑧。就作为上层建筑的政治体制改革而言，必须把推动经济基础变革同推动上层建筑改革结合起来，不断推进政治体制改革。⑨

党的十八大以来，以习近平同志为核心的党中央围绕经济基础决定上层建筑的理论原理，指明经济体制改革对其他方面改革具有重要影响和传导作

① 中央文献编辑委员会．邓小平文选（第三卷）［M］.北京：人民出版社，1993：134.
② 中央文献编辑委员会．邓小平文选（第二卷）［M］.北京：人民出版社，1993：167.
③ 中央文献编辑委员会．邓小平文选（第三卷）［M］.北京：人民出版社，1993：171.
④ 中央文献编辑委员会．邓小平文选（第三卷）［M］.北京：人民出版社，1993：156.
⑤ 中央文献编辑委员会．江泽民文选（第一卷）［M］.北京：人民出版社，2006：351.
⑥ 中央文献编辑委员会．江泽民文选（第二卷）［M］.北京：人民出版社，2006：162.
⑦ 中央文献编辑委员会．江泽民文选（第一卷）［M］.北京：人民出版社，2006：575.
⑧ 中央文献编辑委员会．胡锦涛文选（第三卷）［M］.北京：人民出版社，2016：6.
⑨ 中央文献编辑委员会．胡锦涛文选（第三卷）［M］.北京：人民出版社，2016：162.

用，重大经济体制改革的进度决定着其他方面体制改革的进度，具有牵一发而动全身的作用。因而，在全面深化改革中，要坚持以经济体制改革为主轴，努力在重要领域和关键环节改革上取得新突破，以此牵引和带动其他领域改革，使各方面改革协同推进、形成合力，而不是各自为政、分散用力。① 进一步地，全面深化改革，必须立足我国长期处于社会主义初级阶段这个最大实际，坚持以经济建设为中心，发挥经济体制改革的牵引作用，着重推动法律、道德等上层建筑同经济基础相适应，以此实现经济社会持续健康发展。

（二）法律与道德作为上层建筑体系的重要组成部分，其相互间也会发生强烈的交互作用

恩格斯指出，“经济运动会替自己开辟道路，但是它也必定要经受它自己所造成的并具有相对独立性的政治运动的反作用，即国家权力的以及和它同时产生的反对派的运动的反作用”②。因此，经济基础决定包括法律、道德在内的上层建筑体系，这一上层建筑体系一经产生便具有某种相对独立性，这种独立性可以对经济基础施加这样或那样的影响，使上层建筑体系发生强烈的交互作用，甚至在表面上掩盖了经济基础的决定性作用。但是从本质上讲，法律、道德在内的上层建筑体系还是受经济基础的制约。

党的十一届三中全会以后，党认为在社会主义制度的作用下，我国人民“有共同的政治经济社会理想，共同的道德标准”③，道德和国家法律、法令都是中国共产党党员应当遵守的基本准则④。因此，在推进社会主义精神建设进程中，一靠教育发挥社会主义道德风尚的引领作用，纠正改革进程中的不良风气；二靠法制依法加强对社会生活各个方面的管理，制裁和打击危害社会的不法行为，坚持教育与法制相结合。

党的十三届四中全会以后，党指出法律和道德作为上层建筑的组成部分，二者相互联系、相互补充，因而在推进精神文明建设进程中，“既要靠教育，

① 中共中央文献研究室．十八大以来重要文献选编（上）[M].北京：中央文献出版社，2014：550.

② 中共中央马克思恩格斯列宁斯大林著作编译局．马克思恩格斯选集（第四卷）[M].北京：人民出版社，1972：482.

③ 中央文献编辑委员会．邓小平文选（第二卷）[M].北京：人民出版社，1993：167.

④ 中央文献编辑委员会．邓小平文选（第一卷）[M].北京：人民出版社，1993：254.

更要靠法制”[①]，提出道德规范和法律规范应该相互结合，统一发挥作用[②]，做到把基本道德观念的要求融于有关法律法规和各项具体政策中、融于社会的各项管理中。[③] 在深入持久地开展社会主义道德教育的同时，加强民主法制教育和纪律教育[④]，实现社会主义精神文明建设要求社会主义法制建设与思想道德文化建设两手都要抓、两手都要硬。

党的十六大以后，党认为法律和道德都是维护社会秩序、规范人们思想和行为的重要手段，它们相互联系、相互补充。法治以其权威性和强制手段规范社会成员的行为，德治以其说服力和劝导力提高社会成员的思想认识与道德觉悟。在社会主义市场经济条件下，依法治国与以德治国相结合，就是为建立与社会主义市场经济相适应、与社会主义法律规范相协调、与中华民族传统美德相承接的社会主义思想道德体系。[⑤] 在处理在改革开放和发展社会主义市场经济中出现的消极腐败现象时，要采取行政、思想教育、法律等手段进行综合治理。[⑥]

党的十八大以来，以习近平同志为核心的党中央指出在不同的经济和社会环境中，人们产生不同的思想和文化，思想文化建设虽然决定于经济基础，但又对经济基础产生反作用。先进的思想文化一旦被群众掌握，就会转化为强大的物质力量；反之，落后、错误的观念如果不破除，就会成为社会发展进步的桎梏。[⑦] 因而，推进社会主义精神文明建设，既要坚持法制教育与法治实践相结合，广泛开展依法治理活动，提高社会管理法治化水平；又要坚持依法治国和以德治国相结合，做到法治和德治相辅相成、相互促进。[⑧]

① 中央文献编辑委员会．江泽民文选（第一卷）[M].北京：人民出版社，2006：249.
② 中央文献编辑委员会．江泽民文选（第三卷）[M].北京：人民出版社，2006：91.
③ 中央文献编辑委员会．江泽民文选（第三卷）[M].北京：人民出版社，2006：92.
④ 中央文献编辑委员会．江泽民文选（第二卷）[M].北京：人民出版社，2006：31.
⑤ 中央文献编辑委员会．胡锦涛文选（第二卷）[M].北京：人民出版社，2016：145.
⑥ 中央文献编辑委员会．胡锦涛文选（第一卷）[M].北京：人民出版社，2016：160.
⑦ 中共中央文献研究室．十九大以来重要文献选编（上）[M].北京：中央文献出版社，2019：430.
⑧ 习近平．习近平谈治国理政（第一卷）[M].北京：外文出版社，2018：145-146.

二、依法治国与以德治国辩证关系的方法论实践

（一）“结合论”

党的十一届三中全会以后，党提出要“下定决心克服一切困难抓法制建设和精神文明建设”[①]，而为了解决经济改革过程中出现的贪污腐败、权力滥用问题，党提出要综合运用两种手段来解决：一个是教育，另一个是法律。[②]“纠正不正之风属于法律范围、社会范围的问题，应当靠加强法制和社会教育来解决”[③]，将两种手段结合，开展覆盖全民的法制教育，就是最佳的解决手段，以此培育全民法制观念，提升全民文化素质。

党的十三届四中全会以后，党提出推进党风廉政建设，“要靠教育，更要靠法制”[④]，离开教育谈法制和离开法制谈教育都不能达到廉政建设的目标。所谓“靠教育”，就是要“加强党的优良传统和组织部门的职业道德教育”，做好对新进党员的教育和培训工作，使所有党员干部了解和熟知党的优良传统，懂得党的规矩，不断加强党性锻炼，努力形成良好风气；所谓“靠法制”，就是要坚持按照严格的规定程序办事，同时适应新的具体情况，健全和完善党员干部的管理制度，形成对党员干部的有效约束和管理机制，促进干部管理工作科学化、法制化发展。

党的十六大以后，党提出在牢牢把握经济建设这个中心的同时，强调加强社会主义民主法制和精神文明建设，促进社会全面进步[⑤]，而社会主义民主法制和精神文明建设的重要路径就是要实行依法治国和以德治国相结合。其中，法制教育仍旧是依法治国与以德治国相结合的重要内容，法制教育既有面向青少年群体的，强调将思想政治教育、品德教育、纪律教育、法制教育相融合，[⑥] 旨在培养少年儿童创新精神和实践能力，也有面向全体社会成员

① 中央文献编辑委员会．邓小平文选（第三卷）［M］.北京：人民出版社，1993：152.
② 中央文献编辑委员会．邓小平文选（第三卷）［M］.北京：人民出版社，1993：48.
③ 中央文献编辑委员会．邓小平文选（第三卷）［M］.北京：人民出版社，1993：163.
④ 中央文献编辑委员会．江泽民文选（第一卷）［M］.北京：人民出版社，2006：249.
⑤ 中央文献编辑委员会．胡锦涛文选（第一卷）［M］.北京：人民出版社，2016：79.
⑥ 中央文献编辑委员会．胡锦涛文选（第一卷）［M］.北京：人民出版社，2016：437.

的，以“维护社会治安综合治理，实行群防群治”[①]。

党的十八大以来，以习近平同志为核心的党中央提出坚持依法治国和以德治国相结合，这既是历史经验的总结，也是对治国理政规律的深刻把握。[②]治理国家、治理社会需要法律和道德共同发挥作用，其中，法律是成文的道德，道德是内心的法律，法律和道德都具有规范社会行为、维护社会秩序的作用。必须坚持一手抓法治、一手抓德治，大力弘扬社会主义核心价值观，弘扬中华传统美德，培育社会公德、职业道德、家庭美德、个人品德，既重视发挥法律的规范作用，又重视发挥道德的教化作用，以法治体现道德理念、强化法律对道德建设的促进作用，以道德滋养法治精神、强化道德对法治文化的支撑作用，实现法律和道德相辅相成、法治和德治相得益彰。[③]

（二）“转化论”

党的十一届三中全会以后，党提出在建设具有中国特色的社会主义社会时，一定要坚持发展物质文明和精神文明，坚持“五讲四美三热爱”，教育全国人民做到有理想、有道德、有文化、有纪律。[④] 此时，党所倡导的“讲道德”有着明确的指向，即共产主义的道德，明确提出了“没有共产主义道德，怎么能建设社会主义”的重要论断[⑤]，要求国家经济改革和对外政策都要深刻践行共产主义思想和共产主义道德，以共产主义的思想体系指导工作，约束党员干部的言行。此时，共产主义的思想道德已经成为我国法制建设的重要渊源，全心全意为人民服务、个体服从组织、大公无私等社会主义道德风尚已经融入社会主义法制规范，塑造着中国特色社会主义法律体系的精神和灵魂。

党的十三届四中全会以后，党提出加强社会主义法制建设必须从立法和普法教育两个方面入手，二者缺一不可，不可偏废，在搞好立法工作的同时，

---

① 中央文献编辑委员会．胡锦涛文选（第一卷）[M].北京：人民出版社，2016：543.

② 习近平．习近平谈治国理政（第二卷）[M].北京：外文出版社，2017：134.

③ 中共中央文献研究室．十八大以来重要文献选编（中）[M].北京：中央文献出版社，2016：159.

④ 中央文献编辑委员会．邓小平文选（第三卷）[M].北京：人民出版社，1993：110.

⑤ 中央文献编辑委员会．邓小平文选（第二卷）[M].北京：人民出版社，1993：367.

坚持不懈地做好法制宣传教育工作。① 为应对仍旧繁重的立法任务，党提出要抓紧重大事务的立法工作，其中就包含要抓紧制定和修改有关惩治犯罪和促进廉政建设的法律②，强调廉政建设要将教育和法制结合起来，要将公平、平等、竞争的道德观念转化、融贯在法律规范中。③

党的十六大以后，党对立法工作作出重点部署，进一步将依法治国与以德治国相融合，社会主义道德风尚转化为法律规范成为落实依法治国方略的一项重要内容。鉴于此，党提出要推进社会主义核心价值体系建设，弘扬基本道德规范，持续开展社会主义核心价值体系宣传教育工作，一方面，把社会主义核心价值体系融入国民教育和精神文明建设全过程，尤其是要“体现在政策法规制定和社会管理之中，使之转化为人民的自觉追求”④；另一方面，把社会主义核心价值体系融入政策法规的制定程序，并逐步渗透和转化为法律规范的价值取向。

党的十八大以来，以习近平同志为核心的党中央提出在“坚持依法治国和以德治国相结合”的过程中，要注重强化道德对法治的支撑作用，这一作用具体表现为：第一，要在道德体系中体现法治要求，发挥道德对法治的滋养作用，努力使道德体系同社会主义法律规范相衔接、相协调、相促进；第二，要在道德教育中突出法治内涵，注重培育人们的法律信仰、法治观念、规则意识，引导人们自觉履行法定义务、社会责任、家庭责任，营造全社会都讲法治、守法治的文化环境；第三，要把道德要求贯彻到法治建设中，坚持依法治国和以德治国相结合，完善弘扬社会主义核心价值观的法律政策体系，把社会主义核心价值观要求融入法治建设和社会治理，体现在国民教育、精神文明创建、文化产品创作生产全过程中⑤，完善诚信建设长效机制，加大

---

① 中央文献编辑委员会．江泽民文选（第一卷）[M].北京：人民出版社，2006：513.

② 中央文献编辑委员会．江泽民文选（第一卷）[M].北京：人民出版社，2006：114.

③ 中央文献编辑委员会．江泽民文选（第二卷）[M].北京：人民出版社，2006：263.

④ 中央文献编辑委员会．胡锦涛文选（第三卷）[M].北京：人民出版社，2016：62.

⑤ 中共中央文献研究室．十九大以来重要文献选编（中）[M].北京：中央文献出版社，2021：284.

对公德失范、诚信缺失等行为惩处力度，努力形成良好的社会风尚和社会秩序[①]；第四，要把实践中广泛认同、较为成熟、操作性强的道德要求及时上升为法律规范，引导全社会崇德向善。要坚持严格执法，弘扬真善美、打击假恶丑。要坚持公正司法，发挥司法断案惩恶扬善功能。[②]

第六节　依法治国与依规治党的辩证关系

改革开放以来，党领导人民在推进中国特色社会主义法治的历史进程中，在充分发扬人民民主和党内民主的同时，既治国又治党；始终坚持治国和治党的有机统一。依法治国和依规治党，是中国法政治学方法论实践中法治与政治辩证关系的集中体现。其中，依法治国是党领导人民治理国家的基本方略，依规治党是中国共产党管党治党的基本方式。从“四个全面”战略布局来看，经过全党全国各族人民持续奋斗，在实现第一个百年奋斗目标即全面建成小康社会的基础上，以习近平同志为核心的党中央带领人民开启迈向第二个百年奋斗目标即全面建设社会主义现代化国家的新征程，而全面依法治国、全面从严治党、全面深化改革作为三大战略举措共同服务于全面建设社会主义现代化国家的战略目标。

一方面，治国必先治党，依法治国必先依规治党。党的无产阶级政党性质，党在国家和社会生活中所处的执政党的地位，党所肩负的实现中华民族伟大复兴的历史使命，决定了依规治党对依法治国具有政治引领和政治保障的重大作用。必须坚持把党的领导贯彻落实到依法治国全过程和各方面，坚持依规治党，要求党依靠党内法规加强自身建设的同时，坚持运用法规制度、法治思维管党治党，坚定不移走中国特色社会主义道路的正确方向，确保党既依据宪法法律治国理政，又依据党内法规管党治党、全面从严治党。只有

① 中共中央文献研究室．十九大以来重要文献选编（中）［M］.北京：中央文献出版社，2021：420.

② 习近平．习近平谈治国理政（第二卷）［M］.北京：外文出版社，2017：134.

“依规治党深入党心，依法治国才能深入民心”①，因此，“要发挥依规治党对党和国家事业发展的政治保障作用，形成国家法律和党内法规相辅相成的格局。要抓住立法质量这个关键，深入推进科学立法、民主立法、依法立法，统筹立改废释纂程序，提高立法效率，增强立法系统性、整体性、协同性”②。另一方面，依法治国对依规治党具有基础和依托作用。宪法和法律是治国理政的根本法律依据，党依据宪法法律治国理政，党自觉在宪法法律范围内活动，善于通过国家机关、经过法定程序使党的主张成为国家意志、形成法律，通过法律保障党的路线政策有效实施。党的十八届四中全会指出建设中国特色社会主义法治体系，除要“形成完备的法律规范体系、高效的法治实施体系、严密的法治监督体系、有力的法治保障体系”之外，还包括“形成完善的党内法规体系”。因而，在依法治国的背景和前提下，党的十八届五中全会首次正式提出“全面从严治党、依规治党”③，二者共同支撑中国特色社会主义法治建设，统一于中国特色社会主义伟大实践。总之，国家的大政方针和党的路线政策、国家法律法规和党内法规制度、依法治国和依规治党有机统一、相辅相成和相互促进，形成党领导人民依法治理国家和党依法治国理政的独有优势和显著特色。

一、依法治国与依规治党辩证关系的理论原理

（一）依法治国保障人民民主，依规治党发扬党内民主

法治具有明显的目的性，社会主义法治建设的根本目的在于保障人民权益。基于法治的这一特性，推进全面依法治国，建设社会主义法治国家，就是保障人民依法享有广泛的权利和自由，要把体现人民利益、反映人民愿望、维护人民权益、增进人民福祉落实到全面依法治国各领域、全过程，以依法治国保障全过程人民民主，保证人民依法实行民主选举、民主协商、民主决策、民主管理、民主监督；在管党治党的重大问题上，习近平总书记强调要

① 习近平．论坚持全面依法治国［M］.北京：中央文献出版社，2020：223.

② 习近平．习近平谈治国理政（第四卷）［M］.北京：外文出版社，2022：302.

③ 中共中央文献研究室．十八大以来重要文献选编（中）［M］.北京：中央文献出版社，2016：338.

用法治思维和法治方法健全党的民主集中制的制度体系，坚持贯彻民主集中制原则制定党内法规，把充分发扬党内民主和维护党的集中统一有机结合起来，充分保障党员的知情权、参与权、选择权和监督权。

党的十一届三中全会以后，经过党的长期努力，“充分恢复和发扬了党内民主和党的实事求是、群众路线、批评和自我批评的优良作风，增强了团结意识”，主张建立一个“又有集中又有民主，又有纪律又有自由，又有统一意志又有个人心情舒畅、生动活泼”的政治局面。[①] 为此，党坚决纠正了过去的错误，并且采取各种措施继续努力扩大党内民主和人民民主，强调“没有民主就没有社会主义，就没有社会主义的现代化。当然，民主化和现代化一样，也要一步一步地前进。社会主义愈发展，民主也愈发展，这是确定无疑的”[②]。

党的十三届四中全会以后，党强调把民主集中制作为党的组织制度和领导制度，用于制定正确规范党内政治生活、处理党内关系的基本准则和具体制度，要求进一步“坚持和健全民主集中制，特别要注重制度建设，以完备的制度保障党内民主”[③]。发展党内民主，充分发挥广大党员和各级党组织的积极性、主动性、创造性，是党的事业兴旺发达的重要保证。要切实保障党员的民主权利，拓宽党内民主渠道，加强党员对党内事务的了解和参与。[④] 同时，要进一步发扬民主，保障党员的民主权利，疏通和拓宽党内民主渠道，充分发挥全党的积极性和创造性。[⑤]

党的十六大以后，党提出“党内民主是党的生命”。充分发扬党内民主，坚持正确集中，是凝聚全党智慧、进行正确决策的必然要求，是维护党的团结统一、提高党的创造力和战斗力的必然要求，是调动各方面积极性、齐心协力完成党的历史任务的必然要求，也是推动人民民主、建设社会主义政治文明的必然要求。党内民主发扬得充分不充分，同领导干部尤其是“一把手”

---

① 中共中央文献研究室．三中全会以来重要文献选编（上）［M］.北京：中央文献出版社，2011：2.

② 中央文献编辑委员会．邓小平文选（第二卷）［M］.北京：人民出版社，1993：168.

③ 中共中央文献研究室．十四大以来重要文献选编（中）［M］.北京：中央文献出版社，2011：5.

④ 中央文献编辑委员会．江泽民文选（第三卷）［M］.北京：人民出版社，2006：287.

⑤ 中央文献编辑委员会．江泽民文选（第二卷）［M］.北京：人民出版社，2006：44.

作风关系极大[①]，要坚持以扩大党内民主带动人民民主，最广泛地动员和组织人民依法管理国家事务和社会事务、管理经济和文化事业，更好保障人民民主权利、维护社会公平正义。[②]

党的十八大以来，习近平总书记重申“党内民主是党的生命”，强调坚持民主集中制，健全党内民主制度体系，以党内民主带动人民民主。[③] 作为发展社会主义民主政治的两大领域，党内民主是非国家形态的民主，人民民主则是国家和社会生活层面的国家形态的民主。[④] 党内民主要求通过发挥党员的积极性、主动性和自觉性的实际作用，以党内民主示范带动人民民主的发展，为了发展党内民主，形成完善的党内民主制度体系以此推动人民民主的制度化、规范化、法治化，要求完善党的民主集中制建设方面的党内法规，基本形成涵盖党的建设和党的工作主要领域、适应管党治党需要的党内法规制度体系框架。[⑤] 在形成完善的党内法规体系的基础上，进一步完善党的自身建设，不断提高党的执政能力，为推动构建中国特色社会主义法治体系提供有效规范依据和制度保障。

（二）依规治党是全面从严治党的必然选择，也是全面依法治国的题中应有之义，二者共同致力于实现国家治理体系和治理能力现代化

习近平总书记关于“治国必先治党”的重要论断，深刻阐明了治党是治国的基础前提。因而，“全面从严治党、依规治党”表明依规治党是全面从严治党的必然选择，明确了全面从严治党必须走依规治党的路子。依法治国与依规治党共同致力于实现国家治理体系和治理能力现代化，统一于中国特色社会主义伟大实践。

党的十一届三中全会以后，党决定将全党工作的着重点转移到社会主义现代化建设上来。在新的历史时期，提出全党必须走坚定不移、贯彻始终的

---

① 中央文献编辑委员会．胡锦涛文选（第二卷）［M］.北京：人民出版社，2016：555.

② 中央文献编辑委员会．胡锦涛文选（第三卷）［M］.北京：人民出版社，2016：73.

③ 中共中央文献研究室．十八大以来重要文献选编（上）［M］.北京：中央文献出版社，2014：40.

④ 樊欣．列宁论党内民主内涵、特点与功能［J］.科学社会主义，2014（5）：141.

⑤ 中共中央文献研究室．十八大以来重要文献选编（上）［M］.北京：中央文献出版社，2014：478.

政治路线，运用政治智慧研究新情况、解决新问题，“认真维护党规党法，切实搞好党风，加强和改善党的领导，在全党和全国范围内造成一个既有民主又有集中，既有自由又有纪律，既有个人心情舒畅、生动活泼又有统一意志、安定团结的政治局面”①。为此，党还成立了纪律检查委员会，这是保障党的政治路线贯彻执行的一个重要措施，其根本任务就是维护党规党法，切实搞好党风。②

党的十三届四中全会以后，在肯定将全党和国家工作重心转移到经济建设上来“是政治路线的拨乱反正”的同时③，党强调要贯彻“依法治国”首先要搞好党的建设，做到依法治党，不断提高党员领导干部的法制观念和依法办事的能力，使党内有正确健康的政治生活，这是“关系党和国家命运的根本问题”④。因此，党提出严重违反党的政治纪律的行为，必须引起各级党委和全党同志密切注意和警觉，“要加紧工作，以事实为依据，以法纪为准绳，查处几件这方面的典型案例，以维护党的政治纪律的严肃性”⑤。

党的十六大以后，党强调坚持依法执政，是为加强党的执政能力建设、提高党的领导水平和执政水平、改革和完善党的领导方式和执政方式而提出的一个具有重大政治意义的要求。⑥ 坚持依法执政，就要始终坚持依法治国的基本方略，坚持依法执政的基本方式，完善社会主义法制，建设社会主义法治国家，增强法制观念，严格依法办事，不断推进各项治国理政活动制度化、法律化。⑦ 同时，依法执政最根本的是依宪执政。要牢固树立法制观念，各级党组织都要在宪法法律范围内活动，全体党员都要模范遵守宪法法律，带头维护宪法法律权威。要督促和支持国家机关依法行使职权，做到依法执政，

---

① 中共中央文献研究室．三中全会以来重要文献选编（上）［M］.北京：中央文献出版社，2011：359.

② 中共中央文献研究室．三中全会以来重要文献选编（上）［M］.北京：中央文献出版社，2011：12.

③ 中央文献编辑委员会．江泽民文选（第二卷）［M］.北京：人民出版社，2006：213.

④ 中共中央文献研究室．十二大以来重要文献选编（上）［M］.北京：中央文献出版社，2011：41.

⑤ 中央文献编辑委员会．江泽民文选（第二卷）［M］.北京：人民出版社，2006：506.

⑥ 中央文献编辑委员会．胡锦涛文选（第二卷）［M］.北京：人民出版社，2016：17.

⑦ 中央文献编辑委员会．胡锦涛文选（第二卷）［M］.北京：人民出版社，2016：244.

依法推动各项工作的开展，切实维护公民合法权益。①

党的十八大以来，以习近平同志为核心的党中央在全面从严治党的实践中深刻认识到党内存在的很多问题同政治问题相关联，是因为党的政治建设没有抓紧、没有抓实。正因如此，习近平总书记反复强调，“全面从严治党首先要从政治上看”“政治问题要从政治上来解决”。党的政治建设决定党的建设方向和效果，不抓党的政治建设或背离党的政治建设指引的方向，党的其他建设就难以取得预期成效。② 为此，在党的政治建设上要提高政治能力，很重要的一条就是要善于从政治上分析问题、解决问题。只有从政治上分析问题才能看清本质，只有从政治上解决问题才能抓住根本。③ 办好中国的事情，关键在党，关键在坚持党要管党、全面从严治党④，要“以党章为根本遵循，把党的政治建设摆在首位，思想建党和制度治党同向发力”⑤；同时，要发挥依法治国和依规治党的互补性作用，确保党既依据宪法法律治国理政，又依据党内法规管党治党、全面从严治党。⑥ 在党内法规方面，党章等党规对党员的要求比法律要求更高，党员不仅要严格遵守法律法规，而且要严格遵守党章等党规，对自己提出更高要求。⑦

二、依法治国与依规治党辩证关系的方法论实践

（一）“结合论”

党的十一届三中全会以后，党强调“在宣传民主的时候，一定要把社会主义民主同资产阶级民主、个人主义民主严格地区别开来，一定要把对人民的民主和对敌人的专政结合起来，把民主和集中、民主和法制、民主和纪律、

---

① 中央文献编辑委员会．胡锦涛文选（第二卷）[M].北京：人民出版社，2016：463.

② 中共中央文献研究室．十九大以来重要文献选编（上）[M].北京：中央文献出版社，2019：536.

③ 习近平．习近平谈治国理政（第三卷）[M].北京：外文出版社，2020：97.

④ 习近平．习近平谈治国理政（第三卷）[M].北京：外文出版社，2020：188.

⑤ 习近平．习近平谈治国理政（第三卷）[M].北京：外文出版社，2020：20.

⑥ 习近平．习近平谈治国理政（第三卷）[M].北京：外文出版社，2020：286.

⑦ 习近平．习近平谈治国理政（第一卷）[M].北京：外文出版社，2018：119.

民主和党的领导结合起来”[①]，明确在党领导全国人民推进改革开放的过程中，要充分认识到社会主义民主和社会主义法制是不可分割的，社会主义民主和党的领导也是不可分割的，“不要社会主义法制的民主，不要党的领导的民主，不要纪律和秩序的民主，绝不是社会主义民主”[②]。因此，我国人民的团结，社会的安定、民主的发展、国家的统一，都要靠党的领导。坚持四项基本原则的核心，就是坚持党的领导。问题是党要善于领导；要不断地改善领导，才能加强领导。[③]

党的十三届四中全会以后，党团结带领全党全国各族人民，坚持党的基本理论、基本路线，强调“发展社会主义民主政治，坚持党的领导、人民当家作主和依法办事，三者缺一不可，关系要说清楚”[④]。一方面，民主总是同法制结合在一起的，什么样的民主就由什么样的法制来体现和保障。社会主义民主是同社会主义法制相结合的[⑤]；发展民主必须同健全法制紧密结合，实行依法治国。[⑥] 另一方面，发展社会主义民主政治要将“实行民主基础上的集中和集中指导下的民主相结合”[⑦]，这样才能发挥广大党员的积极性、创造性，保证党的决策有效实施，以党内民主促进党的制度建设，“从思想上、组织上、作风上全面加强党的建设”[⑧]。

党的十六大以后，党强调“必须坚持依法治国和依法执政，大力加强社会主义法制建设，使党和国家的各项工作、社会生活的方方面面都走上制度化、法律化的轨道”[⑨]。其中，依法执政，就是党要紧紧抓住制度建设这个更具根本性、全局性、稳定性、长期性的重要环节，坚持依法治国，领导立法，带头守法，保证执法，不断推进国家经济、政治、文化、社会生活的法制化、

---

① 中央文献编辑委员会．邓小平文选（第二卷）[M].北京：人民出版社，1993：176.

② 中央文献编辑委员会．邓小平文选（第二卷）[M].北京：人民出版社，1993：259.

③ 中央文献编辑委员会．邓小平文选（第二卷）[M].北京：人民出版社，1993：342.

④ 中央文献编辑委员会．江泽民文选（第三卷）[M].北京：人民出版社，2006：440.

⑤ 中央文献编辑委员会．江泽民文选（第二卷）[M].北京：人民出版社，2006：258.

⑥ 中央文献编辑委员会．江泽民文选（第二卷）[M].北京：人民出版社，2006：28.

⑦ 中央文献编辑委员会．江泽民文选（第一卷）[M].北京：人民出版社，2006：250.

⑧ 中央文献编辑委员会．江泽民文选（第二卷）[M].北京：人民出版社，2006：43.

⑨ 中共中央文献研究室．十六大以来重要文献选编（上）[M].北京：中央文献出版社，2011：146.

规范化，从制度和法律上保证党的路线方针政策贯彻实施，使这种制度和法律不因领导人的改变而改变，不因领导人的看法和注意力的改变而改变。① 特别强调的是，依法执政中的“法”，是更具广泛含义的“法”，既包括国家法律，又包含党内法规。

党的十八大以来，以习近平同志为核心的党中央坚持制度治党、依规治党，努力构建系统完备、科学规范、运行有效的制度体系，把全面从严治党提升到一个新的水平。② 同时，党高度重视党内法规制度体系建设，深入研究在全面依法治国条件下，管党治党靠什么，依法治国和依规治党、党纪和国法的关系，强调全面依法治国必须处理好依法治国与依规治党之间的辩证关系，“发挥依法治国和依规治党的互补性作用，确保党既依据宪法法律治国理政，又依据党内法规管党治党、全面从严治党”③。鉴于此，必须坚持依规治党和依法治国相统一，坚持依法治国与制度治党、依规治党统筹推进、一体建设。其中，依法治国要求“公民不能都踩到法律底线上”；依规治党明确“党员也绝不能全站在纪律的边缘”。④ 其中，全面从严治党、依规治党，要求完善党内监督和国家监察法规制度，建立覆盖国家机关和公务人员的国家监察体系，使党内监督和国家监察相互配套，依法治国和依规治党相互促进、相得益彰。⑤ 无论是依法治国还是依规治党，“必然要求党员特别是领导干部切实履行党员义务，自觉遵守党的纪律，模范遵守国家法律法规”⑥。

（二）“带动论”

党的十一届三中全会以后，党深刻总结历史经验教训，强调“必须进一

---

① 中共中央文献研究室．十六大以来重要文献选编（中）［M］.北京：中央文献出版社，2011：383.

② 中共中央文献研究室．十九大以来重要文献选编（中）［M］.北京：中央文献出版社，2021：277.

③ 习近平．论坚持全面依法治国［M］.北京：中央文献出版社，2020：231.

④ 中共中央文献研究室．十八大以来重要文献选编（中）［M］.北京：中央文献出版社，2016：763.

⑤ 中共中央文献研究室．十八大以来重要文献选编（下）［M］.北京：中央文献出版社，2018：145-146.

⑥ 中共中央文献研究室．十八大以来重要文献选编（中）［M］.北京：中央文献出版社，2016：339.

步健全党的纪律和社会主义法制，切实保障全体党员和全体公民的民主权利，使党内民主和社会主义民主制度化、法律化”①，强调党纪和国法面前人人平等，绝不允许“有凌驾于党纪国法之上的特权”②，特别要求“共产党员一定要严格遵守党的纪律。无论是不是党员，都要遵守国家的法律，对于共产党员来说，党的纪律里就包括这一条”③；党员要起到模范带头作用，带动广大人民群众学法守法，发扬党密切联系群众的传统作风，“需要全国的干部，首先是高级干部起模范带头作用”④。

党的十三届四中全会以后，党强调依法治国是社会进步、社会文明的一个重要标志，是建设社会主义现代化国家的必然要求。⑤ 为此，各级党组织，包括人大党组，都要遵守党章关于“党必须在宪法和法律的范围内活动”的原则，遵守《宪法》关于“任何组织或者个人都不得有超越宪法和法律的特权”的规定。⑥ 与此同时，党遵循实践、认识、再实践、再认识的认识规律，对新的实践、新的事物和新的发展变化，始终坚持主观认识和客观规律的统一，依据党章全面从严治党带动依据法律治国理政，强调“党内民主是党的生命，对人民民主具有重要的示范和带动作用”⑦，改革党的体制机制，健全反映党员和党组织意愿的党内民主制度，有利于促成党的正确路线和决策的贯彻落实。

党的十六大以后，党提出“依法治国不仅从制度上、法律上保证人民当家作主，而且也从制度上、法律上保证党的执政地位”⑧，为了加强党内制度建设，实现党内民主，必须进一步加强党的执政能力建设，“提出和运用正确的理论、路线、方针、政策和策略，领导制定和实施宪法和法律，采取科学

---

① 中共中央文献研究室．三中全会以来重要文献选编（上）［M］.北京：中央文献出版社，2011：202.

② 中共中央文献研究室．三中全会以来重要文献选编（上）［M］.北京：中央文献出版社，2011：202.

③ 中央文献编辑委员会．邓小平文选（第三卷）［M］.北京：人民出版社，1993：112.

④ 中央文献编辑委员会．邓小平文选（第二卷）［M］.北京：人民出版社，1993：229.

⑤ 中央文献编辑委员会．江泽民文选（第一卷）［M］.北京：人民出版社，2006：513.

⑥ 中央文献编辑委员会．江泽民文选（第一卷）［M］.北京：人民出版社，2006：113.

⑦ 中央文献编辑委员会．邓小平文选（第三卷）［M］.北京：人民出版社，1993：570.

⑧ 中央文献编辑委员会．胡锦涛文选（第二卷）［M］.北京：人民出版社，2016：232.

的领导制度和领导方式，动员和组织人民依法管理国家和社会事务、经济和文化事业，有效治党治国治军，建设社会主义现代化国家”①；同时要求党领导国家权力机关制定宪法和法律，自觉在《宪法》和法律范围内活动，“实现党对国家的领导同依法治国的统一”②，以此带动并促进人民民主发展。

党的十八大以来，以习近平同志为核心的党中央强调执政兴国“必须坚持依法治国与制度治党、依规治党统筹推进、一体建设”③。为此，要“把纪律和规矩挺在前面”，这是针对在管党治党和党内法规中纪法不分、错把法律当底线而言的。④ 在处理依规治党和依法治国的问题上，“坚持实践探索先行，将管党治党创新成果固化为法规制度。坚持有理想但不理想化，兼顾必要性和可行性，把制定单部法规置于制度体系建设中综合考量，使党内法规与国家法律协调衔接，依规治党和依法治国相互促进、相得益彰”⑤；“坚持纪严于法、纪在法前，实现纪法分开”。在全面依法治国、依规治党条件下，原《中国共产党纪律处分条例》（以下简称《条例》）最突出的问题就是纪法不分，因而修订《条例》最重要的就是坚持问题导向，做到纪法分开，“凡是国家法律已有的内容，就不再重复规定”，“凡是党员被依法逮捕的，都应中止其表决权、选举权和被选举权等党员权利，凡是党员干部违法犯罪，除过失犯罪外，一律要受到党纪处分，从而实现党纪与国法的衔接”⑥。

（三）“政治保障论”

党的十一届三中全会以后，党提出“国要有国法，党要有党规党法。党章是最根本的党规党法。没有党规党法，国法就很难保障”⑦，在党内和人民

① 中共中央文献研究室．十六大以来重要文献选编（中）［M］.北京：中央文献出版社，2011：379.

② 中央文献编辑委员会．江泽民文选（第二卷）［M］.北京：人民出版社，2006：258.

③ 习近平．论坚持全面依法治国［M］.北京：中央文献出版社，2020：169.

④ 中共中央文献研究室．十八大以来重要文献选编（中）［M］.北京：中央文献出版社，2016：763.

⑤ 中共中央文献研究室．十九大以来重要文献选编（上）［M］.北京：中央文献出版社，2019：70.

⑥ 中共中央文献研究室．十八大以来重要文献选编（中）［M］.北京：中央文献出版社，2016：767.

⑦ 中央文献编辑委员会．邓小平文选（第二卷）［M］.北京：人民出版社，1993：147.

内部的政治生活中，各级纪律检查委员会和组织部门的任务不只是处理案件，更重要的是维护党规党法，切实把我们的党风搞好。对于违反党纪的，不管是什么人，都要执行纪律进行处理，做到功过分明，赏罚分明，伸张正气，打击邪气①；同时，要用《宪法》和《党章》坚决保障党员与公民的权利，健全社会主义法制，保障人民依法参与管理国家事务的权利和社会生产生活秩序。

党的十三届四中全会以后，党强调全党要重新学习邓小平同志关于“国要有国法，党要有党规党法。党章是最根本的党规党法。没有党规党法，国法就很难保障”等一系列关于端正党风、加强廉政建设、反对腐败的做法，②指出党内法规具有强烈的政治属性，要注重党内法规制度建设“适应形势发展的需要，不断充实、调整反腐倡廉方面的党内法规”③，为加强社会主义法治国家建设提供有力保障。

党的十六大以后，党为全面落实依法治国基本方略、加快建设社会主义法治国家，继续强调党内法规制度建设的重要性，提出“坚持改革创新的精神，按照依法治国、依法执政的要求，切实加强以《党章》为核心的党内法规制度建设，加强国家廉政立法，努力形成反腐倡廉的制度体系”④。因此，党强调在新的历史条件下提高党的建设科学化水平，“必须坚持用制度管权管事管人，健全民主集中制，不断推进党的建设制度化、规范化、程序化”⑤。

党的十八大以来，以习近平同志为核心的党中央提出“要发挥依规治党对党和国家事业发展的政治保障作用，形成国家法律和党内法规相辅相成的格局”⑥，由此表明依法治国和依规治党之间具有紧密的内在联系。其中，依规治党是依法治国的前提和政治保障，中国共产党通过党内法规在加强自身

---

① 中央文献编辑委员会．邓小平文选（第二卷）[M].北京：人民出版社，1993：147.

② 中央文献编辑委员会．江泽民文选（第一卷）[M].北京：人民出版社，2006：322.

③ 中共中央文献研究室．十五大以来重要文献选编（下）[M].北京：中央文献出版社，2011：448.

④ 中共中央文献研究室．十七大以来重要文献选编（上）[M].北京：中央文献出版社，2011：61.

⑤ 中共中央文献研究室．十七大以来重要文献选编（下）[M].北京：中央文献出版社，2011：441-442.

⑥ 习近平．习近平谈治国理政（第四卷）[M].北京：外文出版社，2022：302.

建设的同时，依据宪法法律管理国家事务和社会事务。在推进中国特色社会主义法治体系建设的过程中，既要更好发挥法治固根本、稳预期、利长远的作用，加强党的政策和国家法律的联动，善于通过法律使党的主张成为国家意志、形成法律，通过法律保障党的政策有效实施；也要深入推进依法治党，充分发挥依规治党对党和国家事业发展的政治保障作用，确保党发挥总揽全局、协调各方的领导核心作用，构建国家法律和党内法规相辅相成、相得益彰的良好格局。

第七节　国内法治与涉外法治的辩证关系

法治具有国内法治和国际法治之分。其中，国内法治既包括基于国家主权处理本国对内事务的立法、执法、司法、守法、用法的法治活动（狭义的国内法治），也包括基于国家主权处理本国对外事务的立法、执法、司法、守法、用法的法治活动（涉外法治）；国际法治是指各国基于国家意志处理国与国之间社会关系的法治活动。鉴于此，国内法治与国际法治、国内法治与涉外法治是处理全球治理和国内治理两组重要的“法治对子”。其中，国内法治与国际法治是全球治理、全球法治的两个方面、两个面向、两个维度；而国内法治与涉外法治又是全面依法治国、法治中国建设的两个方面、两个面向、两个维度。[①] 作为贯彻落实总体国家安全观，提升国家治理体系和治理能力现代化的一组重要辩证关系，国内法治与涉外法治是我国推进全面依法治国的必然要求，充分反映出我国对外开放的法治化水平，同时集中反映了我国在推动构建以合作共赢为核心的新型国际关系中的基本态度和立场。

当前，随着对外开放程度的加深和领域的拓宽，我国在逐步走向世界舞台中央的同时，面临着更多风险和挑战，尤其是近年来西方主要国家贸易保护主义抬头，经济全球化遭遇逆流和影响深远广泛，逆全球化趋势更加明显，这些都无时无刻不提醒我国做好应对风险挑战的准备。为“加快构建以国内

① 黄进．论统筹推进国内法治和涉外法治［J］.中国社会科学，2022（12）：85.

大循环为主体、国内国际双循环相互促进的新发展格局”①，办好发展和安全两件大事，必须坚持统筹推进国内法治和涉外法治，形成二者相互促进、互动运作的发展格局。一方面，要通过加强涉外立法工作，加快构建系统完备的涉外法律体系，以涉外法治激发对外开放的活力，为市场主体营造市场化、法治化、国际化一流营商环境，同时以涉外法治为国内法治发展提供经验借鉴，进而实现更高水平的对外开放；另一方面，要深入研究条约和国际规则体系、国际法与国内法衔接问题，通过借助国内法治实践经验为涉外法治取得长足发展提供基础前提，以此补足涉外法治工作中的短板弱项，从而不断提高我国涉外合作和竞争的新优势。

一、国内法治与涉外法治辩证关系的理论原理

（一）国内法治与涉外法治根植于建立在经济全球化上的法治全球化，统筹国内法治与涉外法治最终服务于对外开放的基本国策

开放是人类文明进步的重要动力，是当代中国的鲜明标识，坚持对外开放，是我国长期以来一直坚持的基本国策；与此同时，法治，是人类政治文明的重要成果，是国家治理体系和治理能力的重要依托，有国内法治与涉外法治之分，但不论是国内法治和国际法治还是国内法治和涉外法治，其作为上层建筑始终根植于经济基础。因此，要坚持统筹推进国内法治和涉外法治服务于更高水平的对外开放，推动经济全球化朝着更加开放、包容、普惠、平衡、共赢的方向发展。

党的十一届三中全会以后，党强调“对外开放是我国的基本国策”，为实行对外开放，要“更多地利用外资和引进技术”②。其中，“吸收外商直接投资是今后利用外资的重点”③。因此，在法律上，要进一步健全涉外经济立法制度，落实优惠政策，改善投资环境，使外国企业家能够按照国际惯例在我

---

① 习近平．习近平著作选读（第一卷）［M］.北京：人民出版社，2023：23.

② 中共中央文献研究室．十二大以来重要文献选编（中）［M］.北京：中央文献出版社，2011：270.

③ 十三大以来重要文献选编（中）［M］.北京：中央文献出版社，2011：380.

国经营企业，以吸引更多的外来投资。① 同时，要进一步完善涉外法律法规，完善基础设施，提高工作效率，为国外投资者创造更好的投资环境②；对国务院已经颁布的关于外商来华投资的各项优惠政策，抓紧完善涉外经济法，进一步改善外商投资环境。③

党的十三届四中全会以后，党指出“对外开放是一项长期的基本国策”④，为进一步推进开放型经济的发展并优化经济结构，需要“积极合理有效地利用外资”⑤。因此，在对待外商投资企业上，一方面，以完善涉外经济法规实现投资环境的改善，切实保护外资企业合法权益；而外资企业要遵守中国法律和规定，依法经营。⑥ 另一方面，对其发展经营实行国民待遇，加强引导和监管。鼓励能够发挥我国比较优势的对外投资，更好地利用国内国外两个市场、两种资源。⑦

党的十六大以后，党重申“对外开放是我国的一项基本国策，必须长期坚持，毫不动摇”⑧，中国加入世界贸易组织，扩大对外开放，在促进国内外投资发展上“营造公平透明的市场环境，继续开展涉外经济法律法规、规章及政策措施的清理工作，深化行政审批制度改革，减少政府对微观经济活动的干预，健全制约和监督机制，推动政府服务朝着更加规范有序、公正公开的方向发展”⑨；同时，我国全面履行加入世界贸易组织的承诺，完善涉外经

---

① 十三大以来重要文献选编（上）［M］.北京：中央文献出版社，2011：21.

② 中共中央文献研究室．十二大以来重要文献选编（中）［M］.北京：中央文献出版社，2011：272.

③ 中共中央文献研究室．十二大以来重要文献选编（下）［M］.北京：中央文献出版社，2011：264.

④ 中央文献编辑委员会．江泽民文选（第二卷）［M］.北京：人民出版社，2006：26.

⑤ 中央文献编辑委员会．江泽民文选（第二卷）［M］.北京：人民出版社，2006：26-27.

⑥ 中共中央文献研究室．十四大以来重要文献选编（上）［M］.北京：中央文献出版社，2011：630.

⑦ 中央文献编辑委员会．江泽民文选（第二卷）［M］.北京：人民出版社，2006：27.

⑧ 中共中央文献研究室．十六大以来重要文献选编（中）［M］.北京：中央文献出版社，2011：1097.

⑨ 中共中央文献研究室．十七大以来重要文献选编（下）［M］.北京：中央文献出版社，2011：651.

济体制和法规政策。[①]

党的十八大以来，以习近平同志为核心的党中央继续强调“中国坚定不移实行对外开放的基本国策，坚持打开国门搞建设，在‘一带一路’等重大国际合作项目中创造更全面、更深入、更多元的对外开放格局”[②]，为进一步扩大对外开放，营造国际一流营商环境，中国主要从三个方面加大推进力度：在制度规范上，中国将加快出台外商投资法规，完善公开、透明的涉外法律法规体系，全面深入实施准入前国民待遇加负面清单管理制度；在待遇保障上，中国将尊重国际营商惯例，对在中国境内注册的各类企业一视同仁、平等对待；在权益保护上，中国将保护外资企业合法权益，坚决依法惩处侵犯外商合法权益特别是侵犯知识产权行为，提高知识产权审查质量和审查效率，引入惩罚性赔偿制度，显著提高违法成本。[③] 此外，习近平总书记强调“法治是最好的营商环境”[④]，在当前培育和发展新质生产力的过程中，营造一流法治化营商环境，有利于为发展新质生产力提供有力支撑。为此，第一，要坚持优化涉外法律服务与扩大对外开放相适应。在立足法治基础上扩大对外开放，在对外开放建设中推进涉外法治建设，聚焦“一带一路”涉外法律服务，加强律师、仲裁、公证、商事调解等方面的涉外法律服务建设，加强企业与共建“一带一路”国家的司法交流、增进司法互信，鼓励企业“走出去”；继续拓展以国际商事诉讼、涉外仲裁机构、调解机构和律所等为核心的国际商事纠纷多元法律服务平台，建立企业参与国际经贸活动法律服务工作机制，为“走出去”企业研判法律安全风险、提供优质法律服务。第二，要坚持优化涉企公共法律服务与落实惠企政策相适应。升级涉企公共服务法律建设体系，开展法律服务行业专项治理行动，打造一流“司法行政110”；积极推动矛盾纠纷源头化解，尝试“企业+顾问律师+自主法律服务系统”模式，为行业企业和中小企业经济发展提供高效快捷的公共法律服务，打通优化营商环

---

① 中共中央文献研究室．十六大以来重要文献选编（中）［M］.北京：中央文献出版社，2011：930.

② 习近平．习近平谈治国理政（第二卷）［M］.北京：外文出版社，2017：42.

③ 习近平．习近平谈治国理政（第三卷）［M］.北京：外文出版社，2020：204.

④ 习近平．论坚持全面依法治国［M］.北京：中央文献出版社，2020：254.

境的“最后一公里”。第三，要坚持深入推进依法行政与持续优化投资环境相适应。各地要继续认真落实《优化营商环境条例》，深化简政放权、放管结合、优化服务改革，依法审慎开展涉及营商环境重大行政决策和规范性文件合法性审核、备案审查工作，确保涉及营商环境重大行政决策和行政规范性文件同产权保护、市场准入、公平竞争原则相符合，同机构职能职责相一致，为激发各类营业主体活力创造良好制度环境和稳定发展环境。

（二）统筹国内法治与涉外法治不仅是维护国家权益的客观要求，也是全球治理变革的现实需要，最终助力构建人类命运共同体

我国在全球治理方面秉持共商共建共治共享的全球治理观念，促进世界和平与发展，弘扬人类价值，推动构建人类命运共同体。为此要求坚持“以法治方式推动构建人类命运共同体”。简言之，统筹国内法治与涉外法治是推动构建人类命运共同体的法治保障路径。一方面，国内法治工作必须加快建设中国特色社会主义法治体系，建设社会主义法治国家；另一方面，涉外法治工作必须坚定维护以国际法为基础的国际秩序，更好运用法治手段维护我国主权、安全、发展利益，坚定不移维护世界和平，促进共同发展，助力构建人类命运共同体。

党的十一届三中全会之后，党指出“在对外开放、引进外资的过程中，必须维护国家权益”，依法审慎地处理好涉外经济纠纷案件，为扩大开放提供法律保障。① 同时，要保证国家涉外税收法律法规正确贯彻实施，不得以任何形式，自定超出国家规定范围的对外商投资税收优惠政策；各级税务机关要认真贯彻执行《中华人民共和国外商投资企业和外国企业所得税法》，对外商偷税漏税要依法制止，按有关规定严肃处理。

党的十三届四中全会以后，我国外贸体制进行了重大改革，建立了一系列涉外法律制度②，正因如此，我国坚持“维护世界和平、促进共同发展”对外政策的宗旨③，并致力于以互信、互利、平等、协作为核心的新安全观，

---

① 十三大以来重要文献选编（下）［M］.北京：中央文献出版社，2011：312.

② 中共中央文献研究室．十四大以来重要文献选编（中）［M］.北京：中央文献出版社，2011：696.

③ 中央文献编辑委员会．江泽民文选（第三卷）［M］.北京：人民出版社，2006：475.

努力营造长期稳定的国际和平环境，从而为世界的和平与发展作出更大的贡献。在谴责和反对恐怖主义方面，我国明确强调国际社会应加强对话和磋商，开展合作，共同打击国际恐怖活动，要遵守《联合国宪章》的宗旨和原则及公认的国际法准则，充分发挥联合国和联合国安理会的作用，一切行动应有利于维护地区及世界和平的长远利益。[①]

党的十六大以后，党指出“21 世纪的国际安全秩序应该建立在国际合作和国际法律体系的基础之上，以互信求安全，以互利求合作，这样才能从根本上减少不安全因素，实现世界长久安全”[②]。为了推动建设和谐世界，在政治上，我们要致力于同各国相互尊重、扩大共识、和谐相处，坚持和倡导和平共处五项原则，维护联合国及其宪章权威和作用，主张恪守国际法和公认的国际关系准则，尊重各国人民自主选择社会制度和发展道路的权利，坚持各国平等参与国际事务，积极倡导多边主义，促进国际关系民主化，反对霸权主义和强权政治。[③]

党的十八大以来，以习近平同志为核心的党中央站在党和国家事业新的发展全局的战略高度上，作出“坚持统筹推进国内法治和涉外法治”的重要战略部署，要求坚定维护以联合国为核心的国际体系，坚定维护以国际法为基础的国际秩序，坚定维护以联合国宪章宗旨和原则为基础的国际法基本原则及国际关系基本准则。对不公正不合理、不符合国际格局演变大势的国际规则、国际机制，要提出改革方案，推动全球治理变革，推动构建人类命运共同体。[④] 在生态文明方面，为共建地球生命共同体，要求坚持以国际法为基础，维护公平合理的国际治理体系，践行真正的多边主义，有效遵守和实施国际规则，不能合则用、不合则弃。设立新的环境保护目标应该兼顾雄心和务实平衡，使全球环境治理体系更加公平合理。[⑤]

---

① 中共中央文献研究室．十五大以来重要文献选编（下）［M］.北京：中央文献出版社，2011：534.

② 中央文献编辑委员会．胡锦涛文选（第一卷）［M］.北京：人民出版社，2016：517.

③ 中央文献编辑委员会．胡锦涛文选（第二卷）［M］.北京：人民出版社，2016：516.

④ 习近平．习近平谈治国理政（第四卷）［M］.北京：外文出版社，2022：296-297.

⑤ 习近平．习近平谈治国理政（第四卷）［M］.北京：外文出版社，2022：436-437.

二、国内法治与涉外法治辩证关系的方法论实践

（一）“统筹推进论”

党的十一届三中全会以后，第五届全国人民代表大会第五次会议通过的《宪法》，其中第三十二条明确在我国境内的外国人的合法权利和利益，而在中国境内的外国人必须遵守中华人民共和国的法律。基于此，党建立起对国内法治的建设和对涉外法治的重视，提出“集中力量制定刑法、民法、诉讼法和其他各种必要的法律，例如工厂法、人民公社法、森林法、草原法、环境保护法、劳动法、外国人投资法，等等”①；特别强调“要大力加强对国际法的研究”②。

党的十三届四中全会以后，党指出进一步扩大对外开放，一方面，要加强和完善涉外法律法规，切实保护中外投资者的合法权益；另一方面，要通过法制不断改善投资环境，从中总结出新的经验，促进国内法治的发展，以此实现国内法治与国外法治互相促进。具体而言，要进一步改善投资环境，完善涉外经济法规，切实保护外资企业合法权益，用国家产业政策引导外资投向，鼓励外资参与基础工业和基础设施建设③；加强涉外经济法制建设，要把利用外资纳入法治化、规范化轨道。根据建立社会主义市场经济体制的要求，参照国际通行规则和有关协定，抓紧修订现行的基本法律法规，力争用三年左右时间健全利用外资的法律法规体系；加快制定《中华人民共和国反垄断法》，完善《中华人民共和国反不正当竞争法》；加大执法力度并开展一次涉外经济法律行政执法大检查。认真做好保护知识产权的工作。④

党的十六大以后，党强调坚决维护社会主义市场经济的法律秩序，不仅要充分发挥民事行政审判对市场经济的调节规范作用，认真研究改革发展中出现的各类涉外案件和新型民商事案件，依法维护公平交易和有序竞争，也

---

① 中央文献编辑委员会．邓小平文选（第二卷）［M］.北京：人民出版社，1993：146.

② 中央文献编辑委员会．邓小平文选（第二卷）［M］.北京：人民出版社，1993：147.

③ 中共中央文献研究室．十四大以来重要文献选编（上）［M］.北京：中央文献出版社，2011：155.

④ 中共中央文献研究室．十五大以来重要文献选编（上）［M］.北京：中央文献出版社，2011：268.

要根据我国对外开放不断扩大的新形势，加强对涉外司法的研究和指导。[①] 因此，人民法院、人民检察院在发挥审判职能和法律监督职能时，要平等保护本国和外国的各种市场主体，努力营造公平竞争的市场环境，维护当事人的合法权益，提高党和国家运用法律手段管理经济活动的能力，促进社会主义市场经济体制的完善和发展[②]；同时，要放宽非公有制经济市场准入，贯彻平等准入、公平待遇原则，外商投资企业依照有关法律法规的规定执行。[③]

党的十八大以来，以习近平同志为核心的党中央总结了改革开放以来我国民事商事法制建设经验，先后制定或修订了包括涉外法律和非涉外法律在内的一大批民事商事法律，为编纂《民法典》奠定了基础、积累了经验。[④] 此后，党的二十大明确坚持全面依法治国，推进法治中国建设，要完善以宪法为核心的中国特色社会主义法律体系，加强重点领域、新兴领域、涉外领域立法，统筹推进国内法治和涉外法治建设，以良法促进发展、保障善治。[⑤] 于此，坚持统筹推进国内法治和涉外法治建设，要加快涉外法治工作战略布局，协调推进国内治理和国际治理，更好维护国家主权、安全、发展利益。要加快形成系统完备的涉外法律法规体系，提高涉外执法司法效能。要引导企业、公民在“走出去”的过程中更加自觉地遵守当地法律法规和风俗习惯，运用法治和规则维护自身合法权益。要注重培养一批国际一流的仲裁机构、律师事务所，把涉外法治保障和服务工作做得更有成效。[⑥]

（二）“相辅相成论”

党的十一届三中全会以后，党指出加强法制，不仅要集中力量制定国内

---

① 中共中央文献研究室．十六大以来重要文献选编（中）［M］.北京：中央文献出版社，2011：466.

② 中共中央文献研究室．十六大以来重要文献选编（下）［M］.北京：中央文献出版社，2011：438.

③ 中共中央文献研究室．十六大以来重要文献选编（中）［M］.北京：中央文献出版社，2011：685.

④ 习近平．论坚持全面依法治国［M］.北京：中央文献出版社，2020：278.

⑤ 习近平．习近平著作选读（第一卷）［M］.北京：人民出版社，2023：33-34.

⑥ 习近平．习近平谈治国理政（第四卷）［M］.北京：外文出版社，2022：296.

法，还必须大力加强对国际法的研究，[①] 与此同时，我国尊重并维护国内法和国外法的具体规定，一方面，我国根据国际通例维护在外国居住的中国籍侨民的正当权利和利益，要求他们遵守所在国的法律，同所在国的人民和睦相处；另一方面，我国作为社会主义主权国家，根据平等互利原则，欢迎外国人来投资，联合开矿、办厂、办其他事业[②]，并保护居住在中国的外国人的合法权利和利益，同时要求他们遵守中华人民共和国的法律。[③]

党的十三届四中全会以后，党指出我国加入世贸组织，就是要更加积极主动地参与国际合作与竞争，要抓紧清理、修订和完善相关经济法律法规，建立健全符合我国实际、与世贸组织规则相衔接的涉外法律体系。[④] 为适应加入世贸组织新形势，全面提高对外开放水平，必须按照法制统一、非歧视、公开透明的原则，抓紧完善既符合世贸组织规则，又符合我国国情的涉外经济法律法规体系，保证执法公正与效率。[⑤] 因此，要进一步改善投资环境，完善涉外经济法规，切实保护外资企业合法权益，用国家产业政策引导外资投向，鼓励外资参与基础工业和基础设施建设。同时，外资企业要遵守中国法律和规定，依法经营。[⑥]

党的十六大以后，在经济全球化、社会信息化和我国全方位对外开放的大视角下，国际国内很多因素相互交织、相互影响、相互作用，国际问题可能引发国内问题，国内问题也可能造成国际影响，维护社会和谐稳定必须立足国际国内两个大局，在解决可能涉外的国内问题时，要考虑国际影响和反

---

① 中共中央文献研究室．三中全会以来重要文献选编（上）［M］.北京：中央文献出版社，2011：23.

② 中共中央文献研究室．三中全会以来重要文献选编（上）［M］.北京：中央文献出版社，2011：333.

③ 中共中央文献研究室．十二大以来重要文献选编（上）［M］.北京：中央文献出版社，2011：137.

④ 中共中央文献研究室．十五大以来重要文献选编（中）［M］.北京：中央文献出版社，2011：575.

⑤ 中共中央文献研究室．十五大以来重要文献选编（下）［M］.北京：中央文献出版社，2011：477.

⑥ 中共中央文献研究室．十四大以来重要文献选编（上）［M］.北京：中央文献出版社，2011：630.

应，妥善回应国际社会关切。① 例如，在反腐败国际合作问题上，《联合国反腐败公约》反映了国际社会在反腐败问题上达成的共识，为反腐败国际合作提供了国际法依据。因此，我们要以落实公约为契机，把反腐败国际合作的工作做得更好；② 同时，政府间的交流和合作是我国开展反腐败国际合作的重点。要深化政府间双边合作，参与并推动区域性的多边合作，在联合国框架下开展全球性反腐败国际合作，加强涉外腐败案件查办中的执法合作和司法协助。③

党的十八大以来，以习近平同志为核心的党中央以广阔的全球视野和国际视角，同时立足中国，深刻论述了国内法治和国际法治之间的辩证关系，强调要“更好统筹国内国际两个大局，坚持开放的发展、合作的发展、共赢的发展，通过争取和平国际环境发展自己，又以自身发展维护和促进世界和平，不断提高我国综合国力，不断让广大人民群众享受到和平发展带来的利益，不断夯实走和平发展道路的物质基础和社会基础”④。于此，习近平总书记提出“世界上的问题错综复杂，解决问题的出路是维护和践行多边主义，推动构建人类命运共同体”的重大论断，要求坚持以国际法则为基础，不搞唯我独尊。国际社会应该按照各国共同达成的规则和共识来治理，而不能由一个或几个国家来发号施令。《联合国宪章》是公认的国与国关系的基本准则。若没有国际社会共同制定、普遍公认的国际法则，世界最终将滑向弱肉强食的丛林法则，给人类带来灾难性后果。因此，要厉行国际法治，毫不动摇地维护以联合国为核心的国际体系、以国际法为基础的国际秩序。⑤

---

① 中共中央文献研究室．十六大以来重要文献选编（下）［M］.北京：中央文献出版社，2011：771.

② 中共中央文献研究室．十六大以来重要文献选编（下）［M］.北京：中央文献出版社，2011：491.

③ 中共中央文献研究室．十六大以来重要文献选编（下）［M］.北京：中央文献出版社，2011：493.

④ 中共中央党史和文献研究院．习近平总书记关于总体国家安全观论述摘编［M］.北京：中央文献出版社，2018：257.

⑤ 习近平．习近平谈治国理政（第四卷）［M］.北京：外文出版社，2022：462.

第八节 “关键少数”和“绝大多数”的辩证关系

“关键少数”和“绝大多数”，是中国特色社会主义法治理论的一项重大辩证关系。“关键少数”的确切含义指向“领导干部”，特别是各级主要党员领导干部，“绝大多数”指向包括广大党员，尤其是广大基层党员。在推进全面依法治国和全面从严治党的进程中，要坚持抓“关键少数”和管“绝大多数”相统一，既要抓住“关键少数”，又要管住“绝大多数”；既对广大党员提出普遍性要求，又对“关键少数”特别是领导干部提出更高更严的标准，对其进行更严的管理和监督。其一，明确“关键少数”源自“绝大多数”。“关键少数”是全面依法治国和全面从严治党进程中的各级骨干分子，发挥着思想引领和带头模范作用。“关键少数”源自绝大多数，是“绝大多数”的重要组成部分，其之所以在“绝大多数”中脱颖而出，原因在于“关键少数”在全面依法治国中肩负“关键责任”，解决“关键问题”，发挥“关键作用”，表现为领导干部带头尊法学法守法用法，不断提高运用法治思维和法治方式深化改革、推动发展、化解矛盾、维护稳定、应对风险的能力，因而在很大程度上影响全面依法治国的方向和进度；同时，领导干部“具体行使党的执政权和国家立法权、行政权、监察权、司法权，是全面依法治国的关键”①。“关键少数”在全面从严治党中直接影响党组织的风气和广大党员的行为，只有加强对“关键少数”的监督，“突出加强对‘关键少数’特别是‘一把手’和领导班子的监督”②，坚定不移全面从严治党才会更有说服力和威慑力。其二，明确以“关键少数”带动“绝大多数”。全面依法治国和全面从严治党首先要抓住“关键少数”，在强化领导干部责任意识的同时，管好绝大多数，做到上行下效，将管理监督普及党的各级组织和广大党员，尤其是党的基层组织和基层党员队伍。

---

① 习近平．习近平谈治国理政（第四卷）[M].北京：外文出版社，2022：298.

② 习近平．习近平谈治国理政（第四卷）[M].北京：外文出版社，2022：552.

一、“关键少数”和“绝大多数”辩证关系的理论原理

领导干部是党的各项事业的组织者、谋划者、推动者，是处在关键位置、关键领域、关键环节的中坚力量，党的建设只有牢牢抓住领导干部这一“关键少数”，全面提升领导干部的政治能力，才能持续推动党的建设质量不断提高。

(一)“关键少数”属于矛盾的主要方面，“绝大多数”属于矛盾的次要方面，矛盾的主要方面决定事物的性质

矛盾的主要方面决定事物的性质，矛盾的主要方面和次要方面相互作用，在一定条件下可以互相转化。在推进全面依法治国和全面从严治党中，领导干部这个“关键少数”和党员这个“绝大多数”之间的辩证关系体现了矛盾的主要方面与矛盾的次要方面之间的关系。

党的十一届三中全会以后，党提出“领导干部，特别是高级干部以身作则非常重要”①，党是整个社会的表率，党的各级领导干部又是全党的表率②，所以，党的领导干部要严格要求自己，遵守党纪国法，与群众同甘共苦，服从组织的决定，接受群众的监督，搞好党风，转变社会风气。对于绝大多数的党员，必须在党和政府的统一领导下，克服一切困难，千方百计地为实现四个现代化贡献一切力量③，党反复强调坚持四项基本原则，绝不允许任何一个党员在这个根本立场上有丝毫动摇，如果动摇了这四项基本原则中的任何一项，那就动摇了整个社会主义事业、整个现代化建设事业。④

党的十三届四中全会以后，党强调随着党所处的环境和肩负的任务的变化，对于领导干部这个“关键少数”，要带头做坚持原则、严守纪律、维护大局、加强团结的模范，这样才能使全党朝气蓬勃、团结奋斗，我们的事业也就有了胜利的保证。作为“绝大多数”的党员，要提高素质，增强党性，成为坚决贯彻执行党的基本路线，献身改革开放和现代化事业，诚心诚意为人

① 中央文献编辑委员会．邓小平文选（第二卷）[M].北京：人民出版社，1993：124.
② 中央文献编辑委员会．邓小平文选（第二卷）[M].北京：人民出版社，1993：177.
③ 中央文献编辑委员会．邓小平文选（第二卷）[M].北京：人民出版社，1993：163.
④ 中央文献编辑委员会．邓小平文选（第二卷）[M].北京：人民出版社，1993：173.

民谋利益，带领群众为经济发展和社会进步作出实绩的先进分子[①]，在社会主义物质文明和精神文明建设中充分发挥先进性。

党的十六大以后，党重申大力弘扬艰苦奋斗精神，关键是领导干部要以身作则。[②] 在新的历史条件下，越是改革开放和发展社会主义市场经济，就越要弘扬艰苦奋斗精神。主要原因是，对于共产党员和领导干部来说，保持和弘扬艰苦奋斗精神，说到底就是牢固树立和坚持马克思主义世界观、人生观、价值观问题。为了进一步加强依法治国基本方略的落实，党提出作为“关键少数”的各级领导干部要带头学法、懂法、用法，支持和督促有关部门严格执法、秉公执法。[③] “关键少数”和“绝大多数”之间的辩证关系还集中表现在党风廉政建设方面。为此，党提出“各级领导干部作风如何，对广大党员作风有重大影响”[④]，不只对党员，对群众也有重大影响，所以，党风廉政建设，要从领导干部抓起。

党的十八大以来，以习近平同志为核心的党中央强调坚持抓住领导干部这个“关键少数”就是抓住了顺利落实全面依法治国的关键。其主要原因在于，领导干部具体行使党的执政权和国家立法权、行政权、监察权、司法权。为了在当前和今后，推进全面依法治国，党提出各级领导干部要坚决贯彻落实党关于全面依法治国的重大决策部署，带头尊崇法治、敬畏法律，了解法律、掌握法律，不断提高运用法治思维和法治方式深化改革、推动发展、化解矛盾、维护稳定、应对风险的能力，做尊法学法守法用法的模范。[⑤] “关键少数”和“绝大多数”之间的辩证关系还集中表现在推进依法治军方面。为此，党提出推进依法治军，要抓好领导干部这个“关键少数”，按规则正确用权、谨慎用权、干净用权，同时在改革中牢牢抓住治权这个关键，把权力运行制约和监督体系搞严搞实。[⑥]

---

① 中央文献编辑委员会．江泽民文选（第一卷）［M］.北京：人民出版社，2006：250.
② 中央文献编辑委员会．胡锦涛文选（第二卷）［M］.北京：人民出版社，2016：11.
③ 中央文献编辑委员会．胡锦涛文选（第二卷）［M］.北京：人民出版社，2016：73.
④ 中央文献编辑委员会．胡锦涛文选（第二卷）［M］.北京：人民出版社，2016：106.
⑤ 习近平．习近平谈治国理政（第四卷）［M］.北京：外文出版社，2022：298.
⑥ 习近平．论坚持全面依法治国［M］.北京：中央文献出版社，2020：159-160.

（二）“关键少数”和“绝大多数”属于人的集合，抓“关键少数”和管“绝大多数”体现了充分发挥人的主观能动性

推进党的建设新的伟大工程，核心在人，关键在党员领导干部。“关键少数”指的就是党员领导干部这个群体，“绝大多数”指的是党员这个群体，这两个群体都属于人的集合。在推进全面从严治党进程中，首先，“全面”一词充分体现了党要管党范围的全覆盖，无论是作为“关键少数”的领导干部，还是作为“绝大多数”的党员，都是全面从严治党的对象。其次，充分发挥人的主观能动性，不仅要关注“关键少数”的表率作用，又要关注“绝大多数”的规模效应。最后，“关键少数”也会对“绝大多数”起到示范和带动作用，也就是做好表率、榜样引领。

党的十一届三中全会以后，党指出“为了促进社会风气的进步，首先必须搞好党风，特别是要求党的各级领导同志以身作则”①，只要党的作风完全正派了，全国人民就会跟我们学，这体现了作为“关键少数”的领导干部的表率、引领作用。

党的十三届四中全会以后，党提出“坚持党要管党和全面从严治党，加强和改进党的建设，努力提高党的执政水平和领导水平”②。全面从严治党，是保持党的先进性和纯洁性，增强党的凝聚力和战斗力的保证③，所以，要坚持党要管党的原则，把全面从严治党的方针贯彻到党的建设的各项工作中，对党员特别是领导干部严格要求、严格管理、严格监督，以改革的精神从思想上、组织上、作风上全面推进党的建设。④ 内因是事物变化的决定性因素，在全面从严治党中，首先要治理好领导班子和领导干部，把从严治理领导班子和领导干部这个关键抓住了、抓好了，才能在下级、在基层、在群众中有说服力，才能把全面从严治党的各项工作做好。⑤ 也就是说对领导干部严格要求、严格管理，对每位党员干部的进步和提高也起着决定性作用。

---

① 中央文献编辑委员会．邓小平文选（第二卷）［M］.北京：人民出版社，1993：177.
② 中央文献编辑委员会．江泽民文选（第一卷）［M］.北京：人民出版社，2006：245.
③ 中央文献编辑委员会．江泽民文选（第二卷）［M］.北京：人民出版社，2006：46.
④ 中央文献编辑委员会．江泽民文选（第二卷）［M］.北京：人民出版社，2006：263.
⑤ 中央文献编辑委员会．江泽民文选（第二卷）［M］.北京：人民出版社，2006：499.

党的十六大以后，党在提出“要继续以加强党的执政能力建设为重点，全面推进党的建设新的伟大工程”① 时，一方面，指出全党同志特别是各级领导干部一定要增强忧患意识，做到居安思危，勇敢担负起历史赋予的使命，带领人民不断把中国特色社会主义事业推向前进。② 另一方面，加强党的执政能力建设是全党同志的共同责任，各级党组织、每个党员特别是党员干部都责无旁贷，都要积极行动起来③，完善社会主义法制，建设社会主义法治国家。

党的十八大以来，以习近平同志为核心的党中央强调建设好我们这样的大党，领导好我们这样的大国，中央委员会委员和省部级主要领导干部至关重要。因此，为了真正落实依法治国，党提出必须抓住领导干部这个“关键少数”，首先解决好思想观念问题，引导各级干部深刻认识到维护宪法法律权威就是维护党和人民共同意志的权威，捍卫宪法法律尊严就是捍卫党和人民共同意志的尊严，保证宪法法律实施就是保证党和人民共同意志的实现。④“关键少数”和“绝大多数”之间的辩证关系，还集中表现在党的纪律建设方面。党的二十大指出，全面加强党的纪律建设，督促领导干部特别是高级干部严于律己、严负其责、严管所辖，对于违反党纪的问题，发现一起坚决查处一起。坚持党性党风党纪一起抓，从思想上固本培元，提高党性觉悟，增强拒腐防变能力，涵养富贵不能淫、贫贱不能移、威武不能屈的浩然正气。⑤

二、“关键少数”和“绝大多数”辩证关系的方法论实践

（一）“表率论”

党的十一届三中全会以后，党便提出领导干部这个“关键少数”“表率论”的认识，认为“为了促进社会风气的进步，首先必须搞好党风，特别是要求党的各级领导同志以身作则。党是整个社会的表率，党的各级领导同志

① 中央文献编辑委员会．胡锦涛文选（第二卷）[M].北京：人民出版社，2016：147.
② 中央文献编辑委员会．胡锦涛文选（第二卷）[M].北京：人民出版社，2016：174.
③ 中央文献编辑委员会．胡锦涛文选（第二卷）[M].北京：人民出版社，2016：246.
④ 习近平．习近平谈治国理政（第二卷）[M].北京：外文出版社，2017：116.
⑤ 习近平．习近平著作选读（第一卷）[M].北京：人民出版社，2023：56.

又是全党的表率”①。在社会主义民主法制建设中，各级领导干部，特别是高级干部，更应该严格遵守党章和党规，起模范作用。②

共产党员为群众做表率。党的十三届四中全会以后，党提出在新的历史时期，作为“绝大多数”的共产党员要坚持把党和人民的利益摆在高于一切的地位，特别强调“身居党政机关领导岗位的共产党员，尤其应该把经济要繁荣、党政机关要廉洁作为座右铭，为广大党员、干部作出表率”③，与此同时，既要在思想上、政治上、作风上为群众作出表率，又要成为现代化建设中的佼佼者。

领导干部做反腐败的表率。为了加强党的思想、作风建设，党又提出“在全党的思想、作风建设中，领导干部特别是高级干部应该作出表率”④，而且要坚持不懈地开展党风廉政建设和反腐败斗争，领导干部尤其是“一把手”要做好表率。⑤

领导干部做遵纪守法的表率。榜样的力量是无穷的，各级领导干部特别是高级干部，一定要带头做遵纪守法的表率。⑥党的十六大以后，党提出要切实改进党的作风，着力加强反腐倡廉建设，全党同志特别是领导干部都要讲党性、重品行、做表率。强调要深入开展党风党纪教育，积极进行批评和自我批评，使领导干部模范遵守党纪国法，继承优良传统，弘扬新风正气，以优良的党风促政风带民风。⑦

领导干部做全面贯彻实施宪法的表率。全面贯彻实施宪法是做好全面依法治国的重点工作，抓好宪法宣传贯彻工作是党和国家政治生活中的一件大事。党的十八大以来，以习近平同志为核心的党中央提出全面贯彻实施宪法，要抓住“关键少数”，激励和教育党与国家工作人员带头忠于宪法、遵守宪法、维护宪法。宪法教育要从娃娃抓起，让法治精神从小就在青少年脑海中

① 中央文献编辑委员会．邓小平文选（第二卷）[M].北京：人民出版社，1993：177.
② 中央文献编辑委员会．邓小平文选（第三卷）[M].北京：人民出版社，1993：39.
③ 中央文献编辑委员会．江泽民文选（第一卷）[M].北京：人民出版社，2006：39.
④ 中央文献编辑委员会．江泽民文选（第二卷）[M].北京：人民出版社，2006：140.
⑤ 中央文献编辑委员会．江泽民文选（第二卷）[M].北京：人民出版社，2006：447.
⑥ 中央文献编辑委员会．江泽民文选（第二卷）[M].北京：人民出版社，2006：168.
⑦ 中央文献编辑委员会．胡锦涛文选（第二卷）[M].北京：人民出版社，2016：656.

扎根，在潜移默化中培育。要加强宪法实施和监督工作，健全宪法解释机制，推进合宪性审查工作，保证国家法制统一。[①]

（二）“带头论”

事实证明，领导干部对法治建设既可以起到关键推动作用，也可能起到致命破坏作用。党的十一届三中全会以后，党在整顿党风时提出在新的历史条件下，在实现“四化”的新长征道路上，高级干部要“模范地带头发扬党的艰苦朴素、密切联系群众的优良传统，自觉地遵守有关规定，坚决反对特殊化，纠正一切不正之风，一定会认真选拔、培养好接班人，逐步地做好交班工作，完成自己的光荣使命”[②]，并指出艰苦奋斗的创业精神是实现四个现代化必须具备的四个前提之一，“艰苦创业，首先要我们党员、干部，特别是高级干部带头”[③] 起模范作用。

领导干部应当带头守法。党的十三届四中全会以后，党认为在实行依法治国的基本方略中，领导干部是管理经济社会事务的重要主体，干部依法决策、依法行政是依法治国的重要环节[④]，因此，为贯彻依法治国的基本方略，所有党组织、党员尤其是领导干部的言行，都不得同宪法和法律相抵触。[⑤] 领导干部要带头遵守民主集中制的各项规定，维护大局，严守纪律[⑥]，特别是高级干部，一定要带头做遵纪守法的表率。[⑦]

领导干部要带头发扬党的优良传统。党在领导改革开放和现代化建设的过程中，始终重视端正党风、加强廉政建设和反对腐败的工作。在加强反腐败斗争、推进党风廉政建设的过程中，党提出为了整顿党风，搞好民风，先要从我们高级干部抓起，“高级干部要带头发扬党的优良传统”[⑧]。党的十六大以后，党为了进一步加强依法治国基本方略的落实，真正做到有法可依、

① 习近平．论坚持全面依法治国［M］.北京：中央文献出版社，2020：232-233.
② 中央文献编辑委员会．邓小平文选（第二卷）［M］.北京：人民出版社，1993：230.
③ 中央文献编辑委员会．邓小平文选（第二卷）［M］.北京：人民出版社，1993：260.
④ 中央文献编辑委员会．江泽民文选（第一卷）［M］.北京：人民出版社，2006：512.
⑤ 中央文献编辑委员会．江泽民文选（第一卷）［M］.北京：人民出版社，2006：113.
⑥ 中央文献编辑委员会．江泽民文选（第二卷）［M］.北京：人民出版社，2006：44.
⑦ 中央文献编辑委员会．江泽民文选（第二卷）［M］.北京：人民出版社，2006：168.
⑧ 中央文献编辑委员会．江泽民文选（第一卷）［M］.北京：人民出版社，2006：322.

有法必依、执法必严、违法必究，党提出“各级领导干部要带头学法、懂法、用法，支持和督促有关部门严格执法、秉公执法”①；全体党员都要模范遵守宪法法律，带头维护宪法法律权威。② 在加强领导干部作风建设方面，党进一步提出各级领导干部要带头发扬艰苦奋斗、勤俭节约精神，带头反对铺张浪费和大手大脚，带头抵制拜金主义、享乐主义和奢靡之风。③

领导干部应当带头担当作为。党的十八大以来，以习近平同志为核心的党中央认为各级领导干部在推进依法治国方面肩负着重要责任。④ 各级领导干部作为具体行使党的执政权和国家立法权、行政权、司法权的人，在很大程度上决定着全面依法治国的方向、道路、进度。党领导立法、保证执法、支持司法、带头守法，主要通过各级领导干部的具体行动和工作来体现、来实现。⑤ 高级领导干部做尊法学法守法用法的模范，是实现全面推进依法治国总目标和任务的关键所在；在建设法治社会的过程中，要发挥领导干部示范带头作用，努力使尊法学法守法用法在全社会蔚然成风。⑥

第九节　走中国特色社会主义法治道路与传承中华优秀传统法治文化和借鉴国外法治经验有益成果的辩证关系

在走什么样的法治道路的问题上，习近平总书记旗帜鲜明地指出：“必须向全社会释放正确而明确的信号，指明全面推进依法治国的正确方向，统一全党全国各族人民认识和行动。”⑦ 中国特色社会主义法治道路“本质上是中国特色社会主义道路在法治领域的具体体现”⑧，是中国特色社会主义法治的

① 中央文献编辑委员会．胡锦涛文选（第二卷）[M].北京：人民出版社，2016：73.

② 中央文献编辑委员会．胡锦涛文选（第二卷）[M].北京：人民出版社，2016：463.

③ 中央文献编辑委员会．胡锦涛文选（第二卷）[M].北京：人民出版社，2016：554.

④ 习近平．加快建设社会主义法治国家 [J].理论学习，2015（2）：5.

⑤ 中共中央文献研究室．习近平关于全面依法治国论述摘编 [M].北京：中央文献出版社，2015：120.

⑥ 习近平．习近平著作选读（第一卷）[M].北京：人民出版社，2023：35.

⑦ 习近平．论坚持全面依法治国 [M].北京：中央文献出版社，2020：93.

⑧ 习近平．习近平谈治国理政（第二卷）[M].北京：外文出版社，2017：128.

唯一正确道路，事关中国特色社会主义法治的性质、前途和命运。推进全面依法治国，坚持走中国特色社会主义法治道路的重要价值和意义在于：

其一，中国特色社会主义法治道路是社会主义法治建设成就和经验的集中体现。中华人民共和国成立后，党高度重视法治建设，并在一段时间内领导人民制定了宪法和一批法律法规，确立了我国政治制度、法律制度、立法体制、司法体制，确立了社会主义法制原则，为我国经济建设和社会发展提供了有力保障。[①] 进入改革开放和社会主义现代化建设新的历史时期，党在领导人民开启改革开放和社会主义现代化建设新征程的同时，领导人民打开了社会主义法治建设新局面：党的十一届三中全会作出把党和国家工作重心转移到经济建设上来、实行改革开放的历史性决策，同时把加强社会主义民主法制建设作为坚定不移的方针确定下来；党的十五大把依法治国确立为党领导人民治理国家的基本方略，把建设社会主义法治国家作为建设社会主义现代化国家的重要目标；党的十六大、十七大、十八大就落实依法治国提出要求、作出部署，指导我们持续推进社会主义法治建设。[②] 进入新时代，以习近平同志为核心的党中央从关系党和国家长治久安的战略高度来定位法治、布局法治、厉行法治，坚定不移走中国特色社会主义法治道路，将全面依法治国纳入“四个全面”战略布局，将坚持全面依法治国确定为新时代中国特色社会主义的基本方略之一，提出在法治轨道上全面建设社会主义现代化国家，为推进实现中华民族伟大复兴的中国梦提供有力法治保障。其二，中国特色社会主义法治道路是建设社会主义法治国家的唯一正确道路。坚持和拓展中国特色社会主义法治道路，有许多东西需要深入探索，但基本的东西必须长期坚持，包括必须坚持中国共产党的领导，坚持人民主体地位，坚持法律面前人人平等，坚持依法治国和以德治国相结合，坚持从中国实际出发。其中，“坚持中国特色社会主义法治道路，最根本的是坚持中国共产党的领导”[③]。其三，中国特色社会主义法治道路能够为全面建设社会主义现代化国家和实现中华民族伟大复兴的中国梦提供坚强有力的法治保障。当前，在推

① 习近平．论坚持全面依法治国［M］.北京：中央文献出版社，2020：170.
② 习近平．论坚持全面依法治国［M］.北京：中央文献出版社，2020：171.
③ 习近平．习近平谈治国理政（第二卷）［M］.北京：外文出版社，2017：114.

进中国式现代化、全面建设社会主义现代化国家的新征程上，必须更好发挥法治固根本、稳预期、利长远的保障作用，在法治轨道上全面建设社会主义现代化国家。要坚持走中国特色社会主义法治道路，加快建设中国特色社会主义法治体系，坚持依法治国、依法执政、依法行政共同推进，坚持法治国家、法治政府、法治社会一体建设，全面实现国家各方面工作法治化。

走中国特色社会主义法治道路，必须正确处理好其与传承中华优秀传统法治文化和借鉴国外法治有益成果之间的辩证关系。历史和现实都告诉我们，推进全面依法治国，坚持中国特色社会主义法治道路，“只有传承中华优秀传统法治文化，从我国革命、建设、改革的实践中探索适合自己的法治道路，同时借鉴国外法治有益成果，才能为全面建设社会主义现代化国家、实现中华民族伟大复兴夯实法治基础”①。因此，坚持中国特色社会主义法治道路，要在坚持马克思主义法治理论指导的前提下，运用中国法政治学的方法论，立足并从我国社会主义法治建设的具体实际出发，注重研究中华法系传统文化中的法治精华，通过汲取精华，择善而从，传承中华优秀传统法治文化，突出中国特色社会主义法治道路的中国特色、时代特色、民族特色、实践特色；同时，推进全面依法治国，坚持中国特色社会主义法治道路，要在坚持马克思主义法治理论指导的前提下，运用中国的方法论，借鉴国外法治建设的有益成果，学习借鉴世界上一切优秀的法治文明成果，但是“决不照搬别国模式和做法，决不走西方所谓‘宪政’‘三权鼎立’‘司法独立’的路子”②。

一、走中国特色社会主义法治道路与传承中华优秀传统法治文化和借鉴国外法治有益成果辩证关系的理论原理

（一）法治的历史性：走中国特色社会主义法治道路与传承中华优秀传统法治文化

马克思主义法治理论聚焦人类社会一个难以回避的问题：法律是契合人类社会发展需求的阶段性现象，还是从来就有的永恒存在的一种现象？在马

① 习近平．论坚持全面依法治国［M］.北京：中央文献出版社，2020：3.

② 习近平．习近平谈治国理政（第四卷）［M］.北京：外文出版社，2022：290.

克思主义法治理论看来，对法治现象的观察应当置于历史的宏大且动态的视野中，即法治具有历史性。法治的历史性的基本内涵为：第一，法律和国家都是由于社会大分工才出现的，由于私有制和阶级的产生而产生的，并不是人类社会从来就有的，[①] 法律和国家都是阶级矛盾发展到不可调和的阶段的产物；第二，法律并不是永恒存在的，当阶级存续的基础不复存在的时候，国家和法律也就自然消融在新的管理体系中了；[②] 第三，法律属于上层建筑范畴，在社会物质条件改善的情况下，法律制度也会臻于完善、进化；[③] 第四，法律具有继承性且只有那些具有优越性的法律制度才会被继承和延续。[④] 综上，坚持走中国特色社会主义法治道路与传承中华优秀传统法治文化之间的辩证关系符合法治历史性的基本观点。

中国特色社会主义法治道路，不同于西方资本主义法治道路，也不同于苏联社会主义法治道路，它是中国共产党建立在坚持生产关系适应生产力发展要求客观规律基础上的法治道路，是既破除以苏联社会主义法治模式为蓝本模式，又遵循中国法治发展历史逻辑基础上的法治道路。中国特色社会主义法治道路始终深刻认识到法治的继承性，因此在学习借鉴国外法治文明的同时，提倡构建本国法治道路的民族特色，关注对中华优秀传统法治文明的延续。

党的十一届三中全会之后，党主张推进改革开放和社会主义现代化建设要“继承和发扬中华民族的优良传统”[⑤]；在构建新的社会保障制度体系时，要注重“继续发扬我国家庭、亲友和邻里间互助互济的优良传统”[⑥]。当然，并非所有的传统法律文化都应当继承和发扬，只有那些具有优越性的、适合

① 中共中央马克思恩格斯列宁斯大林著作编译局．马克思恩格斯全集（第四卷）[M].北京：人民出版社，2012：95.

② 中共中央马克思恩格斯列宁斯大林著作编译局．马克思恩格斯全集（第二十一卷）[M].北京：人民出版社，1965：197-198.

③ 中共中央马克思恩格斯列宁斯大林著作编译局．列宁全集（第三十八卷）[M].北京：人民出版社，2017：203.

④ 中共中央马克思恩格斯列宁斯大林著作编译局．列宁全集（第十六卷）[M].北京：人民出版社，1959：309.

⑤ 中央文献编辑委员会．邓小平文选（第三卷）[M].北京：人民出版社，1993：89.

⑥ 中央文献编辑委员会．邓小平文选（第二卷）[M].北京：人民出版社，1993：167.

当前国情的法律制度和法治文化才应当被保留与继受，那些蕴含落后因素的传统法律制度和法治文化应当被彻底摒弃。

党的十三届四中全会以后，党对法律继承性的理解更加深入，尤其是在规划社会主义的文化建设时，指出要对包括法律文化在内的“民族传统文化取其精华、去其糟粕”，在建设社会主义法治时要将优秀传统法律文化与时代特点相结合加以发展，推陈出新，使它不断发扬光大。[①]

党的十六大之后，党坚持以辩证的观点看待中华传统法治文化，吸收保留传统法治文化的精华，并将其作为中国特色社会主义法治的重要渊源加以传承和发扬。同时提出，应当将依法治国和以德治国相结合，其中以德治国就是要继承和发扬中华优秀传统法治文化，以优秀传统法治文化引领和续造良好的法律制度，形成良好的社会风气。

党的十八大以来，以习近平同志为核心的党中央指出：“从我们历史上看，虽然几千年来人治传统根子很深，但春秋战国时期就有了自成体系的成文法典，汉唐时期就形成了比较完备的法典。中国古代法制思想十分丰富。”[②]然而，囿于历史局限性，中国古代法治思想积淀庞杂，精糟并存，而以习近平同志为核心的党中央主张批判性继承中国古代法治思想和法治文化，强调“只有传承中华优秀传统法治文化，从我国革命、建设、改革的实践中探索适合自己的法治道路，同时借鉴国外法治有益成果，才能为全面建设社会主义现代化国家、实现中华民族伟大复兴夯实法治基础”[③]。

（二）人类法治文明发展具有共同规律特征，而不同国家法治道路又立足本国实际

坚持实行依法治国的基本方略，走中国特色社会主义法治道路，必须借鉴国外法治建设的有益经验。西方法治文明的有益经验是世界各国人民共同的财富，是世界历史发展的共同趋势和潮流所向，有其基本的发展轨迹可循。中国的法治道路既要立足本国实际，又要开门搞建设，尤其是在全球化的视

① 中央文献编辑委员会．江泽民文选（第二卷）[M].北京：人民出版社，2006：159-160.

② 习近平．论坚持全面依法治国[M].北京：中央文献出版社，2020：19.

③ 习近平．论坚持全面依法治国[M].北京：中央文献出版社，2020：3.

角下，中国的法治建设面临着开放性与国际化的全新挑战，所以走中国特色社会主义法治道路必须借鉴和吸收国外法治文明的有益成果，对这些“舶来品”进行本土化改造。

党的十一届三中全会以后，为了迎接社会主义现代化建设的伟大任务，党决定在经济建设中“努力采用世界先进技术和先进设备”①，并认为“对外开放作为一项不可动摇的基本国策，不仅适用于物质文明建设，而且适用于精神文明建设”②。因而在推进中国特色社会主义法治道路的进程中，要注意引进西方法治文明的有益经验，将其运用于我国法治实践和理论创新中，做到学习借鉴外来成果与坚持本土创新相结合。党提出要辩证地看待资本主义的法治成果，“要有计划、有选择地引进资本主义国家的先进技术和其他对我们有益的东西，但是我们决不学习和引进资本主义制度，决不学习和引进各种丑恶颓废的东西”③。

党的十三届四中全会以后，党深刻认识到社会主义法治道路的推进必须放置在全球化的大视角下，中国特色的社会主义法治建设必须迎合时代洪流，在立足本国实际坚持中国特色社会主义制度，坚持走中国特色社会主义法治道路的前提下，党重视学习外国的新知识，强调“发展现代科学技术，管理市场经济，操作现代金融，在一些具体方面我们需要向西方发达国家学习和借鉴”④。当然，党也明确认识到，学习西方的成熟法治经验“必须坚持为我所用的方针，进行认真鉴别”⑤，绝不能学习西方资本主义所谓的“民主”“自由”的制度⑥，绝不能“搞民族虚无主义和全盘西化”⑦。即使对待可以学习的东西，也要“结合自己的实际消化吸收，不能囫囵吞枣、生搬硬套”⑧。

---

① 中共中央文献研究室．三中全会以来重要文献选编（上）［M］.北京：中央文献出版社，2011：5.

② 中共中央文献研究室．十二大以来重要文献选编（下）［M］.北京：中央文献出版社，2011：125.

③ 中央文献编辑委员会．邓小平文选（第二卷）［M］.北京：人民出版社，1993：167-168.

④ 中央文献编辑委员会．江泽民文选（第一卷）［M］.北京：人民出版社，2006：308.

⑤ 中央文献编辑委员会．江泽民文选（第一卷）［M］.北京：人民出版社，2006：309.

⑥ 中央文献编辑委员会．江泽民文选（第一卷）［M］.北京：人民出版社，2006：62.

⑦ 中央文献编辑委员会．江泽民文选（第一卷）［M］.北京：人民出版社，2006：158.

⑧ 中央文献编辑委员会．江泽民文选（第一卷）［M］.北京：人民出版社，2006：308.

党的十六大以后，党继续推进依法治国与以德治国相结合，坚持走中国特色的社会主义法治道路，对外国法治经验的学习和引进更加科学、谨慎。对于外国的知识和经验的学习与借鉴，提出要“从社会主义初级阶段的实际出发，不能从外国模式出发”①，我们要做到“既善于积极学习外国包括西方资本主义国家的先进技术、科学管理经验、进步文化成果，又善于有效抵制资本主义社会种种消极腐败东西的侵蚀”②。党坚定地认为建设社会主义法治国家，需要借鉴西方法治文明的有益成果，但决不能照抄照搬西方的制度模式，决不能放弃我国社会主义法治道路，一定要从发展中国特色社会主义全局出发，使中国特色社会主义法治道路越走越宽广。

党的十八大以来，以习近平同志为核心的党中央提出关于“借鉴国外法治有益成果和经验，但不照搬照抄别国法治模式和做法”的重大论断，形成一系列继续推进全面依法治国，坚持走中国特色社会主义法治道路理论和实践创新的新理念、新思想、新战略。党强调坚持中国特色社会主义道路并不意味着故步自封，对于外国有益的东西，我们要虚心学习。但是，不能全盘照搬外国，更不能接受外国不好的东西③，要立足历史传承、文化传统、经济社会发展的国情基础，立足中国政治制度的基础，加以甄别，选择性地借鉴和吸收。中国特色社会主义法治道路不是从中国社会凭空产生的，而是在推进马克思主义法治理论中国化历程、继承和弘扬中华优秀传统法治文化及吸收和借鉴国外法治文明优秀成果的基础上探索出来的。正是以习近平同志为核心的党中央对人类法治文明发展趋势的正确把握，立足中国法治的国情实际，汲取和借鉴了人类法治文明优秀成果，使得中国特色社会主义法治道路的特色得以充分展现，开创了中国特色社会主义法治道路发展新局面。

---

① 中央文献编辑委员会．胡锦涛文选（第一卷）［M］.北京：人民出版社，2016：315.

② 中央文献编辑委员会．胡锦涛文选（第二卷）［M］.北京：人民出版社，2016：45.

③ 习近平．习近平谈治国理政（第二卷）［M］.北京：外文出版社，2017：12-13.

二、走中国特色社会主义法治道路与传承中华优秀传统法治文化和借鉴国外有益法治成果辩证关系的方法论实践

（一）立足中国的法治国情和法治实际

党的十一届三中全会之后，党总结中国的法制建设必须立足改革开放这个大背景，我国的法制建设要遵循改革开放的伟大方针，革除旧的、过时的法律法规，建立新的法律制度体系。党认识到“过去有些规章制度比较烦琐，应该改革”，而改革就是要“总结正反两方面的经验，把必要的规章制度恢复或建立起来”①。为此，党提出要在大幅提高社会生产力的同时，改革和完善社会主义的经济制度和政治制度，“发展高度的社会主义民主和完备的社会主义法制”②。

党的十三届四中全会以后，党考虑到全民法制观念的增强和法制建设与改革不是一蹴而就的，而是一项长期性的任务，所以我国的法制建设还是继续坚守着立足中国国情和实际的基准线，党要求各项法制建设从“中国现在处于并将长期处于社会主义初级阶段”的实际出发③，从各个地区的实际情况出发④，在制定法律和实施法律的过程中坚持群众路线，“深入实际调查研究”⑤，充分考虑各地区的差异和实际情况，适度地、有计划地开展法制实践改革与理论创新，使中国特色社会主义法治道路向纵深推进。

党的十六大以后，党提出为推动“社会主义民主更加完善，社会主义法制更加完备，依法治国基本方略得到全面落实”，而且为实现“到二〇一〇年形成中国特色社会主义法律体系”⑥，我们要一切从实际出发，“坚持依法治国的基本方略，健全社会主义法制”⑦，根据发展变化的实际情况和时代条件，

① 中央文献编辑委员会．邓小平文选（第二卷）［M］.北京：人民出版社，1993：11.
② 中央文献编辑委员会．邓小平文选（第二卷）［M］.北京：人民出版社，1993：208.
③ 中央文献编辑委员会．江泽民文选（第二卷）［M］.北京：人民出版社，2006：13.
④ 中央文献编辑委员会．江泽民文选（第二卷）［M］.北京：人民出版社，2006：25.
⑤ 中央文献编辑委员会．江泽民文选（第二卷）［M］.北京：人民出版社，2006：45.
⑥ 中共中央文献研究室．十六大以来重要文献选编（上）［M］.北京：中央文献出版社，2011：30.
⑦ 中央文献编辑委员会．胡锦涛文选（第二卷）［M］.北京：人民出版社，2016：44.

坚持马克思主义基本原理同中国具体实际相结合，不断开拓党和人民事业前进的道路。[①]

党的十八大以来，以习近平同志为核心的党中央在深刻总结党领导人民进行法治建设成功经验的基础上，提出为了实现全面依法治国的总目标，必须坚持五项基本原则，其中包括坚持从中国实际出发，这一原则决定了中国特色社会主义法治道路能否走得通、走得稳、走得好。第一，习近平法治思想回答了走中国特色社会主义法治道路为什么要坚持从中国实际出发的问题。习近平总书记提出，道路问题是法治建设的根本问题，“走什么样的法治道路、建设什么样的法治体系，是由一个国家的基本国情决定的”[②]。因此，走中国特色社会主义法治道路，必须坚持从中国实际出发。“坚持从实际出发，就是要突出中国特色、实践特色、时代特色。要总结和运用党领导人民实行法治的成功经验，围绕社会主义法治建设的重大理论和实践问题，不断丰富和发展符合中国实际、具有中国特色、体现社会发展规律的社会主义法治理论，为依法治国提供理论指导和学理支撑。”[③] 第二，习近平法治思想进一步回答了走中国特色社会主义法治道路要从什么样的中国实际出发的问题。对于中国实际究竟是什么样的实际，党的二十大明确我国所面临的中国实际问题具体包括发展不平衡不充分问题，推进高质量发展问题，科技创新能力提升问题，粮食、能源、产业链供应链安全问题，防范金融风险问题，重点领域改革问题，意识形态问题，区域发展和收入分配问题，民生保障问题，生态环境保护问题，作风建设问题，反腐败问题等。[④] 习近平总书记提出立足新发展阶段、贯彻新发展理念、构建新发展格局的战略导向，推进全面依法治国，必须坚定不移走中国特色社会主义法治道路，坚持依法治国、依法执政、依法行政共同推进，一体建设法治国家、法治政府、法治社会，实施法治中国建设规划。

---

① 中央文献编辑委员会．胡锦涛文选（第二卷）［M］.北京：人民出版社，2016：136.

② 习近平．习近平谈治国理政（第二卷）［M］.北京：外文出版社，2017：117.

③ 习近平．习近平谈治国理政（第二卷）［M］.北京：外文出版社，2017：117-118.

④ 习近平．习近平著作选读（第一卷）［M］.北京：人民出版社，2023：12.

（二）学习和借鉴资本主义法治有益成果，但不学习和引进资本主义法律制度

世界上既不存在完全相同的制度体系，也不存在适用于一切国家的制度体系。近代以来，在建立什么样的国家制度和国家治理体系的问题上，我们在相当长的一段时间内，照搬照抄过西方君主立宪制、民主共和制、封建君主专制的国家治理体系，也完全挪取过苏联模式，但均以失败告终。因此，历史和实践经验告诉我们，中国的国家制度和国家治理体系采取西方道路和苏联模式是行不通的。实行中国特色社会主义制度，是由中国人民共同决定的，是由我国独特的历史传承、独特的文化传统、独立的经济社会发展决定的，是由中国共产党带领中国人民经过长期奋斗、持续探索中形成确立的，是“中国特色社会主义法治体系的根本制度基础，是全面推进依法治国的根本保障”①。

党的十一届三中全会以后，党和政府实行改革开放政策，改革开放成为中国社会发展的显著特征。在这一时期，党提出“资本主义已经有几百年的历史，各国人民在资本主义制度下所发展的科学和技术，所积累的各种有益的知识和经验，都是我们必须继承和学习的。我们有计划、有选择地引进资本主义国家的先进技术和其他对我们有益的东西，但是我们决不学习和引进资本主义制度，决不学习和引进各种丑恶颓废的东西”②。中国人民所需要的民主，“只能是社会主义民主或称人民民主，而不是资产阶级的个人主义的民主”③。这种民主与集中相结合、与党的领导相结合、与纪律相结合、与法制相结合。同时，党还作出科学预测：“恐怕再有三十年的时间，我们才会在各方面形成一整套更加成熟、更加定型的制度。”④

党的十三届四中全会以后，党提出政治、经济、文化、法律、军事等方面的改革，既要研究中国本土资源，又要借鉴西方的有益经验。我们应当谨

---

① 中共中央文献研究室．十八大以来重要文献选编（中）［M］.北京：中央文献出版社，2016：146.

② 中央文献编辑委员会．邓小平文选（第二卷）［M］.北京：人民出版社，1993：168.

③ 中央文献编辑委员会．邓小平文选（第二卷）［M］.北京：人民出版社，1993：175.

④ 中央文献编辑委员会．邓小平文选（第三卷）［M］.北京：人民出版社，1993：372.

慎鉴别，坚持为我所用的方针，分清楚哪些应该学习和引进，哪些绝不能学习和触碰；对于可以学习的东西，我们要结合实际消化吸收，对于不可以学习的东西，我们则要完全避开。[①] 西方资本主义国家在发展现代科学技术、管理市场经济、操作现代金融等方面积累了丰富的法治理论和经验教训，这是属于全人类的瑰宝，应当加以肯定并进行法律移植，引入中国特色社会主义法律体系。资本主义的政治制度与我们所坚持的中国特色社会主义制度完全不同，"社会主义制度是比资本主义制度优越的制度"[②]，虽然目前社会主义国家的经济发展水平总体上落后于资本主义国家的经济发展水平，但是"人类社会总是要摆脱任何剥削阶级占统治地位的社会而进入崭新的社会主义社会，这是历史发展的必然"[③]。

党的十六大以后，党根据全面建成小康社会的客观要求，对推进中国特色社会主义制度发展提出新的历史任务，要求"坚决破除一切妨碍科学发展的思想观念和体制机制弊端，构建系统完备、科学规范、运行有效的制度体系，使各方面制度更加成熟、更加定型"[④]；在学习和借鉴资本主义法治文明有益成果的问题上，提出社会主义民主政治和法治，需要学习、借鉴人类政治文明和法治文明的有益成果，大胆吸收、借鉴、利用世界各国一切对我们有用的东西，但是绝不能照搬西方的制度模式，要坚决反对资本主义腐朽思想侵蚀和敌对势力对我国的西化、分化战略[⑤]，绝不能偏离社会主义法治道路的正道，绝不能放弃社会主义政治制度的根本。同时明确指出，我们必须牢牢把握法治领域意识形态斗争主动权，坚持用中国特色社会主义理论体系指导政法工作和法学理论建设，加强马克思主义法学队伍建设，坚决抵制敌对势力对我国社会主义司法制度的攻击、坚决抵制西方错误政治观点、法学观点的影响。[⑥]

---

① 中央文献编辑委员会．江泽民文选（第一卷）［M］.北京：人民出版社，2006：308.

② 中央文献编辑委员会．江泽民文选（第三卷）［M］.北京：人民出版社，2006：217.

③ 中央文献编辑委员会．江泽民文选（第三卷）［M］.北京：人民出版社，2006：217.

④ 中共中央文献研究室．十八大以来重要文献选编（上）［M］.北京：中央文献出版社，2014：14.

⑤ 中央文献编辑委员会．胡锦涛文选（第二卷）［M］.北京：人民出版社，2016：171.

⑥ 中央文献编辑委员会．胡锦涛文选（第三卷）［M］.北京：人民出版社，2016：29.

党的十八大以来，以习近平同志为核心的党中央在全面推进深化改革、全面推进依法治国的过程中，始终清楚地认识到“全面推进依法治国这件大事能不能办好，最关键的是方向是不是正确、政治保证是不是坚强有力，具体讲就是要坚持党的领导，坚持中国特色社会主义制度，贯彻中国特色社会主义法治理论”①。这三个方面是中国特色社会主义法治道路的核心要义，紧密联系，有机统一。其中，中国特色社会主义制度是走中国特色社会主义法治道路的制度基础和制度保障，是全面推进依法治国的根本制度保障，集中反映了“中国特色”和“科学社会主义特色”。坚持、完善和发展中国特色社会主义制度，是中国特色社会主义法治道路区别于西方资本主义法治道路的重要标识，关系到中国特色社会主义法治体系能否建成。正因如此，党的二十大提出了“深入推进改革创新，坚定不移扩大开放，着力破解深层次体制机制障碍，不断彰显中国特色社会主义制度优势，不断增强社会主义现代化建设的动力和活力，把我国制度优势更好转化为国家治理效能”的历史新要求。推进全面依法治国，在坚决沿着中国特色社会主义法治道路前进的同时，习近平总书记强调还要坚定中国特色社会主义制度自信，“把坚定制度自信和不断改革创新统一起来，在坚持根本政治制度、基本政治制度的基础上，不断推进制度体系完善和发展”②。

（三）传承和发扬中华优秀传统法律文化，但不继承中华传统法治文化中的落后成分

党的十一届三中全会以后，党意识到我国在推进社会主义法制建设进程中存在的现实困境，尤其是“我们国家缺少执法和守法的传统”③，为补齐这一短板，增强人民群众的法制观念和法制意识，党提出从推进法制教育入手，“加强法制重要的是要进行法制教育，根本问题是教育人”④。为塑造人民群众的守法传统，有效的路径便是将那些已经深入人心的传统美德融入法制教

① 中共中央文献研究室．十八大以来重要文献选编（中）［M］.北京：中央文献出版社，2016：146.

② 习近平．习近平谈治国理政（第二卷）［M］.北京：外文出版社，2017：289.

③ 中央文献编辑委员会．邓小平文选（第三卷）［M］.北京：人民出版社，1993：163.

④ 中央文献编辑委员会．邓小平文选（第三卷）［M］.北京：人民出版社，1993：163.

育，以德育人，如在构建新的社会保障制度的同时注重“继续发扬我国家庭、亲友和邻里间互助互济的优良传统”①。

党的十三届四中全会以后，党指出在推进社会主义精神文明建设进程中，要注重对传统文化的传承，不能让我们的文化建设割断历史。② 对于民族文化传统，我们也需要用马克思主义的观点加以鉴别，遵循“取其精华、去其糟粕”的原则，对传统法律文化中积极的、适合当前时代特点的部分加以传承、吸收，使它不断发扬光大，③ 同时远离那些已经过时的、含有落后封建因素的传统法律文化。

党的十六大以后，党提出在牢牢把握经济建设这个中心的同时，加强社会主义民主法制和精神文明建设，促进社会全面进步，④ 而社会主义民主法制和精神文明建设的重要路径就是要实行依法治国和以德治国相结合。需要强调的是，我们所要继受的民族传统法律文化是以倡导良好社会风气为旨归，背离马克思主义的基本立场、观点和方法，与时代精神不符的传统法律文化自当被彻底摒弃。

党的十八大以来，以习近平同志为核心的党中央坚持用审慎辩证的态度对待中华传统法治文化，科学定位中华传统法治文化中的优与劣。一方面，准确把握中华传统法治文化中的优秀品质，坚持以优为鉴，识别和挖掘其精华成分，并加以继承和发扬。习近平总书记曾指出，中华传统法治文化中蕴含着丰富的法治理念，如“出礼入刑、隆礼重法”的治国策略，“民为邦本、本固邦宁”的民本理念，“天下无讼、以和为贵”的价值追求，“德主刑辅、明德慎罚”的慎刑思想，“援法断罪、罚当其罪”的平等概念，保护“鳏寡孤独、老幼扶残”的恤刑原则等；⑤ 再如“轻徭薄赋”“约法省刑”“仓廪实而知礼节，衣食足而知荣辱”的立法思想，“奉法者强则国强”“法令行则国治，法令弛则国乱”“执法如山”的执法思想，“法不阿贵”“刑无等级”“王

① 中共中央文献研究室．十二大以来重要文献选编（中）［M］.北京：中央文献出版社，2011：19.

② 中央文献编辑委员会．江泽民文选（第一卷）［M］.北京：人民出版社，2006：159.

③ 中央文献编辑委员会．江泽民文选（第一卷）［M］.北京：人民出版社，2006：160.

④ 中央文献编辑委员会．胡锦涛文选（第一卷）［M］.北京：人民出版社，2016：79.

⑤ 习近平．习近平谈治国理政（第四卷）［M］.北京：外文出版社，2022：289-290.

子犯法，庶民同罪”的司法理念等，都是中华传统法治文化中的优秀品质。这些饱含真理的重要论断，为“弘扬社会主义法治精神，传承中华优秀传统法治文化”提供了理论依据。① 另一方面，主动承认中华传统法治文化中的消极观点，坚持剔除糟粕，做到择善而用，推陈出新。反思我国古代法治传统中的消极成分，包括但不限于：其一，君主专制下关于权与法的关系问题处理，遵从“权在法上”的思想理念，封建君主独揽立法、司法、行政大权，法治只有在君主授权下推行发展；其二，受家本位法律体系影响，贵族官僚的社会地位远优于普通百姓，“同罪不同罚”现象滋生；其三，以君君、臣臣、父父、子子为核心，封建礼教赋予君臣、贵族、家长、族长以特殊法律地位，进一步造成等级分化严重。以“父为子纲、夫为妻纲”为序，家族内部也因身份而划分出不同法律地位，并进一步造成重男轻女、男女不平等恶习的蔓延。鉴于此，习近平总书记强调“要注意研究我国古代法制传统和成败得失”②，“故步自封、陈陈相因谈不上传承，割断血脉、凭空臆造不能算是创新”③，不能只谈其一不论其二，既要做到积极汲取中华传统法治文化的营养，推动中华优秀传统法治文化实现创造性转化、创新性发展，也要在去其糟粕之前直面中华传统法治文化的缺点与不足，从中研究总结并吸取经验教训，以史为鉴。

---

① 习近平．习近平著作选读（第一卷）［M］.北京：人民出版社，2023：35.

② 习近平．习近平谈治国理政（第二卷）［M］.北京：外文出版社，2017：118.

③ 习近平．习近平谈治国理政（第四卷）［M］.北京：外文出版社，2022：324-325.

第五章　中国式法治现代化视角下推进民主政治法治化的方案设想

科学方法对实践活动具有指导价值和先导意义。没有科学的方法，就谈不上科学地进行决策，实践活动就难以取得显著的成效。法政治学方法论是党领导人民在推进中国特色社会主义政治与中国特色社会主义法治的历史进程中，不断把成功的政治与法治实践上升为正确的政治与法治理论，又以正确的政治与法治理论指导新的政治与法治实践，还把政治与法治理论指导下的政治与法治实践中已见成效的经验做法上升为党的法规制度和国家的法律制度。因此，中国法政治学方法论实质是实践、理论和体系紧密结合的有机统一。

在新时代新征程持续推进中国式法治现代化建设视角下，法政治学方法论持续服务于推进社会主义民主政治法治化，推进社会主义民主政治法治化日益成为实现中国式现代化的基本路径和直接表征。对此，党的十八大提出要加快推进社会主义民主政治制度化、规范化、程序化，实现国家各方面工作法治化；要更加注重法治在国家治理和社会管理中的重要作用，保证人民依法享有广泛的权利和自由。① 党的十八届三中全会重申加快推进社会主义民主政治制度化、规范化、程序化，建设社会主义法治国家，发展更加广泛、更加充分、更加健全的人民民主。② 党的十八届四中全会提出推进全面依法治国应坚持人民主体地位，必须坚持法治以维护人民根本权益为出发点和落脚

---

① 中共中央文献研究室．十八大以来重要文献选编（上）［M］.北京：中央文献出版社，2014：15，20.

② 中共中央文献研究室．十八大以来重要文献选编（上）［M］.北京：中央文献出版社，2014：512.

点，保证人民享有广泛的权利和自由、承担应尽的义务，并首次明确提出要推进社会主义民主政治法治化。[①] 党的十九大提出要健全人民当家作主制度体系，发展社会主义民主政治，推进社会主义民主政治制度化、规范化、程序化，用制度体系保证人民当家作主。[②] 党的十九届四中全会提出要通过完善制度，保证人民在国家治理中的主体地位，坚持和完善人民当家作主制度体系，发展社会主义民主政治，保证人民依法享有广泛的权利和自由、承担应尽的义务。[③] 党的十九届六中全会指明党的十八大以来，我国社会主义民主政治制度化、规范化、程序化全面推进；法治固根本、稳预期、利长远的保障作用进一步发挥，党运用法治方式领导和治理国家的能力显著增强。[④] 党的二十大提出全过程人民民主是社会主义民主政治的本质属性，要坚持全面依法治国，全面推进国家各方面工作法治化。[⑤] 党的二十届三中全会重申法治是中国式现代化的重要保障，全面推进国家各方面工作法治化。[⑥] 由此，从法政治学的视角窥探，中国特色社会主义政治发展道路的核心要义是将民主政治纳入法治化轨道，即推进社会主义民主政治法治化。所谓推进民主政治法治化，是新时期中国特色社会主义民主政治建设的必然要求，是坚持中国特色社会主义政治发展道路的必然趋势，它表明了中国特色社会主义政治与中国特色社会主义法治之间存在必然的、内在的、统一的联系。

第一节　经济法治化是政治法治化的基础

法治既是现代市场经济的客观需要，又是现代市场经济的基本特征。社

① 中共中央文献研究室．十八大以来重要文献选编（中）［M］.北京：中央文献出版社，2016：163.

② 中共中央文献研究室．十九大以来重要文献选编（上）［M］.北京：中央文献出版社，2021：25.

③ 中共中央文献研究室．十九大以来重要文献选编（上）［M］.北京：中央文献出版社，2021：275.

④ 中共中央关于党的百年奋斗重大成就和历史经验的决议［N］.人民日报，2021-11-17（01）.

⑤ 习近平．习近平著作选读（第一卷）［M］.北京：人民出版社，2023：33.

⑥ 中共中央关于进一步全面深化改革　推进中国式现代化的决定［M］.北京：人民出版社，2024：29.

会主义市场经济的宏观管理和微观运行，都需要法律的规范和引导。在现代市场经济体制下，法律确认各类主体的资格、确定主体之间的关系、保护主体各自的权益、化解主体之间的冲突，从而推动现代市场经济健康正常向前发展。时至今日，经济法治化已经成为各国物质文明建设的一项极为重要的标志性成果。就我国而言，改革开放建立社会主义市场经济体制以来特别是进入新时代加快完善社会主义市场经济体制以来，市场经济的繁荣和发展以及市场经济体制的健全、完善逐渐成为深刻推动政治法治化的深刻内因、坚实基础和强大力量。

进入新时代以来，以习近平同志为核心的党中央在系统推进全面依法治国的进程中，围绕法治如何保障经济高质量发展等重大理论和实践问题，提出了一系列兼及经济和法治的新理念、新思想、新战略，党和国家的经济发展战略呈现经济法治化的内在逻辑特征。党的十八大将“依法治国”发展为“全面推进依法治国”，提出加快完善社会主义市场经济体制。[①] 党的十八届三中全会在提出全面深化改革目标任务的同时，将重点确定为经济体制改革，而其核心问题就是处理好政府与市场的关系，使市场在资源配置中起决定性作用和更好发挥政府作用。[②] 党的十八届四中全会明确全面推进依法治国的总目标，明确指出社会主义市场经济本质上是法治经济。[③] 党的十八届五中全会提出“加快建设法治经济”的历史性任务，并决定把经济社会发展纳入法治化轨道。[④] 党的十九大提出坚持“全面依法治国”，建设现代化经济体系。[⑤] 党的十九届四中全会重新概括社会主义基本经济制度，并把社会主义市场经

① 中共中央文献研究室．十八大以来重要文献选编（上）［M］.北京：中央文献出版社，2014：16.

② 中共中央文献研究室．十八大以来重要文献选编（上）［M］.北京：中央文献出版社，2014：513.

③ 中共中央文献研究室．十八大以来重要文献选编（中）［M］.北京：中央文献出版社，2016：162.

④ 中共中央文献研究室．十八大以来重要文献选编（中）［M］.北京：中央文献出版社，2016：790.

⑤ 中共中央文献研究室．十九大以来重要文献选编（上）［M］.北京：中央文献出版社，2019：21.

济体制上升为我国基本经济制度的重要组成部分。① 党的十九届五中全会提出建设更高水平开放型经济新体制。② 党的二十大提出在法治化轨道上全面建设社会主义现代化国家，构建高水平社会主义市场经济体制。③ 党的二十届三中全会提出到2035年，全面建成高水平社会主义市场经济体制的改革目标。④ 整体而言，进入新时代以来我国市场经济法治化水平不断提高，以法治引领、规范和保障社会主义市场经济高质量发展不断趋于系统性、规范性和科学性。

一、新时代完善经济法治化的内在逻辑

社会主义市场经济是社会主义制度下的经济类型，也是在法治化轨道上运行的经济类型。习近平总书记强调，“社会主义市场经济本质上是法治经济”⑤，“社会主义市场经济是信用经济、法治经济”⑥，意味着法治既是市场经济发展的必然要求，也是其良性运行的重要保障。市场经济的主体、运行和发展，都需要法律明确，通过法治思维和法治方式依法调控和治理，以此塑造实现高质量发展的现代化经济体系和社会主义市场经济体制，为推进全面依法治国，建设法治中国提供条件和可能。

法治经济是调整和保护市场主体自由交易的契约经济。契约是商品经济的产物，是缔约双方为实现经济利益而缔结的意思表示的协议。在法治经济条件下，契约是建立和连接缔约双方经济交往的主要纽带，且契约的订立必须建立在买卖双方依法表达自己自由意志的基础上。成立这种契约关系的自由意志具体包括，双方是否缔约的自由、契约内容变更的自由、解除契约的自由、选择缔约相对人的自由、选择缔约方式的自由等，缔约合意一旦成功，缔约双方就要受到合同的约束，并且合同的履行也受法律保护，以此保证法

① 中共中央文献研究室．十九大以来重要文献选编（中）［M］.北京：中央文献出版社，2021：280-281.

② 中共中央文献研究室．十九大以来重要文献选编（中）［M］.北京：中央文献出版社，2021：807.

③ 习近平．习近平著作选读（第一卷）［M］.北京：人民出版社，2023：24.

④ 中共中央关于进一步全面深化改革　推进中国式现代化的决定［M］.北京：人民出版社，2024：4.

⑤ 习近平．论坚持全面依法治国［M］.北京：中央文献出版社，2020：129.

⑥ 习近平．论坚持全面依法治国［M］.北京：中央文献出版社，2020：29.

治经济富有活力和创造性。

法治经济是确立和维护市场主体平等地位的平权经济。法治经济以确保市场主体享有平等法律地位、对等权利义务关系作为显著特征。在法治经济活动中，经济状况，职业差别，自然人、法人或非法人组织，各经济主体的法律地位都具有高度一致性、独立性和平等性，且法律平等保护各方经济主体权益；在契约的订立和履行中，依据契约平等原则，各经济主体平等地享有契约权利、履行契约义务、严格履行法律规定的责任，禁止一方强加自己的意志给另一方，禁止一方以欺诈、胁迫的手段侵害另一方权益。

法治经济是追求和筑牢市场公平竞争规则的公正经济。市场经济是公平与效率统一下的经济，公平竞争和效率效益是推进市场经济不断向前发展的重要动力，旨在实现市场机制高效运行、提高竞争效率和效益，确保市场经济的顺利运行。公平竞争原则要求各市场竞争者在同一市场条件下，不得歪曲或干扰、破坏市场经济规则，不得妨害或阻止竞争活动，确保竞争主体依法进行经济行为，确保竞争主体尊重市场经济运行的客观规律，共同接受反不正当竞争法和反垄断法等法律法规规制下的竞争过程及结果，以此规范市场竞争，实现市场资源的优化配置。

法治经济是规范和引导政府宏观调控行为的规则经济。为弥补市场调节的固有缺陷，需要借助政府宏观调控予以正确引导，因而市场经济的发展同政府规制之间存在密切联系，市场经济的健康运行离不开政府宏观调控措施。法治作为治国理政的基本方式，也是规范政府宏观调控的重要手段，政府采取的对市场经济实行宏观调控的正当干预必须纳入法治轨道，把良法善治的要求贯彻到调控和治理市场经济、健全宏观经济治理体系的全过程和各方面，运用法律规范完善调控体系和政策协调的体制机制，化解经济风险隐患，确保党中央宏观调控经济决策有效贯彻实施。

法治经济是保障和实现市场有序协调发展的秩序经济。构建高水平的社会主义市场经济体制及建设现代化经济体系是一项系统工程，其影响范围大、涉及面广且时间紧、任务重，应抓住关键、有章可循。迫切需要通过法治整顿和规范经济秩序，把工作重点放在完善市场经济发展需要的法治秩序上，坚决纠正执法不严、违法不究的乱象，依法惩治破坏、扰乱市场经济秩序的违法犯罪活动，加快完善市场监督机制，把加强法治工作队伍建设作为维护市场经济秩序的力量保证，为市场经济的繁荣健康运行提供良好的法治环境，以此提升国民经济整体素质和竞争力。

二、新时代完善经济法治化的战略路径

唯物史观强调，经济是政治的基础，政治是经济的集中表现。尽管各国政治的发展都各有其经济社会背景，但物质的经济因素总是在各国政治发展中扮演最终的决定性角色，政治的法治化同样如此。进入新时代以来，支撑我国经济法治化实践探索的，是新时代我国经济法治化的理论创新，其基本的完善路径在于经济法治化与政治法治化之间存在着紧密的逻辑联系，经济法治化是政治法治化的基础，它决定政治法治化的性质和方向。

（一）为新时代中国经济法治化提供政治法治化的物质基础

社会主义市场经济不仅是社会主义制度下的经济类型，也是在法治的规范下和法治的轨道上运行的经济类型，它“本质上是法治经济”[①]。进入新时代以来，以习近平同志为核心的党中央全面推进中国特色社会主义经济、政治、文化、社会和生态建设，确立了“五位一体”的总体布局。其中经济建设是统筹推进“五位一体”总体布局的首要要求，它为政治建设在内的其他四个方面提供了建设的物质基础。经济法治化的实质效果是经济主体类型法治化、经济行为模式法治化、经济关系内容法治化，并最终实现经济权益被法律确认、受法律保护，从而使经济发展更为规范、有序、强劲，进而为政治法治化提供更加坚实的物质支撑。

（二）以新时代中国经济法治化决定政治法治化的根本性质

马克思主义法政治学基本原理主张法律和法治作为上层建筑树立于经济基础之上并受经济基础决定。同样，中国经济的法治化决定了中国政治法治化的产生、性质和发展。第一，经济法治化决定政治法治化的产生。现代政治形态是社会经济基础和经济结构发展到一定阶段的产物，新时代中国政治

① 习近平．论坚持全面依法治国［M］.北京：中央文献出版社，2020：129.

法治化以社会主义市场经济法治化为前提，若无社会主义市场经济的法治化，新时代中国政治的法治化则无从发展。第二，经济法治化决定政治法治化的性质。政治上层建筑的根本性质由经济基础决定，有什么样的经济基础就有什么样的政治上层建筑。新时代在法治规范下和法治轨道上的社会主义市场经济制度，决定了我国民主政治法治化的社会主义性质。第三，经济法治化决定政治法治化的发展。经济基础的变革决定上层建筑或快或慢地发生变化，甚至决定上层建筑朝某一特定方向发展。法治轨道上的社会主义市场经济决定了新时代中国政治建设要遵从经济基础决定上层建筑的基本原理，有领导、分步骤地朝着制度化、规范化、程序化和法治化的方向发展。例如，经济法治化发展背景下，新质生产力不同于传统生产力的简单优化与局部更迭，其以科技创新为主导、强调关键和颠覆性技术突破，是新征程推进中国式现代化建设的核心支撑。具体而言，科技创新在发展新质生产力中能够催生新产业、新模式、新动能，主要涉及数字技术创新、绿色生态创新和蓝色产业创新。[①] 其一，新质生产力是在数据技术和数字经济发展中释放出的新型生产力量，实质是数据时代下新质态的生产力。数字新质生产力的发展，推动信息技术、人工智能、大数据等数据技术的广泛应用，有利于推进数字公共外交加强中国与世界的交流与对话，推动人类命运共同体的构建。其二，习近平总书记指出“绿色发展是高质量发展的底色，新质生产力本身就是绿色生产力”[②]，绿色生产力蕴含低碳绿色的新发展理念，推进新时代在法治轨道内积极稳妥推进生态文明建设，完善绿色法治供给、助力碳达峰碳中和，不断契合绿色发展的中国实际、促进人与自然和谐共生。其三，新质生产力将海洋作为发展要地，注重海洋科技创新，统筹海陆资源，进一步推进建设国家经略海洋和坚定实施创新驱动发展战略，因而也是“蓝色生产力”。

（三）以新时代中国经济法治化确立政治法治化的内在理性

“一个国家的政治制度决定于这个国家的经济社会基础，同时又反作用于

---

① 张震宇，侯冠宇．新质生产力赋能中国式现代化的历史逻辑、理论逻辑与现实路径［J］.当代经济管理，2024（2）：4.

② 习近平在中共中央政治局第十一次集体学习时强调加快发展新质生产力扎实推进高质量发展［N］.人民日报，2024-02-02（1）.

这个国家的经济社会基础……”经济对政治的决定性作用要求政治随经济基础的变化而变化，①经济体制或制度的发展和完善必然会映射到政治上，并影响民主政治的发展及完善，新时代经济法治化对政治法治化内在逻辑的最大影响表现在对公权力尤其是对政府权力的保障、规范和制约上。具体而言，政府和市场是法治经济治理模式下资源配置的两股最终力量，其中，配置效率的最大化主要通过发挥市场机制的作用来实现，政府则扮演矫正、弥补“市场失灵”的角色，并且政府对资源配置的方式、手段必须遵循符合市场管理法治化的要求，即以政府行为法治化适应经济法治化要求。因此，政府作为经济活动的重要参与者和管理者，其行为必须遵循法治原则，确保经济活动的合法性和规范性。政府不能随意干预市场的正常活动，但在市场不能有效提供公共服务的领域，政府应通过法律手段发挥对市场的规制监管作用、适度适时地宏观干预，为保持市场经济的公平、公正和有序运行创造便利条件，这就表明只有推进政治法治化才能更好地服务于经济法治化。

（四）以新时代中国经济法治化培育政治法治化的外部环境

经济法治化带来国家各方面工作法治化的转向，体现到政治法治化方面，经济法治化为政治法治化提供了良好的外部环境支持。首先，市场经济法治化对政治法治化的催化反映在对公民政治素质的影响上。市场机制的法治规则为维持市场生产要素的自由流动提供了重要依据，并为不断激发市场活力、规范市场行为、保障市场各竞争主体法律地位的平等提供了科学规范的社会空间，导致人们在经济交换和竞争中要求实现等价交换、公平竞争，有利于培养公民的法治意识，提高公民的政治参与和政治判断力的技能。其次，经济法治化是新时代政治法治化进程的重要推动力量。市场经济法治化要求经济决策的制定与经济活动的运行都要遵循宪法和法律的规定，反映到政府行为上就是要求政府依法进行经济管理和调控，进而必然推动政治体制改革的深化，促进政治决策的法治化、科学化和民主化；经济法治化同时要求政府更加注重经济决策的公正和透明，有利于提高政府工作的透明度和可预期性，提升公众对政府的信任度，提高政府公信力，为建设法治政府提供了动力。

---

① 中共中央文献研究室．十八大以来重要文献选编（中）［M］.北京：人民出版社，2016：62.

第二节 民主法治化是政治法治化的目的

民主是法治的前提和内容，社会主义民主越发展，社会主义法治发挥固根本、稳预期、利长远的保障作用就越充分；社会主义民主越完善，社会主义法治在国家治理现代化中的地位就越突出。法治是民主的体现和保障，没有高度发达的法治，社会主义民主就不可能实现，而要实现民主政治的法治化，就必须使社会主义民主得到法治保障。就我国而言，一直以来中国共产党始终强调实现人民民主、保障人民当家作主，维护人民合法权益是民主政治建设的核心价值目的，坚持法治以人民为中心的指导思想，强调“发展人民民主必须坚持依法治国、维护宪法法律权威，使民主制度化、法律化……”① 至此，建立在人民当家作主或以人民为中心的理念基础之上的法治，是检验政治建设和政治制度是否民主和有效的重要标准。

进入新时代以来，以习近平同志为核心的党中央不断深化对社会主义民主政治发展规律的认识，深入推进全面依法治国，系统制定了在法治的轨道上如何保护人民权益、发展全过程人民民主的战略部署。党的十八大提出继续积极稳妥推进政治体制改革，“发展更加广泛、更加充分、更加健全的人民民主”“更加注重健全民主制度、丰富民主形式，保证人民依法实行民主选举、民主决策、民主管理、民主监督”②。党的十八届四中全会确立“坚持人民主体地位”是实现全面推进依法治国总目标必须坚持的基本原则之一。③ 党的十九大提出“用制度体系保障人民当家作主”的战略安排，并进一步丰富民主形式，人民依法享有“民主选举、民主协商、民主决策、民主管理、民

① 习近平．论坚持全面依法治国［M］.北京：中央文献出版社，2020：73.

② 中共中央文献研究室．十八大以来重要文献选编（上）［M］.北京：中央文献出版社，2014：20.

③ 中共中央文献研究室．十八大以来重要文献选编（中）［M］.北京：中央文献出版社，2016：163，158.

主监督”[①] 的权利。2019 年 11 月，习近平总书记在上海考察全国人大基层立法联系点时深刻提出“人民民主是全过程的民主”[②]。2020 年 11 月，中央全面依法治国工作会议正式确立习近平法治思想，“坚持以人民为中心”成为习近平法治思想的核心要义之一。[③] 党的十三届全国人大四次会议将“全过程民主”作为法律概念正式写进修改后的《中华人民共和国全国人民代表大会组织法》和《中华人民共和国全国人民代表大会议事规则》。党的十九届六中全会把“发展全过程人民民主”列入十八大以来党领导民主法治建设取得的重大成就。[④] 党的二十大高度重视全过程人民民主在中国特色社会主义事业中的分量和地位，将其作为报告第六部分单独论述，提出“全过程人民民主是社会主义民主政治的本质属性”，是新时代人民民主最新形态的发展范式。[⑤] 2023 年 3 月，党的十四届全国人大一次会议审议立法法修改草案，新增了“立法应该坚持和发展全过程人民民主”的最新规定，强调在立法各活动和立法各环节贯彻全过程人民民主的实践要求，积极回应人民在立法问题上的新要求、新期许。同时，以习近平同志为核心的党中央还反复强调要积极发展党内民主，加强党内民主制度建设，完善党的民主集中制制度，制定出台了《关于新形势下党内政治生活的若干准则》《中共中央政治局关于加强和维护党中央集中统一领导的若干规定》等党内法规。党的二十届三中全会提出发展全过程人民民主是中国式现代化的本质要求，健全全过程人民民主制度体系。[⑥] 可见，循沿法治轨道发展全过程人民民主是社会主义民主的建设、发展、成熟和完善蕴含的深刻内在逻辑。

---

① 中共中央文献研究室．十九大以来重要文献选编（上）［M］.北京：中央文献出版社，2019：26.

② 习近平在上海考察时强调深入学习贯彻党的十九届四中全会精神提高社会主义现代化国际大都市治理能力和水平［N］.人民日报，2019-11-04（01）.

③ 习近平．论坚持全面依法治国［M］.北京：中央文献出版社，2020：2.

④ 中国共产党第十九届中央纪律检查委员会第六次全体会议公报［N］.人民日报，2022-01-21（01）.

⑤ 习近平．习近平著作选读（第一卷）［M］.北京：人民出版社，2023：30-31.

⑥ 中共中央关于进一步全面深化改革　推进中国式现代化的决定［M］.北京：人民出版社，2024：27.

一、新时代推进民主法治化的内在逻辑

坚持和崇尚全过程人民民主是民主法治化的重要表现。社会主义民主同社会主义法制之间存在天然的联系。改革开放之初，党中央就明确提出社会主义民主必须制度化、法律化，才能保证人民民主发展的稳定性、长期性和权威性。进入新时代以来，党中央强调全过程人民民主不是抽象而是具体的，是在中国共产党领导下的我国经济、政治、文化、社会综合因素发展的产物，坚持和崇尚全过程人民民主要适配于中国特色社会主义民主法治化。其中，坚持党的领导、人民当家作主、依法治国的内在统一，是发展全过程人民民主的实践价值和制度保障。

党的领导是坚持和崇尚全过程人民民主的根本保证。长期以来，中国共产党人带领广大人民群众坚持将马克思主义民主理论同中国民主政治实践相结合，将人民民主的价值理念贯彻到党治国理政的全过程，探索出中国特色社会主义民主模式。进入新时代，以习近平同志为核心的党中央深刻把握我国社会主义民主政治发展规律，提出了全过程人民民主的发展理念，而发展全过程人民民主，只有坚持中国共产党的全面集中统一领导，保证全过程人民民主沿着中国特色社会主义道路循序渐进。坚持党的领导能够确保全过程人民民主的正确方向，全过程人民民主只有在党的领导下才能保证正确的民主方向和民主实践；坚持党的领导能够确保全过程人民民主的顺利实现，全过程人民民主只有在党的领导下谋划推进，我国社会主义民主政治建设才能顺利取得历史性成就。

人民当家作主是坚持和崇尚全过程人民民主的价值追求。脱离人民，社会主义事业就无法进行。社会主义民主本质是人民当家作主，并且人民当家作主有着完整的制度体系和实践程序。从民主制度来看，全过程人民民主把民主选举制度、民主协商制度、自治制度结合起来，是人民代表大会制度、人民政协制度、民族区域自治制度、基层群众自治制度的统一；从民主运行机制来看，全过程人民民主包括选举民主和协商民主，构建政党协商、人大协商、政府协商、政协协商、人民团体协商、基层协商、社会组织协商等多层次协商机制；从民主环节和具有具体现实的民主实践来看，全过程人民民

主包括民主选举、民主协商、民主决策、民主监督和民主管理；从民主方式来看，全过程人民民主包括过程民主和成果民主、直接民主和间接民主、程序民主和实质民主、人民民主和国家意志；从民主治理结构来看，全过程人民民主包括党内民主、人大民主、协商民主和基层民主。坚持和崇尚全过程人民民主，本质就是始终坚持人民主体地位，确保人民依法享有和行使政治权利，始终坚持有效保障人民在国家政治生活和社会治理中享有政治参与权利，实现人民自由自主管理国家和治理社会。

依法治国是坚持和崇尚全过程人民民主的法治保障。全过程人民民主与法治中国建设密切相关，推进全面依法治国，根本目的在于依法保障人民权益。坚持和崇尚人民民主的“全过程”，必须通过“全面依法治国”有序推进实现社会主义民主法治化。推进全面依法治国，要求完善以宪法为核心的中国特色社会主义法律规范体系，维护宪法法律权威，把依法治国作为党领导人民治理国家的基本方略，把法治作为党领导治国理政的基本方式，更好发挥法治固根本、稳预期、利长远的作用；加快完善人民当家作主制度体系，将全过程人民民主的思想理念贯彻到立法、司法、执法和守法的全过程，全方位加强人民法治保障。

二、新时代推进民主法治化的战略路径

马克思主义民主观认为，民主既是手段又是目的，是目的和手段的统一。对于作为手段的民主，马克思主义民主观主张“工人革命的第一步就是使无产阶级上升为统治阶级，争得民主”①，民主不过是实现阶级统治的手段和工具，并且民主的理论和实践、形式和内容必须符合政治统治的目的；对于作为目的的民主，马克思主义民主观主张政治统治的目的在于“把一切生产工具集中在国家即组织成为统治阶级的无产阶级手里，并且尽可能快地增加生产力的总量”②，实现广泛的社会民主。因此，以法治保证人民当家作主，实

① 中共中央马克思恩格斯列宁斯大林著作编译局．马克思恩格斯选集（第一卷）[M].北京：人民出版社，2012：421.

② 中共中央马克思恩格斯列宁斯大林著作编译局．马克思恩格斯选集（第一卷）[M].北京：人民出版社，2012：422.

现社会主义民主法治化，是新时代我国推进政治法治化、发展社会主义政治文明的根本目的和基本价值导向。

（一）以新时代中国民主法治化明晰政治法治化的本质目的

一直以来，中国共产党作为领导人民推进中国政治建设的核心力量，始终坚持把人民立场作为党的根本政治立场，强调实现、维护和发展最广大人民的根本利益是我们发展社会主义民主政治矢志不渝的奋斗目的。邓小平民主法制思想提出实现“民主制度化、法律化”①，标志着我国在社会主义民主政治发展认识上实现重大转变，强调发展社会主义民主政治的目的在于保障人民民主；“三个代表”重要思想中实行依法治国基本方略的思想提出“建设中国特色社会主义的政治，就是在中国共产党领导下，在人民当家作主的基础上，依法治国，发展社会主义民主政治”②，并将依法治国提高到党领导人民治理国家的基本方略的高度，其目的在于尊重和保护人民主权；科学发展观中坚持依法执政基本方式的思想继续强调“加快推进社会主义民主政治的制度化、规范化、程序化”“实现国家各项工作法治化”③，目的在于保障公民合法权益；在新时代，习近平法治思想进一步升华为社会主义民主政治制度化、规范化和程序化的工作机制，强调积极推进政治体制改革，推进社会主义民主政治法治化，其根本目的在于用法治规范、促进并扩大社会主义民主，本质是实现人民当家作主。

（二）以新时代中国民主法治化彰显政治法治化的价值向度

政治需要价值，犹如航海需要罗盘。政治价值是指能够满足政治主体在政治生活、政治现象以及政治关系处理中所需要的积极性效用。进入新时代，中国政治法治化的价值向度在于长期持续推进全过程人民民主法治化。第一，从政治的基本特征来看，社会主义民主政治是直接民主与间接民主的统一，而全过程人民民主是社会主义民主政治的本质属性，新时代推进全过程人民民主法治化，是坚持全面依法治国、发展社会主义民主政治的内在要求。第

① 中央文献编辑委员会．邓小平文选（第二卷）[M].北京：人民出版社，1993：146.
② 中央文献编辑委员会．江泽民文选（第二卷）[M].北京：人民出版社，2006：17.
③ 中央文献编辑委员会．胡锦涛文选（第二卷）[M].北京：人民出版社，2016：635.

二，从政治的价值理性来看，社会主义民主政治是外在形式与内在本质的统一。一般来说，在唯物主义世界观的引导下，人类所共同追求的普遍性政治价值趋于自由、安全、秩序、人权、主权、权利、义务、责任、幸福以及人的全面发展等，而发展人民民主，实现人民当家作主构成了社会主义民主政治的内在本质。鉴于此，可以说新时代持续推进全过程人民民主法治化是中国政治法治化的内在价值逻辑，其以保障公民权利为指向，以法治为基本逻辑，强调用法律体系规范全过程人民民主、用法治机制引领全过程人民民主，用法治思维和法治方式提升全过程人民民主制度化、规范化和程序化水平。

（三）以新时代中国民主法治化明确政治法治化的制度部署

协商民主是我国社会主义民主政治的特有形式和独特优势，是党的群众路线在政治领域的重要体现，因而推进社会主义民主政治法治化必然要求全面发展协商民主，推进社会主义协商民主法治化。党的二十大将协商民主确立为实践全过程人民民主的重要形式，要求推进社会主义协商民主制度化、规范化、程序化建设。其中，制度化的关键是法治化，法治建设是制度建设的高级形式。推进社会主义协商民主制度的法治化：第一，推进人大协商法治化。不仅要求人大主导和组织立法协商，坚持立法贯彻全过程人民民主，广泛听取社会公众意见和专业人士建议，依法规范立法的公开制度、参与制度和意见处理反馈制度。第二，依法拓展立法协商的内容和参与范围。在充分发挥人大代表在立法协商中作用的基础上，形成立法与社会公众对美好生活需要的切实问题之间的交互式协商机制。第三，推进行政协商法治化。着力强调政府协商机制的不断完善，进一步加强政府与公众及社会组织之间的平等对话和理性交流，尤其是在立法、行政决策的制定中融入公众的参与，加强行政主体与公众的合作，广泛听取意见并及时反馈意见采纳情况。此外，特别注重“数字化+政务服务”改革中政府与公众参与式治理的衔接问题。第四，推进基层协商民主法治化。基层协商民主法治化的现实诉求不仅体现在对基层村镇两级协商民主经验的法律化，更体现为其他协商民主形式与基层协商民主的法治协作。例如，杭州市富阳区聚焦“明”“实”“专”三字，规范协商法治程序、搭建协商平台、夯实协商根基，从而建立基层政协与基层协商双向发力的协商民主模式。

第三节　领导法治化是政治法治化的关键

我国在革命、建设、改革各个时期所积累的实践经验早已证明，党的领导是中国特色社会主义最本质的特征，是中国特色社会主义制度的最大优势，也是建设中国特色社会主义民主政治的领导主体和政治保证。民主政治建设必须在党的领导下有步骤、有秩序地稳妥进行才能确保发展方向的正确和政治保证的坚强有力；同样，推进政治法治化离不开党的领导，推进我国政治法治化的关键在于党的领导法治化，党的领导法治化决定政治法治化的发展方向，只有坚持党的领导法治化引导才能持续推进中国民主政治建设不断朝着法治化的方向发展。

中国共产党在领导中国特色社会主义民主政治建设的过程中，将党的领导与依法治国有机结合起来，不断提升党的领导法治化水平，为我国政治建设提供了坚强有力的领导核心。进入新时代，以习近平同志为核心的党中央继续坚持党的领导下民主政治发展的社会主义方向，并不断加强党对社会主义民主政治事业领导的法治化建设。党的十八大提出政治体制改革“必须坚持党的领导、人民当家作主、依法治国有机统一”①。党的十八届四中全会强调党的领导是全面推进依法治国必须坚持的首要原则，必须加强和改进党对法治工作的领导，把党的领导贯彻到全面推进依法治国全过程。② 党的十九大提出党的领导是人民当家作主和依法治国的根本保证，要求坚持厉行法治、坚持依法治国和依规治党有机统一，把党的领导贯彻到全面依法治国全过程和各方面。③ 2018 年 3 月，党的十三届全国人大一次会议对宪法进行第五次

---

① 中共中央文献研究室．十八大以来重要文献选编（上）［M］.北京：中央文献出版社，2014：20.

② 中共中央文献研究室．十八大以来重要文献选编（中）［M］.北京：中央文献出版社，2016：177.

③ 中共中央文献研究室．十九大以来重要文献选编（上）［M］.北京：中央文献出版社，2019：26.

重大修改，首次将“党的领导”纳入《宪法》正文第1条；同年8月，中央全面依法治国委员会第一次会议强调继续推进党的领导制度化、法治化，把党的领导贯彻到全面依法治国全过程和各方面。① 2020年5月，中央全面依法治国委员会第一次会议提出全面依法治国要进一步推进党的领导入法入规，推进党的领导制度化、法治化、规范化；② 同年11月，中央全面依法治国工作会议重申党的领导是推进全面依法治国的根本保证。③ 2021年1月，中共中央《法治中国建设规划（2020—2025年）》提出“推进党的领导入法入规，着力实现党的领导制度化、法治化”，明确党的领导入法入规是实现党的领导制度化、法治化的重要方式。党的二十大强调坚持走中国特色社会主义法治道路，建设中国特色社会主义法治体系、建设社会主义法治国家首要坚持《宪法》确定中国共产党领导地位不动摇。④ 党的二十届三中全会鲜明指出党的领导是进一步全面深化改革、推进中国式现代化的根本保证。⑤

一、新时代推进领导法治化的内在逻辑

党的领导法治化，包括党的领导体制机制的法治化、党的领导行为和执政行为的法治化，就是把人民当家作主和依法治国有机统一起来，把党对国家的领导行为和执政行为以及党对社会的领导行为纳入法律和制度的轨道，以此约束党组织和全体党员的行为，确保“党领导人民制定宪法法律，领导人民实施宪法法律，党自身要在宪法法律范围内活动”⑥。推进党的领导法治化，既是中国共产党自我革新的重要方式，也是实现社会主义民主政治法治化的关键所在。党的领导法治化需要从国家法律与党内法规两个方面推进：一方面，发挥好党内法规在维护党中央集中统一领导、保障党长期执政和维护国家长治久安方面的重大作用，加快构建覆盖党的领导和党的建设各方面

① 习近平．论坚持全面依法治国［M］.北京：中央文献出版社，2020：228.

② 中共中央文献研究室．十九大以来重要文献选编（中）［M］.北京：中央文献出版社，2021：418.

③ 习近平谈治国理政（第四卷）［M］.北京：外文出版社，2022：287.

④ 习近平．习近平著作选读（第一卷）［M］.北京：人民出版社，2023：34.

⑤ 中共中央关于进一步全面深化改革　推进中国式现代化的决定［M］.北京：人民出版社，2024：43.

⑥ 习近平谈治国理政（第三卷）［M］.北京：外文出版社，2020：285.

的党内法规制度体系；另一方面以国家法律保障党的领导，要善于使党的主张通过法定程序成为国家意志、转化为法律法规，促进国家法律与党内法规之间相互促进、相互协调、相互配合。

推进党的领导法治化，要进一步完善新时代党内法规体系。党内法规是党的领导的重要制度，进入新时代，截至2024年，党中央共制定并修订现行有效党内法规共四千余部，主要由党章、准则、条例、规定、办法、规则、细则七类构成，其中《党章》属于最高位阶，规定、办法、规则、细则属于最低位阶。同时，党中央根据《关于加强党内法规制度建设的意见》，从战略全局高度将现行党内法规制度体系划分为“1+4”的基本框架，其中“1”特指党章，“4”特指在《党章》之下的党的组织法规、党的领导法规、党的自身建设法规、党的监督保障法规。因此，新时代“形成比较完善的党内法规体系”是建设中国特色社会主义法治体系的重要内容，也是新时代十年伟大变革的重要标志性成就：一要坚持以《党章》为根本，明确党章是党内法规制度体系内的根本大法，其他党内法规的效力位阶在《党章》之下，受《党章》统领并不得与其相抵触；二要完善党的领导法规制度建设，健全以党规规范党的领导地位和范围、领导内容和责任以及党的领导体制机制等事项，从而充分发挥党对国家和社会总揽全局、协调各方的领导核心作用；三要推进党的组织法规制度建设，完善增强党组织政治功能和组织功能的制度、党的干部工作制度、党员队伍建设制度、党的人才工作制度，为管党治党、执政治国提供组织制度保障；四要完善党的自身建设法规制度，健全党内民主制度，健全纠治形式主义、官僚主义制度，健全反对特权制度，健全党的纪律建设制度，健全党的工作防错纠偏机制，健全一体推进不敢腐、不能腐、不想腐制度；五要完善党的监督保障法规制度，重点健全监督制度、纪检制度、追责问责制度、激励干部担当作为制度等，持续激发党员干部秉公用权、干事创业。

推进党的领导法治化，要实现党内法规和国家法律的衔接与协调。党内法规和国家法律的关系，实质是政治和法治关系在治国与治党中的具体体现。党内法规和国家法律并不是对立的，二者是党的主张和人民意愿在不同治理领域中的体现，是中国特色社会主义法治体系的重要组成部分，根本上统一于新时代中国特色社会主义民主政治的伟大实践。其中，党的领导法规作为党内法规的重要组成部分，其与党的领导的国家法律共同作用于党的宏观领导领域。因此，为推进党的领导法治化，势必要注重完善党内法规与国家法律之间的有效衔接。衔接党内法规和国家法律，要从实体和程序两个方面进行规范。从实体角度出发，衔接协调党内法规和国家法律首先要明晰各自的调整边界，对于同一问题的规定，不能存在重复或交叉；明晰二者的效力等级，坚持国家法律始终高于党内法规的宗旨，将宪法置于最高效力地位；对于党内法规与国家法律中间的空当，对于属于党内事务的部分，可以先行制定党内法规，待条件成熟时再转化为国家法律。从程序角度出发，衔接协调党内法规和国家法律需要健全运行有效的沟通协调机制，以实现党内法规和国家法律在制定与实施上的良性互动；健全合法性备案审查制度的联动机制，以推进党内法规和国家法律在备案审查内容上的衔接协调；健全党对政党立规和国家立法的统筹机制，有效避免党内法规和国家法律在立法上的冲突重复。

二、新时代推进领导法治化的战略路径

新时代以习近平同志为核心的党中央强调，党在社会主义民主政治建设过程中处于核心地位，党对社会主义民主政治建设的领导广度、力度和深度不断加强并取得长足进展。全面依法治国作为国家治理的一场深刻革命，必须坚持和加强党的全面领导，“把党的领导落实到党和国家事业各领域各方面各环节”，包括落实到坚持全面依法治国，推进法治中国建设中①，通过法治保障党的路线方针政策有效实施。因此，只有坚定地维护党中央对法治建设的权威和集中统一领导，才能保障党的长期执政和领导地位，确保新时代政治法治化的前进方向。

（一）以新时代中国领导法治化构成政治法治化的核心支撑

中国政治法治化是一项庞大的系统工程，必须在建设过程中突出核心，才能为政治法治化发展指明正确方向，才能加速构建推进社会主义民主政治

① 习近平．习近平著作选读（第一卷）［M］.北京：人民出版社，2023：22.

法治化的新方略。党的领导是我国民主政治的核心，坚持党的领导、人民当家作主和依法治国三者有机统一是我国民主政治建设的关键，也是推进我国民主政治法治化的关键所在。其中，坚持党的领导和依法治国是高度统一的，这就必然要求实现党的领导法治化，由此构成推进我国民主政治法治化的关键之关键。具体而言，依法治国的基本方略要求在法治轨道上规范党的领导方式、手段和途径，确保党对政治生活的领导在宪法法律范围内活动，使党的主张经过法定程序上升为国家意志，使党的路线方针政策通过法律保障得以贯彻实施。因此，只有不断推进党的领导法治化才能确保社会主义民主政治建设，始终保障人民当家作主，才能在全面依法治国的基本方略中不断有序推进民主政治的法治化。

（二）以新时代中国领导法治化保障政治法治化目的的实现

中国政治法治化必须在党的领导下进行，这是由党的性质决定的。党的性质和宗旨决定了党的全部活动都是代表广大人民群众的利益，除此之外绝无自己的利益；而政治法治化的实质核心在于以法治保障并实现人民当家作主，其目的要求以法治完善社会主义民主政治制度，充分调动人民群众建设社会主义的积极性和主动性，从而实现人民民主的法治化，保证人民真正享有行使人民当家作主的权利。因此，政治法治化的目的和党的性质、宗旨、任务以及使命具有内在统一性。在推进社会主义民主政治法治化的问题上，任何削弱、动摇或否定党的领导法治化的行为，都无法保障民主政治法治化目的的实现。只有在坚持党的领导法治化的前提下，不断完善党的领导机制和工作机制，把党的领导具体贯彻到民主政治法治化的全过程和各方面，才能保证和发展人民当家作主。

（三）以新时代中国领导法治化维持政治法治化的安定局面

实现政治法治化必须在安定有序的政治环境下进行。推进中国特色社会主义民主政治法治化，自有其独特特点和内在规律，不能照搬照抄西方国家的政治制度模式或西方法治模式。因此，认清并坚持我国政治法治化的方向立场，就是要以坚持党的领导法治化为前提。进入新时代，我国政治体制改革仍然存在党和国家机构改革进度缓慢、机构臃肿、机构职能的设置同国家总体布局和战略布局之间的不完全适应性等诸多问题，影响民主政治法治化进程。为破解全面深化政治体制改革的现实困境，政治体制改革只有在坚持党的领导法治化的前提下，通过法治方式破除机制体制方面的障碍和弊端，有效协调政治体制改革中的各方面利益关系，才能保证政治体制的有序推进，并通过集中群众智慧、凝练群众意志，以此巩固民主团结、安定和谐的政治局面，形成具有中国特色社会主义的强大合力。

第四节　国家法治化是政治法治化的目标

政治目标引领政治方向、决定政治行动及政治策略。中国政治法治化的目标是指中国共产党在清楚认识到我国民主政治发展所处的历史阶段并深刻分析我国民主政治建设面临的国内外形势变化的前提下，站在党和国家工作格局以及中国特色社会主义的战略高度、着眼于人民群众对法治的新要求、新期待所提出的民主政治法治化所需满足的标准或实行所要达到的境界。政治法治化的目标决定着社会主义民主政治走法治化道路遵循的行动方针和工作布局，只有确定了政治法治化的建设目标，才能保证社会主义民主政治正确前进。同时，政治法治化的目标不是一成不变的，它总是随着社会经济总体战略在不同历史时期面临的不同形势、不同任务和不同目标作出相应调整。

新时代以习近平同志为核心的党中央深刻把握全面依法治国在中国特色社会主义民主政治建设中的历史地位和作用，明确建设中国特色社会主义法治体系、建设社会主义法治国家是全面依法治国的总目标。其中，建设社会主义法治国家是指实现法治化的国家状态或者实现国家的法治化，既是依法治国基本方略所要实现的政治目标，也是新时代中国政治法治化的目标和归宿。对此，党的十八大明确提出全面推进依法治国。① 党的十八届三中全会提出建设法治中国，必须坚持依法治国、依法执政、依法行政共同推进，坚持

① 中共中央文献研究室．十八大以来重要文献选编（上）［M］.北京：中央文献出版社，2014：21.

法治国家、法治政府、法治社会一体建设。[①] 党的十八届四中全会系统诠释了全面推进依法治国的总目标是“建设中国特色社会主义法治体系、建设社会主义法治国家”[②]。党的十九大将全面推进依法治国总目标概括在“八个明确”中，并将全面依法治国，建设法治国家纳入新时代坚持和发展中国特色社会主义的十四条基本方略，明确了实现全面依法治国总目标的时间安排。党的十九届四中全会进一步将这一总目标明确为坚持和发展中国特色社会主义的总要求。2018 年 8 月，中央全面依法治国委员会第一次会议将坚持依法治国、依法执政、依法行政共同推进，法治国家、法治政府、法治社会一体建设概括为全面依法治国的工作布局。[③] 2020 年 11 月，中央全面依法治国工作会议将坚持依法治国、依法执政、依法行政共同推进，法治国家、法治政府、法治社会一体建设纳入习近平法治思想的核心要义。[④] 党的二十大在全面建设社会主义现代化国家新征程视角下，再次明确新时代全面依法治国的目标要求。[⑤]

一、新时代推进国家法治化的内在逻辑

新时代推进全面依法治国的总目标，整体由“建设中国特色社会主义法治体系”和“建设社会主义法治国家”两部分组成。其中，“中国特色社会主义法治体系”是全面依法治国的“总抓手”，是实现建设社会主义法治国家的前提和基础；“建设社会主义法治国家”明确了全面依法治国的性质和方向，二者相辅相成、缺一不可。

全面依法治国是一项系统工程，覆盖面广、时间跨度大、难度系数高。为避免“眉毛胡子一把抓”，必须由“建设中国特色社会主义法治体系”作为实现全面依法治国总目标过程中统筹推进、谋划全局的“总抓手”。其主要

---

① 中共中央文献研究室．十八大以来重要文献选编（上）［M］.北京：中央文献出版社，2014：529.

② 中共中央文献研究室．十八大以来重要文献选编（中）［M］.北京：中央文献出版社，2016：157.

③ 习近平．论坚持全面依法治国［M］.北京：中央文献出版社，2020：223.

④ 习近平．习近平谈治国理政（第四卷）［M］.北京：外文出版社，2022：293.

⑤ 习近平．习近平著作选读（第一卷）［M］.北京：人民出版社，2023：33.

原因在于：第一，中国特色社会主义法治体系具有全面完整的内在系统。不同于学理意义上的法律体系、法学体系，中国特色社会主义法治体系可以划分为国家法律体系和党内法规体系两大类，具体又包括法律规范体系、法治实施体系、法治监督体系、法治保障体系和党内法规体系五大体系，五大体系各有其建设要求。同时，法治体系内部可以在政治、经济、文化、社会、生态等涉及全面依法治国的方方面面中划分为具体的法治子体系。第二，中国特色社会主义法治体系是中国特色社会主义制度的法律表现形式，是国家治理体系的骨干工程。因而，法治体系建设必须循沿中国特色社会主义制度，在中国特色社会主义制度轨道内，不能脱离或偏离国家根本制度、基本制度和重要制度，以保证全面依法治国正确的政治方向。第三，中国特色社会主义法治体系不是闭塞而是开放的。作为全面依法治国的“总抓手”，法治体系的建设和完善也会随着全面依法治国的实践部署而不断深化拓展、升华超越，使全面依法治国各项工作的开展符合法治发展规律，更具先进性和科学性。

全面依法治国总目标中的“建设社会主义法治国家”，具体包含两层含义。第一层含义，是指党中央将法治国家建设上升到关系党和国家前途命运、长治久安的战略全局高度的进一步发展和升华，彰显法治国家建设的中国特色和民族意识；第二层含义，特指关于“依法治国、依法执政、依法行政共同推进，法治国家、法治政府、法治社会一体建设”中的“法治国家”，并且是相对“法治政府”“法治社会”而言的。与此同时，在全面依法治国进程中，“法治国家、法治政府、法治社会三者各有侧重、相辅相成”。其中，“法治政府是建设法治国家的主体，法治社会是构筑法治国家的基础”①。第一，法治国家是法治建设的总目标。建设社会主义法治国家，是全面推进依法治国的重要目标，法治政府和法治社会建设都要紧紧围绕这个总目标展开，服务并服从于社会主义法治国家建设。第二，法治政府是建设法治国家的主体。政府是国家机器之重要组成部分，是行使国家权力之具体组织，具体履行市场调节、社会管理、公共服务等重要职能，建设法治国家目标任务的实现必然要求建立有序高效的法治政府，因而法治政府建设是全面依法治国的重点

① 习近平．习近平谈治国理政（第三卷）[M].北京：外文出版社，2020：285.

任务和主体工程，政府的法治建设进程和水平深刻影响着法治国家建设和法治社会建设的速度与成效。第三，法治社会是构筑法治国家的基础。法治社会在建设社会主义法治国家中发挥基础性作用，建设法治社会要求“推进多层次多领域依法治理，提升社会治理法治化水平”“努力使尊法学法守法用法在全社会蔚然成风”①，能够为法治国家营造培育全社会办事依法、遇事找法、解决问题用法、化解矛盾靠法的良好环境。同时，全面依法治国、建设法治中国离不开全社会的共同参与，通过弘扬社会主义法治精神，提高全社会厉行法治的积极性和主动性，为法治国家建设注入精神活力。

二、新时代推进国家法治化的战略路径

邓小平民主法制思想提出坚持加强法制的基本方针，建设具有完备法制的社会主义国家；“三个代表”重要思想中实行依法治国基本方略的思想提出坚持依法治国的基本方略，建设社会主义法治国家；科学发展观中实行依法执政基本方式的思想提出坚持依法执政的基本方式，建设社会主义法治国家；在民主政治发展新时代的视角下，习近平法治思想指出推进全面依法治国，建设中国特色社会主义法治体系，建设社会主义法治国家。新时代中国政治法治化的目标呈现与全面依法治国的总目标相一致的鲜明特征，法治在党领导人民治理国家中所需实现的目标和法治在党治国理政中所需实现的建设目标，二者统一于全面依法治国关于建设中国特色社会主义法治体系、建设社会主义法治国家的总目标中。

（一）以新时代中国国家法治化凝聚政治法治化的磅礴力量

全面依法治国能否办好，最关键的是方向是否正确、政治保证是否坚强有力。中国特色社会主义法治建设实践早已证明，坚定不移走中国特色社会主义法治道路，是中国共产党百年奋斗伟大成就的集中体现，是社会主义法治建设唯一正确的道路，也是新时代推进政治法治化必须遵循的正确道路。坚持中国特色社会主义法治道路，核心就是要坚持党的领导，坚持中国特色社会主义制度，贯彻中国特色社会主义法治理论，以此保证实现全面依法治

① 习近平.习近平著作选读（第一卷）[M].北京：人民出版社，2023：35.

国总目标的根本方向正确。第一，坚持党的领导是中国特色社会主义法治道路的根本政治保证。在社会主义法治建设中，党的领导核心地位和政治保障作用具有广泛的人民性，坚持党对法治事业的领导，有利于保证中国法治道路始终沿着正确方向前进，以此避免西方资本主义法治道路的干扰。第二，坚持中国特色社会主义制度是中国特色社会主义法治道路的制度保障。中国特色社会主义制度是党和人民在坚持马克思主义国家学说的基础上，在长期社会主义实践中探索出的科学制度体系。坚持中国特色社会主义制度，是走中国特色社会主义道路的本质属性，为社会主义政治、经济、文化、社会和生态建设提供了坚实的法治保障。第三，贯彻中国特色社会主义法治理论是中国特色社会主义法治道路的学理支撑。中国特色社会主义法治理论是中国特色社会主义法治实践的理论成果和经验表达。只有贯彻中国特色社会主义法治理论，才能始终坚持走中国特色社会主义法治道路，为全面依法治国、建设社会主义法治体系、建设社会主义法治国家提供科学的理论指引，从而把握法治建设内在规律。

（二）以新时代中国国家法治化确保政治法治化行稳致远

党的二十大报告关于“全面推进国家各方面工作法治化”“在法治轨道上全面建设社会主义现代化国家”重要命题的提出，深刻体现了我国在展望全面建设社会主义现代化国家新征程、向第二个百年奋斗目标进军的关键时刻对法治工作建设在战略高度、推进力度和发展深度上的最新拓展，不仅为新时代推进法治中国建设、实现全面依法治国总目标提出了更严标准和更高要求，也为确保新时代政治法治化锚定目标行稳致远设计了总体格局。

“全面推进国家各方面工作法治化”与“在法治轨道上全面建设社会主义现代化国家”之间存在紧密的逻辑关联，即在法治轨道上全面建设社会主义现代化国家，就要全面推进国家各方面工作法治化。具体而言，就是要将党领导国家治理的各领域，包括经济建设、政治建设、文化建设、社会建设、生态文明建设、国防军队建设、党的建设、国家治理、政党治理、政府治理、军队治理、社会治理、对外事务等国家各方面工作全部纳入法治轨道，“坚持以法治的理念、法治的思维、法治的程序、法治的方式、法治的机制开展工作，通过国家各方面工作法治化推进和护航中国式现代化”①。法治中国建设是一个系统性过程，需要立足长远，运用统筹推进和整体谋划的系统思维稳步前进。因此，全面推进国家各方面工作法治化，首先要深入学习贯彻习近平法治思想，必须深刻领悟、认真落实习近平总书记重要讲话、重要指示批示精神，推进习近平法治思想学习走深走实，最终转化为法治中国建设的出色践诺和生动演绎，为实现法治中国建设总体目标提供科学理论指导。其次要加快完善以《宪法》为核心的中国特色社会主义法律体系建设，着力解决法律体系中“供给侧结构性矛盾”，为全面推进国家各方面工作法治化提供制度保障。全面推进国家各方面工作法治化必须抓好建设中国特色社会主义法治体系这个“总抓手”；正确把握全面推进国家各方面工作法治化关于“共同推进”“一体建设”的两大维度，贯彻实施《法治中国建设规划（2020—2025 年）》《法治政府建设实施纲要（2021—2025 年）》《法治社会建设实施纲要（2020—2025 年）》。

第五节　治理法治化是政治法治化的路径

路径为达成目的提供方法，科学路径为实践行动提供科学规范和标准化参考。政治法治化的具体路径决定政治法治化的推进速度和效率，直接影响其实现效果和完成质量，而法治作为现代文明的制度基石，是实现国家治理现代化的基本条件，推进政治法治化有赖国家治理的法治路径。我国改革开放四十多年的实践经验表明，全面依法治国是推动国家稳步发展、促进社会和谐稳定的本质要求和重要保障，是实现国家治理体系和治理能力现代化的关键。其中，国家治理现代化首先包括国家治理法治化，就是要求治理主体通过运用包括法治在内的综合手段使国家治理体系和治理能力不断朝着制度化、规范化与程序化的方向发展，从而适应现代化建设的发展需要。因此，国家治理法治化是国家治理现代化的逻辑起点和重要表现，既为政治法治化

① 张文显．全面推进国家各方面工作法治化［J］.法制与社会发展，2022（6）：2.

发展提供科学路径，其自身也是一个不断发展的历史进程。

新时代以习近平同志为核心的党中央不断推进国家治理体系和治理能力的现代化，特别强调发挥法治在国家治理中固根本、稳预期、利长远的保障作用，科学阐释了法治与国家治理、法治体系与国家治理体系、法治能力与国家治理能力以及国家治理体系和国家治理能力之间的逻辑关系，推进国家治理现代化呈现坚持在法治轨道上推进国家治理体系和治理能力现代化的内在逻辑。党的十八大指出法治是治国理政的基本方式，把制度建设摆到更加突出的位置，强调“构建系统完备、科学规范、运行高效的制度体系”[①]。党的十八届三中全会首次提出“国家治理体系和治理能力现代化”这一重要命题，明确完善和发展中国特色社会主义制度，推进国家治理体系和治理能力现代化是全面深化改革的总目标。[②] 党的十八届四中全会提出法治是国家治理体系和治理能力的重要依托；依法治国是坚持和发展中国特色社会主义的本质要求和重要保障，是实现国家治理体系和治理能力现代化的必然要求。[③] 党的十八届五中全会将“国家治理体系和治理能力现代化取得重大进展，各领域基础性制度体系基本形成”确立为“十三五”时期要实现的主要发展任务。[④] 党的十九大提出，全面依法治国是国家治理的一场深刻革命，我国制度建设和治理能力建设的目标分“基本实现国家治理体系和治理能力现代化”以及“实现国家治理体系和治理能力现代化”两步来实现。[⑤] 党的十九届四中全会从十三个方面阐明国家制度显著优势，其中坚持全面依法治国、建设社会主义法治国家、切实保障社会公平正义和人民权利是我国国家制度和国

---

① 中共中央文献研究室．十八大以来重要文献选编（上）［M］.北京：中央文献出版社，2014：14.

② 中共中央文献研究室．十八大以来重要文献选编（上）［M］.北京：中央文献出版社，2014：512.

③ 中共中央文献研究室．十八大以来重要文献选编（中）［M］.北京：中央文献出版社，2016：141，155.

④ 中共中央文献研究室．十八大以来重要文献选编（中）［M］.北京：中央文献出版社，2016：791.

⑤ 中共中央文献研究室．十九大以来重要文献选编（上）［M］.北京：中央文献出版社，2019：27，20.

家治理体系的显著优势之一。[①] 2020 年 5 月，在中央全面依法治国委员会第三次会议上，习近平总书记指出，我国社会主义法治“是制度之治最基本最稳定最可靠的保障”[②]；同年 11 月，中央全面依法治国工作会议围绕建设中国特色社会主义法治体系，提出在法治轨道上推进国家治理体系和治理能力现代化的重要命题，并将其确立为习近平法治思想核心要义之一。[③] 党的二十大提出将深入推进国家治理体系和治理能力现代化确立为全面建设社会主义现代化国家开局起步关键时期的主要目标任务之一。[④] 党的二十届三中全会明确基本实现国家治理体系和治理能力现代化，是进一步全面深化改革的总目标。[⑤]

一、新时代推进治理法治化的内在逻辑

推进全面依法治国是国家治理的一场深刻革命，必须以新时代党领导法治建设的科学思想理论为指引，积极应对国家治理体系和治理能力现代化中的困境与难题。“坚持在法治轨道上推进国家治理体系和治理能力现代化”是习近平法治思想的核心要义，为新时代实现国家治理现代化提供了重要的科学理论指导。因此，推进国家治理体系和治理能力现代化，必须从党和国家战略的高度充分认识全面依法治国的地位和作用，才能保障国家治理体系的系统性、规范性、协调性，才能最大限度凝聚社会共识。

全面依法治国在国家治理现代化中扮演“固根本的规范者”角色。我国是一个地域辽阔、人口众多的多民族大国，也是世界上最大的发展中国家，为更好应对国家战略形势带来的机遇与挑战，更好处理全面深化改革在攻坚深水期面临的深层次难题，必须坚持全面依法治国，把党和国家工作纳入法治化轨道，运用法治手段处理国家治理中的矛盾和问题。新时代推进国家治

① 中共中央文献研究室．十九大以来重要文献选编（中）［M］.北京：中央文献出版社，2021：270.

② 习近平．论坚持全面依法治国［M］.北京：中央文献出版社，2020：272.

③ 习近平．习近平谈治国理政（第四卷）［M］.北京：外文出版社，2022：287.

④ 习近平．习近平著作选读（第一卷）［M］.北京：人民出版社，2023：21.

⑤ 中共中央关于进一步全面深化改革　推进中国式现代化的决定［M］.北京：人民出版社，2024：4.

理体系和治理能力的现代化、建设社会主义法治国家，离不开完善及发展中国特色社会主义国家制度和法律制度。法律制度作为中国特色社会主义制度的重要组成部分，其以法律规范的形式为国家治理在政治、经济、社会、文化和生态领域提供了系统完备、权威有效的规范体系，并以国家强制力保障各项国家制度的有效实施。其中，宪法作为国家的根本法，不仅明确规定了国家治理主体以及国家治理的领导力量，还规定了国家治理理念和治理制度，是确认国家制度、维护社会秩序和国家治理体系的最高法律依据，也是推进国家治理现代化的总章程。

全面依法治国在国家治理现代化中扮演“利长远的保障者”角色。一直以来，依法治国是党领导人民治理国家的基本方略，法治为现代化国家治理提供坚实保障。以法治保障国家治理现代化，就是要在党的领导下推进全面依法治国，把全面依法治国与国家治理现代化紧密结合起来，充分发挥法治的保障作用，全面贯彻实施宪法法律，切实加强国家制度建设。一方面，推进全面依法治国，以法治巩固和保障国家治理现代化中已取得探索成果，包括坚持以人民为中心的国家治理观念、坚持党的集中统一领导以及坚持统筹协调经济、政治、文化、社会、生态文明、军事、外事等全方位的治理模式和治理机制等；另一方面，推进全面依法治国，继续完善以《宪法》为统帅的中国特色社会主义法律体系，及时总结国家治理过程中的成功经验和做法，将经验上升为法律制度，并转化为法律法规，不断为国家治理现代化提供更加科学、更加完善、更加系统全面的法治保障。因此，从战略全局的角度出发，全面依法治国与国家治理现代化具有内在统合性，法治化是国家治理现代化的应有之义，推进国家治理体系和治理能力的现代化实际就是推进国家治理的法治化。

全面依法治国在国家治理现代化中扮演“稳预期的推动者”角色。法治在国家治理中扮演多元角色，法治不仅是国家治理体系和治理能力的重要依托，伴随新时代的发展变化而在国家治理中适应国家治理现代化实践发展要求，从而推进国家治理体系和治理能力实现新的飞跃，也对国家治理体系和治理能力的现代化发挥重要推动作用。第一，推进全面依法治国，通过确立实施完备的法律规范和行为准则，指引国家治理体系中公共权力运行作出合法的正确选择，从而规范公权力主体的行为，维护社会安定有序。第二，就目标结构而言，全面依法治国和全面深化改革总目标实现的核心在于国家治理体系和治理能力的现代化，因而，必须坚定不移推进法治领域改革。通过深化立法体制改革，制定并完善国家治理体系亟须的法律制度；通过深化司法体制改革，为国家治理提供公正高效权威的司法制度；通过深化行政执法体制改革，坚持严格公正文明执法，更大限度地将法律实施转化为国家治理效能。

二、新时代推进治理法治化的战略路径

习近平总书记强调，"发展社会主义民主政治，是推进国家治理体系和治理能力现代化的题中应有之义"[①]，进一步明确国家治理现代化的核心就是政治的现代化和制度的现代化，其根本属于政治发展范畴，因而实现政治现代化的重要路径在于实现国家治理现代化；与此同时，围绕法治与国家治理之间的内在逻辑、依法治国与国家治理的现实关系，明确法治在国家治理中发挥规范、引领和保障作用，明确法治化是国家治理现代化的必然要求，坚持在法治轨道上推进国家治理体系和治理能力现代化。所谓国家治理法治化，实际是国家治理体系法治化和治理能力法治化的统一。其中，国家治理体系法治化为国家治理法治化提供制度前提，国家治理能力法治化则是实现国家治理法治化的制度执行能力的集中表现，二者相辅相成、互相促进，缺一不可。

（一）以新时代中国治理法治化奠定政治法治化的制度基础

国家治理体系是指治理主体在政治、经济、文化、社会、生态、党的建设六大领域治理国家和社会事务的制度系统。国家治理体系的法治化，就是要求在坚持党的全面领导下，对涉及国家管理活动的决策、规划、评估及监督等事项都必须遵循《宪法》和法律的规定，以法治思维和法治方式为手段建构治理国家体制机制。其中，国家治理体系的关键在于国家治理法治体系。法治体系是国家治理体系的骨干工程，是围绕中国特色社会主义制度要求形

① 习近平．习近平谈治国理政（第二卷）［M］.北京：外文出版社，2017：289.

成的法律表现形式，为推进我国政治法治化提供了系统性制度保障。在国家治理法治化视域下，建设中国特色社会主义法治体系，为新时代推进国家治理体系法治化提供成熟定型的制度体系，也为提升民主政治建设治理效能提供最可靠的制度保障。

（二）以新时代中国治理法治化提供政治法治化的衡量标准

国家治理能力是指治理主体运用国家制度在政治、经济、文化、社会、生态、党的建设六大领域治理国家和社会事务表现出的运行力与执行力。国家治理能力的法治化，是实现国家治理法治化制度执行能力的集中表现，要求国家一切治理活动必须依法进行，充分发挥法治固根本、稳预期、利长远的保障作用，善于通过社会主义法治把国家制度优势转化为国家治理效能，以此提高国家治理的合法性和社会公众的接受性，从而夯实新时代政治法治化的根基。其中，法治能力是提升国家治理能力的关键，同时是衡量政治法治化发展程度的重要标准，要求各级领导干部在治理国家和社会各项事务的一切活动中，以具备法治思维和法治方式为基础、善于运用制度化、规范化、科学化、民主化的治理本领作出决策。因此，不断提升领导干部的法治能力，能够为国家治理活动的健康有序推进提供重要保障，同时为考量国家治理能不能实现好、维护好、发展好人民群众根本利益提供重要参考。

（三）以新时代中国治理法治化注入政治法治化以强劲动力

当今世界，以云计算、大数据、人工智能为代表的数字技术等相关法律制度迅速发展和应用，这些数字技术与法治化的深度融合，促使国家治理的法治化呈现数字化的特有逻辑和范式①，数字治理法治化成为当前国家治理法治化创新的重要驱动力量，为进一步推进中国政治法治化赋予强劲动力。一般而言，国家治理法治化要求实现党的路线、方针、政策法律化，坚持依法执政，实现政府治理法治化和社会治理法治化。在数字治理法治化发展的今天，数字化赋能国家法治化的价值正在逐步显现。比如，全面建设数字政府是实现法治政府的必由之路。根据《法治政府建设实施纲要（2021—2025

---

① 季连帅，安娜．数字治理的法治化展开：核心命题与体系建构［J］.学习与探索，2023（5）：96-97.

年)》和国务院印发的《关于加强数字政府建设的指导意见》，法治政府建设要求构建平台化、数据化、智能化的数字政府，要求深刻落实“互联网+监管执法”模式，推行非现场执法和现场线上执法检查的“双现”执法监督模式等。因此，数字治理法治化的广泛运用，不仅为实现国家治理法治化提供了全方位、多领域、跨层级的解决方案，也为推进政治法治化注入强大动力。具体作用到新质生产力，2024 年 1 月，习近平总书记在中共中央政治局第十一次集体学习时强调“必须继续做好创新这篇大文章，推动新质生产力加快发展”，新质生产力发展以科技创新为核心要素，法治助推科技创新催生新产业、新模式、新动能，针对 5G、大数据等新兴领域的风险点、空白区，为进一步解决监管法规滞后于创新进展的现实问题①，要加快推动新领域、新业态知识产权立法，积极探索新能源、生物医药、基因技术、碳达峰碳中和等实际实用的新兴产业和未来产业领域立法，紧贴科技成果转化现状和数字经济治理状况的中国实际。同时，发展壮大战略性新兴产业、孵化培育未来产业代表了先进科技和产业升级的发展方向②，坚持在法治轨道上开展现代化产业体系建设，充分发挥法治在产业链部署创新链中的保障作用，加大对改造升级以劳动力密集型为主的传统产业、巩固提升各区域特色优势产业、培育壮大新一代信息技术等新兴产业、前瞻布局元宇宙等未来产业的司法保护力度，帮助产业规避风险、化解争议。

第六节　纪律法治化是政治法治化的牵引

中国共产党具有严格的纪律规定，坚持“纪律立党”是党成立以来就明确树立的思想理念。全面加强党的纪律建设，是党的建设总体布局的重要组成，是涉及党在百年奋斗征程中健全全面从严治党体系和党的自我革命制度

① 张夏恒．数字经济加速新质生产力生成的内在逻辑与实现路径［J］.西南大学学报（社会科学版），2024（3）：11.

② 刘莉，任广乾．新质生产力推进中国式现代化的价值意蕴、理论逻辑与实践指向［J］.财会月刊，2024（9）：113.

规范体系的重要内容。在新时代全面依法治国视域下，党的纪律建设的法治化是指党的纪律建设在遵守宪法法律和党内法规的基础上，以法治思维和法治方式规范党的纪律运行规则、落实与完善党的纪律的各项规章制度，开展党的纪律建设实践。推进党的纪律建设的法治化，就是要推进党的政治纪律、组织纪律、廉洁纪律、群众纪律、工作纪律、生活纪律建设方面的法治化，在价值取向和行为取向上为推进中国政治法治化提供政治牵引和思想引领。

党内法规作为新时代的法治范畴，与党的纪律之间存在交叉从属关系。党内法规因包含纪律性法规而与党的纪律存在交集，属于党的纪律的下位概念；同时，党内法规因包含非纪律性法规而与党的纪律不完全等同，即党内法规是关于党的纪律的规范性表现，并依靠党的纪律保证实施。因而，党的纪律建设的法治化集中表现为具有法属性规范的党内法规。新时代以习近平同志为核心的党中央从战略全局的高度出发，不断推进党的纪律建设取得新成效，强调加强党内法规制度体系化建设，使党内法规在推进党的纪律建设中发挥坚持正确政治方向的引领作用。2013 年 11 月，中共中央印发第一部党内法规制定工作五年规划的编制，明确提出“党内法规制度体系”的规划目标和任务，为党内法规的制定提供了规范化、科学化依据。① 党的十八届四中全会把“形成完善的党内法规体系”纳入中国特色社会主义法治体系，使其成为落实全面推进依法治国总目标的重要部署。② 党的十八届五中全会提出全面提升党依据党内法规管党治党的能力和水平。③ 2016 年 12 月，中共中央印发《关于加强党内法规制度建设的意见》，系统构建了中国共产党成立 100 周年党内法规制度体系建设的总体目标，强调完善以“1+4”为基本框架的党内法规制度体系。④ 党的十九大将“政治建设”“纪律建设”纳入党的建设总

① 中共中央文献研究室．十八大以来重要文献选编（上）［M］.北京：中央文献出版社，2014：478.

② 中共中央文献研究室．十八大以来重要文献选编（中）［M］.北京：中央文献出版社，2016：187.

③ 中共中央文献研究室．十八大以来重要文献选编（中）［M］.北京：中央文献出版社，2016：819.

④ 中共中央文献研究室．十八大以来重要文献选编（下）［M］.北京：中央文献出版社，2018：510.

体布局，提出“加快形成覆盖党的领导和党的建设各方面的党内法规制度体系”①。2018 年 2 月，《中央党内法规制定工作第二个五年规划（2018—2022 年）》的印发，强调重点制定加强党的政治建设方面的法规制度。2019 年 8 月，修订后的《中国共产党党内法规制定条例》《中国共产党党内法规和规范性文件备案审查规定》和新制定的《中国共产党党内法规执行责任制规定（试行）》，进一步体现了党内法规制定的规范化、体系化、科学化水平的提升。2021 年 1 月，《法治中国建设规划（2020—2025 年）》指出建设法治中国，必须坚持依法治国和依规治党有机统一，加快形成覆盖党的领导和党的建设各方面的党内法规体系。同年 7 月，习近平总书记在庆祝中国共产党成立 100 周年的讲话中宣布，已经形成比较完善的党内法规体系。② 此后，党的二十大报告对党内法规制度体系建设进一步作出部署，提出了“完善党内法规制度体系，增强党内法规权威性和执行力”的目标任务。③

一、新时代推进纪律法治化的内在逻辑

加强党内法规制度建设是新时代党的纪律建设的法治保障。党内法规作为党的意志的体现，是中国共产党执政治国的重器，是坚持和完善中国特色社会主义法治体系的重要要求。党内法规的制定及其实施，要始终服务于党的建设的需要，始终服务于新时代新征程党领导治国理政的需要。面对新时代发展需求和治国理政的现实要求，以习近平同志为核心的党中央实际考察党内法规在规范党的领导和党的建设过程中的实际作用，强调推进全面依法治国、建设法治中国要求全面从严治党必须遵循法治化的时代要求，加强党内法规制度建设，为强化党的纪律建设提供坚实的法治保障。

加强党内法规制度建设，必须坚定维护党章地位，为党的纪律建设确立基本性原理。习近平总书记针对新时代完善党内法规体系建设专门作出重要

---

① 中共中央文献研究室．十九大以来重要文献选编（上）[M].北京：中央文献出版社，2019：48.

② 习近平．习近平谈治国理政（第四卷）[M].北京：外文出版社，2022：6.

③ 习近平．习近平著作选读（第一卷）[M].北京：人民出版社，2023：54.

指示，强调“建立健全党内制度体系，要以党章为根本依据”①。党章是制定其他党内法规制度的根源和依据，党内法规制度的其他表现形式都必须与党章保持一致，充分发挥党章作为最根本的党内法规的统摄作用，不断完善以党章为轴心的党的纪律建设，严格遵循党章规定的党纪面前一律平等、党员权利义务保障等基本原则，充分发挥党章对党的纪律建设的根本性规范作用和指导作用，教育引导全体党员严格遵守党章规定，维护党章权威。同时，维护以党章为根本的纪律建设必须严明党的政治纪律与政治规矩。严明党的纪律，首要的是严明政治纪律。政治纪律在党的纪律建设中处于最首要、最根本、最关键的地位，漠视政治纪律，意味着党的政治基础将受到严重威胁、党的形象将受到严重损害。鉴于此，严格执行党的政治纪律，是新时代维护以党章为根本的纪律建设、保持党的纯洁性、先进性的应有之义。

加强党内法规制度建设，必须正确处理党内法规与国家法律之间的关系，为党的纪律建设提供更为严格的科学规范。依据《中国共产党纪律处分条例》第 7 条之规定，党内法规、国家法律法规、党和国家政策、社会主义道德以及党、国家和人民利益均是党的纪律的重要规范渊源，推动党纪与国法的有机衔接和协调互动是新时代党的纪律建设之应有之义。党的纪律建设必须在坚持“党纪党规严于国家法律的要求”的基础上，及时修改并更正同党的建设需要和国家治理需要不相适应的党内法规，及时修改并完善同全面从严治党不相适应的国家法律法规，实现党纪与国法的良性互动。同时，对于条件发展成熟、经过实践检验正确的党内法规，在符合管党治党和治国理政的全局性要件，满足党内法规制度的制定、审核、备案等环节的程序性要件，能够有效填补国家法律与党内法规空白、能够修正国家法律与党内法规中矛盾与冲突内容的实践性要件下，应适时依照法定程序将党内法规转化为国家法律法规。

加强党内法规制度建设，必须更加重视党内法规执行力建设，落实党内法规执行责任制，将党内法规制度优势转化为党的纪律建设的治理效能。党内法规建设不单强调理论层面的制度建设，更重要且更具挑战性的是通过执

---

① 《十八大党章学习读本》编写组．十八大党章学习读本［M］.北京：人民出版社，2012：39.

行将制度建设落在实处。就党内法规执行力建设而言，党内法规的执行效果直接关系党内法规制度的权威性，党内法规执行必须在执行周期、执行标准和执行落实三个方面把“严”的主基调长期坚持下去，坚持严字当头、全面从严、一严到底，其关键在于落实党内法规执行责任制。党内法规执行责任制的核心机制主要由党内法规执行责任构成机制、党内法规执行责任监督机制、党内法规执行责任追究机制构成①，构建系统完备的党内法规执行责任制，要求通过强化执规意识，提高党员尤其是党员领导干部对党内法规的重视程度；强化职责划分，明确不同执规主体在其所属地区和单位系统中的工作范围与职能分工；强化监督检查，要求党的纪律机关及时监督检查其他党组织及党员领导干部执规责任履行情况，要求上级党组织及时监督检查下级党组织及党员领导干部执规责任履行情况等，以此全面落实党员组织和党员领导干部的执规责任。

二、新时代推进纪律法治化的战略路径

党内法规制度体系研究具有党组织和国家政治体系特征的双层结构，并伴随党内法治和国家法治进程不断丰富；② 同时，党内法规制度建设与党的纪律建设相向而行③，因而党内法规制度建设与党的纪律建设的法治化发展密切相关，与国家政治发展及其法治化进程密切相关。进入新时代，坚持依规治党、加强党内法规制度建设迈入高质量发展新阶段，这不仅为规范党的领导和党的建设提供专门规章制度，有利于保证党的领导和党的建设活动有序进行，也为党领导中国政治法治化不断取得新胜利提供正确引领。

（一）以新时代中国纪律法治化引导政治法治化的建设方向

从价值取向来看，党内法规制度建设因其政治属性根本服务于中国特色社会主义政治建设，服务于党治国理政和人民根本利益，引导社会主义政治法治化的基本立场和建设方向。在目的价值追求上，党内法规制度的根本目

---

① 祝捷，陈文菊．党内法规执行责任制的理论探索与制度构造［J］.社会科学，2022（5）：177.

② 施新州．党内法规制度体系：概念、类型与制度成长［J］.江汉大学学报（社会科学版），2019（2）：17.

③ 王建芹．党的纪律与党内法规关系论纲［J］.理论学刊，2023（5）：76.

的价值在于充分发挥其推进新时代党的建设新的伟大工程、落实全面从严治党的“两个重大作用”，反映创制和实施党内法规的现实宗旨，以更好地加强和改善党的领导，引导党治国理政形成自觉的思维方式，推动和实现中华民族伟大复兴的中国梦；此外，党内法规制度建设的一般目的价值取向还包括自由、正义、民主、效率、秩序等。在形式价值追求上，党内法规制度的形式价值多样化，包括系统性、普遍性、权威性、稳定性、严谨性、明确性、精练性等特征。

（二）以新时代中国纪律法治化确定政治法治化的行动导向

从行动导向来看，政党是政治的核心要素，政治的现代化首先是政党的现代化，政治的法治化必然首要是政党的法治化。其中，实现党内权力运行的法治化是政党法治化的内在要求。通过加强党内法规制度建设，有效调整党内关系、制约党内权力、规范党内生活，不仅为增强党的活力、推进党内民主建设提供明确规则，也为实现依规管党治党奠定制度之基。党的十八大以来，中国共产党构筑了比较完善的党内法规体系，明确规定了党内权力配置、权力运行及权力制衡的内在机制；同时强调树立党内法治信仰，建立党内法治文化以提升党内法规制度的执行力，坚定党员干部对党内法规制度的真诚信仰，提升党员干部的责任意识和责任担当，从而在形成良好法治风气的氛围中规范和制约党内权力。另外，加强党内法规制度建设的重要内容还在于发展党内民主，通过坚持民主集中制原则，保障党员民主权利、规范党组织民主活动并保证党内议事和决策的程序健康运转。

第七节　道德法治化是政治法治化的补充

政治法治化是一项复杂的系统工程，需要运用多种治理资源和方式，不仅要充分发挥法治在国家治理中的“轨道”作用，也要处理好法治与道德等其他治理方式之间的协作关系。具体来说，法律与道德作为现代国家治理的两种基本方式，二者在理论构成上存在交集，道德是法律的重要渊源；二者在社会职能上相辅相成，道德在法律调整之外的空间备具优势。因此，道德的法治化是推进政治法治化的具体衍生，也是国家治理和社会管理的重要方法和路径，其作用在于弥补政治法治化过程中的预见错误或预见不足。忽视道德的法治化及可能将政治建设的法治化孤立于道德高地之外，不利于提升民众的政治信任水平。

新时代以习近平同志为核心的党中央深刻把握中国特色社会主义民主政治建设的客观规律，精辟阐发法治与德治在新时代中国特色社会主义治国理政中的辩证关系，坚持依法治国和以德治国相结合，依法弘扬社会主义核心价值观，充分发挥以德治国对新时代中国政治法治化的补充作用。党的十八大提出坚持依法治国与以德治国相结合是全面依法治国的一项重要原则。[①] 党的十八届四中全会重申坚持依法治国和以德治国相结合是实现全面推进依法治国总目标必须坚持的重要原则。[②] 2016 年 12 月，中共中央办公厅、国务院办公厅印发的《关于进一步把社会主义核心价值观融入法治建设的指导意见》，强调把社会主义核心价值观融入法治建设是坚持依法治国和以德治国相结合的必然要求。党的十九大再次强调依法治国和以德治国相结合是坚持全面依法治国的重要内容。[③] 2018 年 3 月，党的十三届全国人民代表大会第一次会议通过《中华人民共和国宪法修正案》，将“国家倡导社会主义核心价值观”写入宪法；同年 8 月，中央全面依法治国工作会议提出全面依法治国必须正确处理依法治国和以德治国的关系，坚持依法治国和以德治国相结合，实现法治和德治相辅相成、相得益彰。[④] 党的十九届四中全会提出坚持依法治国和以德治国相结合，完善弘扬社会主义核心价值观的法律政策体系，把社

① 中共中央文献研究室．十八大以来重要文献选编（上）［M］.北京：中央文献出版社，2014：25.

② 中共中央文献研究室．十八大以来重要文献选编（中）［M］.北京：中央文献出版社，2016：185.

③ 中共中央文献研究室．十九大以来重要文献选编（上）［M］.北京：中央文献出版社，2019：16.

④ 中共中央文献研究室．十九大以来重要文献选编（上）［M］.北京：中央文献出版社，2019：623.

会主义核心价值观要求融入法治建设和社会治理。[①] 2020 年 11 月，中央全面依法治国工作会议将坚持依法治国和以德治国相结合确立为习近平法治思想的核心要义之一。[②] 2021 年 11 月，党的十九届六中全会将坚持依法治国和以德治国相结合纳入党的百年奋斗重大成就。[③] 党的二十大报告重申习近平关于德法共治的治国理政思想，强调坚持依法治国和以德治国相结合，把社会主义核心价值观融入法治建设、融入社会发展、融入日常生活。[④]

一、新时代推进道德法治化的内在逻辑

就法治与德治发挥治理功能的范围和方式而言，依法治国是党领导人民治理国家的基本方略，以德治国是在国家治理和社会治理中处于从属地位的补充性治理方式，强调德治和法治共治的治理理念则构成习近平法治思想的重要内容。对此，习近平总书记指出，法律与道德作为两种不同的社会规范，使得法治与德治在国家治理和社会治理中扮演不同角色，发挥不同作用，二者同等重要，不可分离、不可偏废。进入新时代，依法治国与以德治国是发展社会主义民主政治，推进社会主义民主政治法治化两种并用的手段，坚持依法治国和以德治国相结合，坚持法治和德治两手都要抓、两手都要硬，是坚持中国特色社会主义法治道路的一个鲜明特点[⑤]，要求把法治建设和道德建设紧密结合起来，把他律和自律紧密结合起来，做到法治和德治相辅相成、相互促进。[⑥]

德治主要依靠自律，通过道德规范发挥教化作用引导和规范公民的外部行为和思想活动，以此营造良好的社会风气。德治既为法治提供价值基础，又对法治发挥支撑作用。具体而言，道德规范先于法律规范而产生，其以弘扬中华传统美德为法律的制定、实施和完善提供价值选择，并在吸收关于真

① 中共中央文献研究室．十九大以来重要文献选编（中）［M］.北京：中央文献出版社，2021：269-284.

② 习近平．习近平谈治国理政（第四卷）［M］.北京：外文出版社，2022：292.

③ 中共中央关于党的百年奋斗重大成就和历史经验的决议［N］.人民日报，2021-11-17（01）.

④ 习近平．习近平著作选读（第一卷）［M］.北京：人民出版社，2023：36.

⑤ 习近平．习近平谈治国理政（第二卷）［M］.北京：外文出版社，2017：134.

⑥ 习近平．论坚持全面依法治国．［M］.北京：中央文献出版社，2020：24.

善美、正义、仁爱、平等、诚信等道德理念的基础上，将道德规范上升为国家意志，进一步转化为法律规范，为立法的正当性和合理性提供价值标准。然而，法治不是万能的，治国理政离不开德治，坚持依法治国与以德治国相结合，就必须充分发挥德治对法治的支撑作用。德治以道德教化推进社会主义法治文化的发展，促进良法善治，并通过道德教化对法治治理功能的局限性起到补充调节作用：第一，法治的滞后性。法治手段只能在立法后对已经发生并造成社会危害的社会行为发挥其规范作用，而德治通过提升全体社会公民的道德水平，推动全体社会成员自觉履行社会义务和责任，有效预防违法犯罪行为的发展，弥补法治在预防范围上的缺陷。第二，法治的局限性。法治不过是国家治理的一项基本方式，其调整范围既无法覆盖社会全部领域，也无法规范人的思想和情感，对于法律不可调整的空白地带，可以借助德治进行教育感化。第三，法治的缓慢性。相较于法治，德治具有较强的灵活性，法律的制定需要严格遵守提出、审议、表决、通过的法定程序，法律的修改也需要经历立法调研、提出、审定、表决、公布、实施的法定程序，而道德规范的实现成本较低，不需要依靠严格复杂的程序要件和强制，对于国家和社会治理中尚未形成法律规则的新情况、新问题，可以暂时先由思想道德规范引导教育，之后再以法律条文固化。

法治主要依靠他律，通过法律规范以其权威性和国家强制力实现对社会成员行为的规范，进而保证社会安定有序，维护国家长治久安。德治以社会主义思想道德体系规范并约束社会成员的行为，法治则为德治提供保障，通过法治制度为社会主义道德建设保驾护航，并以其国家强制力弥补德治在治理功能上的缺陷：第一，德治具有软约束性。相较于法治，德治的实施主要依靠人们对道德规范的自觉性，不仅需要党政领导干部发挥表率作用，也需要依靠社会舆论力量增强对民众的道德教化，因而社会成员的道德素养同德治的实施效果呈现紧密的正相关关系。在“陌生人社会”的新时代视角下，人们实施违反道德规范行为的后果仅停留在舆论谴责层面，远不及违反法律规范所承担的后果，德治在一定程度上只能规范具有道德修养与观念的人。第二，德治具有随意性。我国法治以明确成文的法律规范调整和约束人的外在行为，而德治根植于中华优秀传统文化，是在绵延五千年的中华历史中总结出来的传统治理经验，其呈现方式或为人们的内心信念，或为社会舆论，具有明显的随意性。第三，德治具有易变性。在不同历史时期以及在同一历史时期中不同经济社会条件和历史文化传统条件下的道德价值观往往是不同的，道德评价的标准也是发展变化的。

二、新时代推进道德法治化的战略路径

德治是社会主义政治文明建设在精神文明上的体现，政治建设的法治化离不开道德规范的法治化，需要道德建设法治化的支持与配合。在新时代视角下，将以德治国上升到民主政治法治化进程中，就是要坚持依法治国与以德治国相结合，在扬弃传统道德规范体系、发展模式、目标模式的基础上，依据法治逻辑、法治原则构建现代道德建设新的运行模式，为建设法治中国、实现政治法治化提供道德支撑和价值引导。

（一）以新时代中国道德法治化明确政治法治化的价值指引

为保证政治法治化始终朝着健康有利的趋势发展，必须切实加强社会主义道德规范化建设，坚持依法治国与以德治国相结合，不断完善与社会主义法治理念相协调的社会主义思想道德体系，为实现政治法治化提供价值指引。具体而言，坚持依法治国与以德治国相结合就是强调坚持法治建设与德治建设并重，既要建设社会主义法治体系、建设社会主义法治国家，也要积极践行社会主义核心价值观，培育并完善反映中国特色、民族特色和时代特色的社会主义道德体系，要把社会主义道德关于自由、平等、正义、包容等理念贯穿法治领域，提升人民的道德自觉和法治意识，形成共同的价值信仰，为法治建设提供强大的社会凝聚力；同时，在新时代，社会主义核心价值观为法治建设提供了重要价值内核，要求法治与德治相结合要不断培育社会主义法治文化，践行法治精神，进一步将社会主义核心价值观融入法治建设，使社会主义核心价值观的相关要求贯彻到立法、执法、司法的全过程，实现良法善治。

（二）以新时代中国道德法治化塑造政治法治化的人文环境

坚持依法治国与以德治国相结合是现代政治文明建设的必然趋势，是推

进我国政治体制改革、发展社会主义民主政治的必然要求，并为实现政治法治化营造良好的社会环境。建设有中国特色的社会主义民主政治，客观上离不开法治与德治正效应的综合。一方面，社会主义民主与法治之间耦合汇通。社会主义民主是法治的坚实基础，法治是社会主义民主政治的内在要求和重要表现形态，又是新时代建设有中国特色的社会主义民主政治健康发展的重要保障。因而，推进政治法治化，必须坚持依法治国为根本保证。另一方面，法治与德治之间相辅相成。法治离不开社会主义道德建设，没有形成同保障社会主义市场经济健康稳定发展相适应的社会主义道德氛围或没有形成同社会主义法治理念相协调的社会主义思想道德体系，就无法形成安定团结的政治局面，就无法建设有中国特色的社会主义民主政治，也就建设不了法治中国。因此，政治法治化的实现离不开全面依法治国的法治保障，也离不开以德治国的精神支持，坚持依法治国与以德治国相结合，既重视法治的规范作用，又发挥德治的教化作用。

（三）以新时代中国道德法治化培养政治法治化的时代新人

习近平总书记指出，“如果人人都能自觉进行道德约束，违法的事情就会大大减少，遵守法律也就会有更深厚的基础”[①]，因此，“培养什么人、怎样培养人、为谁培养人”是新时代中国政治法治化必须回答的人才战略问题。新时代推进中国政治法治化紧迫要求全体社会成员兼备思想道德素质和法治素质，必须将法治教育与道德教育结合起来，在深入推进法学教育中兼顾思想政治教育，在道德教育中重视法治理念和法治意识教育，以社会主义核心价值观引导法学教育，进一步提升全民法律信仰和道德素养，培养德法素养兼备的时代新人：一是重视高校法学专业教育和思想政治理论教育。强化法学专业教师的思想道德素养及政治素养，引导法学专业教师扛起教授法学知识与培育法律职业道德的双重责任，做到双重教育两手抓。同时，强化对广大青年学生的思想道德教育，努力培养造就更多兼具高水平法学理论和高水平道德素养的德才兼备、德法兼修的法治人才。二是重视领导干部道德模范教育和培养法治素养、法治实践能力的教育。牢牢抓住领导干部在依法治国

① 习近平．论坚持全面依法治国．［M］.北京：中央文献出版社，2020：51.

与以德治国中的关键作用，既要发挥领导干部带头尊法、学法、守法、用法的模范作用，又要强化领导干部的道德自觉意识，形成正确的道德观念。三是重视把普法宣传教育与公民道德建设紧密结合。以《新时代公民道德建设实施纲要》为引导，在社会主义法治建设中践行社会主义核心价值观，持续推动把法治教育纳入精神文明创建内容向纵深发展，全面开展群众性精神文明创建活动和群众性法治文化活动，形成尊法崇德的社会风尚。四是重视把法治建设中的新质人才培育同思想道德建设相联系。习近平总书记在中共中央政治局第十一次集体学习时提出，"要按照发展新质生产力要求，畅通教育、科技、人才的良性循环，完善人才培养、引进、使用、合理流动的工作机制。要根据科技发展新趋势，优化高等学校学科设置、人才培养模式，为发展新质生产力、推动高质量发展培养急需人才"。发展新质生产力以创新人才为第一资源，必须注重跨学科培养，培养具备跨学科综合素养的综合型人才，① 特别是培养造就大批与现代科技和社会生产力发展相适应、符合新质生产力发展要求并具备良好思想道德素质和法治素养的人才队伍。

① 李东民，郭文．新质生产力的丰富内涵、生成逻辑与当代意蕴［J］.技术经济与管理研究，2024（4）：11.

参考文献

［1］鲍宗豪.中国式现代化：源起、创新与发展［M］.上海：东方出版中心，2023.

［2］柏拉图.法律篇［M］.张智仁，何勤华，译.北京：商务印书馆，2016.

［3］陈柏峰.中国式法治现代化的中国特色［J］.法制与社会发展，2023，29（2）：5-25.

［4］陈金钊."法治政治"及其实现的方法论［J］.贵州民族大学学报（哲学社会科学版），2017（5）：148-180.

［5］陈金钊.中国式现代化内涵的法理诠释路径［J］.法学，2023（8）：3-15.

［6］陈金钊.中国式现代化缘何需要法理诠释［J］.法律科学（西北政法大学学报），2023，41（4）：3-13.

［7］陈思明.新时代法治新动能研究［J］.学术探索，2019（5）：1-9.

［8］陈雅静.推进新时代法政治学融合发展［N］.中国社会科学报，2024-05-06（A02）.

［9］崔建远.物权法［M］.北京：中国人民大学出版社，2021.

［10］戴孟勇.论政治因素对编纂民法典的影响［J］.云南社会科学，2018（1）：111-118.

［11］戴维·凯瑞斯.法律中的政治：一个进步性批评［M］.信春鹰，译.北京：中国政法大学出版社，2008.

［12］邓初民.新政治学大纲［M］.北京：商务印书馆，2011.

［13］丁士松."法政治哲学"范畴分析：兼析邓小平法政治哲学的科学内涵［J］.社会主义研究，2008（5）：33-36.

［14］丁士松.政治法治化的理论逻辑［M］.北京：人民出版社，2009.

［15］杜艳艳.当代中国法治现代化战略发展现状研究［J］.哈尔滨工业大学学报（社会科学版），2018，20（1）：10-16.

［16］段中卫，李补鱼.论中国式法治现代化的内涵演进、三重依据与推进方略［J］.行政科学论坛，2023，10（7）：42-47.

［17］范进学."中国式法治现代化"概念何以证立？［J］.法制与社会发展，2024，30（3）：28-49.

［18］范进学.论中国式法治现代化的特色、标志与方法［J］.法律科学（西北政法大学学报），2023，41（3）：24-37.

［19］范进学.中国式法治现代化之"四重维度"论［J］.东方法学，2023（4）：4-16.

［20］范进学.中国特色社会主义宪政发展论［M］.上海：上海人民出版社，2010.

［21］封丽霞.坚持在法治轨道上全面建设社会主义现代化国家［J］.中国党政干部论坛，2022（11）：68-72.

［22］冯果.以习近平法治思想领航法治中国和中国式现代化建设［J］.荆楚法学，2023（1）：4-15.

［23］耿林.民法典中的形式逻辑与正义：一种法技术视角［J］.云南社会科学，2019（2）：2-7.

［24］公丕祥.当代中国的法律革命［M］.北京：法律出版社，1999.

［25］公丕祥.国家治理与公法发展：中国法治现代化的时代议题［J］.中国高校社会科学，2016（1）：73-89.

［26］公丕祥.论中国式法治现代化的本质要求［J］.法律科学（西北政法大学学报），2023，41（3）：3-23.

［27］公丕祥.推进和拓展中国式法治现代化［J］.法制与社会发展，2022，28（5）：2.

［28］公丕祥.习近平法治思想是推进中国式法治现代化的根本遵循［J］.中国法治，2023（6）：8-10.

［29］公丕祥.新时代中国法治现代化的战略安排［J］.中国法学，2018

（3）：27–50.

［30］公丕祥.中国式法治现代化的鲜明特征［J］.中国高校社会科学，2023（2）：27–45.

［31］郭明瑞.民法典继承编应弘扬社会主义核心价值观：兼论《民法典各分编继承编（草案）》［J］.烟台大学学报（哲学社会科学版），2019，32（3）：21–29.

［32］郭万敏.邓小平对政治法治化的贡献［J］.内蒙古师范大学学报（哲学社会科学版），2010，39（5）：46–49.

［33］郭晔.中国式法治现代化概念的逻辑构造及其展开［J］.法学研究，2024，46（2）：3–19.

［34］哈贝马斯.在事实与规范之间：关于法律和民主法治国的商谈理论［M］.童世骏，译.北京：生活·读书·新知三联书店，2014.

［35］韩强.民法典的政治与政策解读［J］.浙江社会科学，2008（12）：33–40.

［36］韩强.作为法律现象、政治成果的民法典在晚近世界各国的动向［J］.外国法制史研究，2006：591–593.

［37］韩延龙.中华人民共和国法制通史［M］.北京：中共中央党校出版社，1998.

［38］郝铁川.中国法治现代化道路的探索［M］.上海：上海人民出版社，2021.

［39］郝铁川.中国式法治思维的共性和个性［J］.国家检察官学院学报，2024，32（1）：36–52.

［40］何爱国.中国式现代化：内涵与逻辑［M］.北京：人民出版社，2023.

［41］何勤华.法治现代化：中国式现代化的基本蕴意［J］.探索与争鸣，2022（11）：29–31.

［42］何士青.国家监察委员会制度的法政治学之维［J］.武汉科技大学学报（社会科学版），2018，20（3）：241–246.

［43］何士青.人民美好生活的法政治学解读［J］.武汉科技大学学报（社会科学版），2021，23（4）：359–366.

［44］洪银兴.中国式现代化论纲［M］.南京：江苏人民出版社，2023.

［45］胡明.以中国式法治现代化全面推进法治中国建设［J］.政法论坛，2023，41（1）：3-13.

［46］胡水君.法律的政治分析［M］.北京：北京大学出版社，2005.

［47］胡振旭，冯翠珍.政治文明与法治发展［J］.甘肃社会科学，2004（3）：104-105.

［48］黄彪.试析社会主义民主政治建设的目标取向［J］.中共珠海市委党校珠海市行政学院学报，2016（5）：56-60.

［49］黄进才.试论中国法治化发展之态势［J］.政治与法律，2003（1）：24-26.

［50］黄颖琼，毕学武.推进中国式法治现代化的理论和实践历程［J］.社会主义论坛，2022（9）：26-27.

［51］黄忠.民法如何面对公法：公、私法关系的观念更新与制度构建［J］.浙江社会科学，2017（9）：62-73.

［52］吉达珠.法律的合法性危机及哈贝马斯的法政治学理论：解读《在事实与规范之间》［J］.中国社会科学院研究生院学报，2006（5）：47-53.

［53］冀祥德.中国式现代化是国家治理模式的“中国之治”［J］.人民司法，2022（34）：14-19.

［54］冀祥德.中国式现代化与法治现代化［J］.中国法治，2023（1）：37-43.

［55］加藤雅信，渠涛.从民法典的制定看法与政治的关系［J］.环球法律评论，2001（3）：270-271.

［56］江必新.以中国式法治保障中国式现代化建设论略［J］.法学论坛，2023，38（4）：5-17.

［57］江必新.走中国式法治现代化之路［J］.国家治理，2024（14）：53-58.

［58］姜永伟.国家建构主义法治的理论逻辑：一个法政治学的论说［J］.法学，2022（1）：20-34.

［59］蒋德海.法政治学要义［M］.北京：社会科学文献出版社，2014.

［60］金艳丽.关于推进社会主义民主政治法治化的思考［J］.上海市社会主义学院学报，2016（5）：14-18.

［61］鞠成伟.论中国共产党治理的法治化［J］.当代世界与社会主义，2017（1）：33-40.

［62］卡尔·拉伦茨.法学方法论［M］.陈爱娥，译.北京：商务印书馆，2020.

［63］孔祥宇，葛德连.论政治法治化的基本构成要素［J］.前沿，2007（7）：131-133.

［64］雷磊."中国式法治现代化"释证［J］.法学论坛，2024，39（3）：30-41.

［65］雷磊.中国式法治现代化新道路的政治意义、实践意义与历史意义［J］.中国法治，2023（2）：29-34.

［66］李春斌.家庭法律化：民法典编纂中婚姻家庭编的重大使命——基于中国家庭法百年来变革的反思［J］.辽宁师范大学学报（社会科学版），2017，40（4）：31-42.

［67］李洪川，王立峰.法律与政治的"中间地带"：法政治学视野下的"例外状态"［J］.深圳社会科学，2021，4（3）：115-124.

［68］李剑农.政治学概论［M］.北京：商务印书馆，2021.

［69］李晶.聚焦习近平法治思想原创性贡献［N］.中国社会科学报，2023-03-29（01）.

［70］李林."三个至上"的法理思考［J］.中国党政干部论坛，2011（1）：4-7.

［71］李林.坚持在法治轨道上全面建设社会主义现代化国家［J］.政法论坛，2023，41（2）：3-13.

［72］李龙.新中国法制建设的回顾与反思［M］.北京：中国社会科学出版社，2004.

［73］李其瑞.法学研究与方法论［M］.济南：山东人民出版社，2005.

［74］李寿初.权力：依法治权的法政治学分析.［M］.北京：中国社会科学出版社，2018.

［75］李拥军.法治现代化的“中国式”内涵及其具体面相［J］.法学评论，2023，41（5）：45-54.

［76］李照修.社会主义协商民主法治化的理论逻辑［J］.江西社会科学，2015，35（4）：211-218.

［77］李振宇.边缘法学论丛：边缘法学探索［M］.北京：中国检察出版社，2005.

［78］李振宇.边缘法学论丛：边缘法学通论［M］.北京：中国检察出版社，2007.

［79］李振宇.边缘法学论丛：边缘法学史［M］.北京：中国检察出版社，2013.

［80］李振宇.边缘法学论丛：边缘法学论纲［M］.北京：中国检察出版社，2014.

［81］李振宇.边缘法学论丛：边缘法学研究［M］.北京：中国检察出版社，2015.

［82］廖奕.中国特色社会主义法治体系的话语生成与思想内涵［J］.苏州大学学报（哲学社会科学版），2021，42（2）：39-49.

［83］中共中央马克思恩格斯列宁斯大林著作编译局．列宁选集（第二十八卷）［M］.北京：人民出版社，2017.

［84］中共中央马克思恩格斯列宁斯大林著作编译局．列宁选集（第三卷）［M］.北京：人民出版社，2012.

［85］中共中央马克思恩格斯列宁斯大林著作编译局．列宁选集（第十三卷）［M］.北京：人民出版社，2017.

［86］林开云，许利剑.提高政治工作法治化水平应重点关注的问题［J］.南京政治学院学报，2015，31（5）：115-119.

［87］刘瀚.刘瀚文集［M］.上海：上海辞书出版社，2005.

［88］刘俊祥．“法政治学”论要［N］.光明日报，2007-02-27（11）.

［89］刘守英，范欣，刘瑞明.中国式现代化［M］.北京：中国人民大学出版社，2022.

［90］刘涛.中国法政治学的发展趋向［N］.中国社会科学报，2019-08-

07（07）.

［91］刘旭.中国式现代化的法治维度与意蕴设定［J］.黑龙江社会科学，2023（4）：90-95.

［92］刘源.论中国式法治现代化的政治要素观［J］.法学，2024（8）：19-30.

［93］刘作翔.法律·政治与学术［M］.北京：法律出版社，2010.

［94］柳经纬.改革开放与民法变迁——以民法观念变迁为主线［J］.贵州省党校学报，2018（4）：64-71.

［95］龙敏飞，陈怡希.加强法治人才培养 服务中国式法治现代化［N］.云南日报，2023-12-24（01）.

［96］吕玉赞."中国式法治现代化"的话语阐释［J］.东方法学，2024（1）：13-22.

［97］《马克思主义与社会科学方法论》编写组.马克思主义与社会科学方法论［M］.北京：高等教育出版社，2018.

［98］中共中央马克思恩格斯列宁斯大林著作编译局．马克思恩格斯文集（第十卷）［M］.北京：人民出版社，2009.

［99］中共中央马克思恩格斯列宁斯大林著作编译局．马克思恩格斯选集（第一卷）［M］.北京：人民出版社，2012.

［100］中共中央马克思恩格斯列宁斯大林著作编译局．马克思恩格斯选集（第二卷）［M］.北京：人民出版社，2012.

［101］中共中央马克思恩格斯列宁斯大林著作编译局．马克思恩格斯选集（第三卷）［M］.北京：人民出版社，2012.

［102］中共中央马克思恩格斯列宁斯大林著作编译局．马克思恩格斯选集（第四卷）［M］.北京：人民出版社，2012.

［103］中共中央马克思恩格斯列宁斯大林著作编译局．马克思恩格斯全集（第二十六卷）［M］.北京：人民出版社，2014.

［104］中共中央马克思恩格斯列宁斯大林著作编译局．马克思恩格斯全集（第二十八卷）［M］.北京：人民出版社，2018.

［105］莫纪宏.论"中国式现代化"的法治保障［J］.山西师范大学学报

（社会科学版），2023，50（3）：1-11.

［106］彭诚信.论民法典中的道德思维与法律思维［J］.东方法学，2020（4）：49-74.

［107］彭中礼.中国式法治现代化的法理意蕴［J］.求索，2023（3）：145-157.

［108］蒲清平.新质生产力的“点线面体”［N］.人民政协报，2024-03-04（09）.

［109］秦奥蕾.生育权、“计划生育”的宪法规定与合宪性转型［J］.政法论坛，2016，34（5）：37-46.

［110］邱本.当前我国民法研究中的几种错位——兼论法学研究方法［J］.法制与社会发展，2016（2）：147-163.

［111］邱曼丽.政治责任法治化研究［D］.北京：中共中央党校，2020.

［112］让-保罗·让，让-皮埃尔·鲁瓦耶，石佳友.民法典：从政治意志到社会需要——两个世纪以来的评估［J］.法学家，2004（2）：6-14.

［113］阮占江，王汝福，聂好.“法治引擎”赋能新质生产力发展［N］.法治日报，2024-04-03（01）.

［114］邵六益.民法典编纂的政法叙事［J］.地方立法研究，2020，5（5）：36-51.

［115］邵六益.中国民法典的社会主义性质研究［J］.毛泽东邓小平理论研究，2020（12）：13-23.

［116］沈春耀.推进社会主义民主政治法治化［J］.中国人大，2014（23）：16-18.

［117］施新州.当代中国政治体法治化转型的路径选择及基本特征［J］.中国延安干部学院学报，2017，10（6）：113-122.

［118］施新州.党领导政法工作制度化的内涵、特征与功能——以《中国共产党政法工作条例》为分析蓝本［J］.法治现代化研究，2021，5（2）：46-63.

［119］施新州.介于法与政治之间：党内法规研究的基本进路［J］.法治现代化研究，2018，2（5）：123-139.

［120］施新州.理解习近平法治思想的深刻内涵——从法治和政治关系的角度切入［J］.法治现代化研究，2017，1（6）：42-54.

［121］施新州.论党的组织法规制度建设内在逻辑与功能定位［J］.中共天津市委党校学报，2022，24（3）：29-37.

［122］石冠彬.人格权独立成编争论评述［J］.中国政法大学学报，2018（4）：179-189.

［123］石佳友.民法典的“政治性使命”［J］.山东法官培训学院学报，2018，34（1）：1-12.

［124］舒国滢.并非有一种值得期待的宣言——我们时代的法学为什么需要重视方法［J］.现代法学，2006（5）：3-12.

［125］苏艳英.中华传统文化与现代民法文化的整合——民法典的法文化解读［J］.政法论丛，2020（6）：122-135.

［126］孙赫.中国的法治与改革［J］.人民法治，2015（7）：45-47.

［127］孙宪忠.关于民商法的研究方法［J］.法律科学（西北政法学院学报），1999（2）：83-87.

［128］唐爱军.中国式现代化道路研究［M］.北京：商务印书馆，2023.

［129］推进中国特色社会主义政治参与法治化研究［J］.吉林大学社会科学学报，2016，56（5）：2，193.

［130］万东升.人大学的法学之维［J］.政法论丛，2007（1）：10-18.

［131］汪习根.法治与政治文明关系三论［J］.政治与法律，2004（2）：16-21.

［132］汪习根.论中国式法治现代化的理论体系［J］.政法论坛，2022，40（6）：11-18.

［133］王沪宁.政治的逻辑：马克思主义政治学原理［M］.上海：上海人民出版社，2004.

［134］王惠君.中国民主政治法治化的实现路径［J］.中学政治教学参考，2019（34）：18-19.

［135］王立峰，李海滢.法律合法性的批判与超越——韦伯与哈贝马斯的法政治学思想比较［J］.法制与社会发展，2008（4）：109-115.

［136］王立峰.法律中的政党：普通法传统［J］.山东警察学院学报，2019，31（4）：5-14.

［137］王立峰.法政治学的核心范畴研究——以布迪厄的“场域理论”为视角［J］.社会科学研究，2013（3）：61-67.

［138］王立峰.法政治学视域下党内法规和国家法律的衔接与协调［J］.吉林大学社会科学学报，2019，59（3）：70-80.

［139］王立峰.基于“法律与政治关系”的中国法政治学的前提性问题批判［J］.江海学刊，2015（3）：123-128.

［140］王利明.对法学研究现状的几点看法［J］.法制与社会发展，2005（1）：10-12.

［141］王利明，黄文艺.论法学学科的发展规律和发展前景［J］.大学与学科，2020，1（1）：106-117.

［142］王利明.民法典编纂与中国民法学体系的发展［J］.法学家，2019（3）：70-82.

［143］王利明.正确适用民法典应处理好三种关系［J］.现代法学，2020，42（6）：3-16.

［144］王伦刚，冯永泰.论中国民法典的社会主义特色［J］.马克思主义与现实，2017（3）：190-196.

［145］王谋寅.中国式法治现代化的价值逻辑［J］.同济大学学报（社会科学版），2023，34（3）：19-25.

［146］王浦劬.政治学基础［M］.北京：北京大学出版社，2018.

［147］王嵩.论政治文明的法治化［J］.理论与改革，2006（5）：148-151.

［148］王文兵.论人民民主的制度化、法律化、法治化［J］.北京联合大学学报（人文社会科学版），2016，14（2）：82-88.

［149］王新生.中国民主政治法治化研究［M］.北京：人民出版社，2012.

［150］王耀海.马克思主义法学的逻辑脉向［M］.北京：中国社会科学出版社，2016.

［151］王越端.法政治学的田野研究：为什么，怎么做？［J］.公共管理评论，2022，4（3）：174-179.

[152] 魏磊杰.中国民法典编纂的政治学 [J].中国法律评论，2017（6）：111-123.

[153] 魏艳.政党治理法治化研究 [D].重庆：西南政法大学，2020.

[154] 魏志鹏，杨克虎.循证社会科学视角下的新文科建设路径研究 [J].兰州大学学报（社会科学版），2021，49（1）：142-150.

[155] 吴恩裕.马克思的政治思想 [M].北京：商务印书馆，2014.

[156] 吴楠.筑牢中国式现代化的法理基石 [N].中国社会科学报，2023-05-26（02）.

[157] 伍治良.我国民法观念之现状分析及其现代化趋势 [J].金陵法律评论，2006（2）：130-138.

[158] 习近平.论坚持全面依法治国 [M].北京：中央文献出版社，2020.

[159] 习近平.习近平谈治国理政（第一卷）[M].北京：外文出版社，2018.

[160] 习近平.习近平谈治国理政（第二卷）[M].北京：外文出版社，2017.

[161] 习近平.习近平谈治国理政（第三卷）[M].北京：外文出版社，2020.

[162] 习近平.习近平谈治国理政（第四卷）[M].北京：外文出版社，2022.

[163] 习近平.习近平著作选读（第一卷）[M].北京：人民出版社，2023.

[164] 习近平.习近平著作选读（第二卷）[M].北京：人民出版社，2023.

[165] 夏庆锋.《民法典》合同编中的个人主义与整体主义及应有定位 [J].中国政法大学学报，2021（3）：215-227.

[166] 夏学斌，徐本林.论政治文明的法治化 [J].理论月刊，2004（3）：43-46.

[167] 夏吟兰.离婚自由与限制论 [M].北京：中国政法大学出版社，2007.

[168] 夏吟兰.论婚姻家庭法在民法典体系中的相对独立性 [J].法学论坛，2014，29（4）：5-14.

[169] 谢鸿飞.《民法典》中的“国家” [J].法学评论，2020（5）：12-24.

[170] 谢鸿飞.后《民法典》时代的中国民法学：问题与方法 [J].社会科学研究，2021（1）：10-20.

[171] 谢晖.论法学研究的两种视角——兼评“法教义学和社科法学”逻辑之非 [J].法学评论，2022，40（1）：17-30.

［172］邢庆民.中国式法治现代化的形成及智识贡献［J］.东岳论丛，2023，44（6）：185-190.

［173］熊茜.社会主义协商民主法治化的实现困境与出路［J］.理论研究，2019（6）：33-39.

［174］徐本林.论政治文明的法治化［J］.社会主义研究，2004（3）：111-113.

［175］徐腾.中华优秀传统法律文化与中国式法治现代化的耦合［N］.中国文化报，2024-04-22（03）.

［176］许晓玲.习近平法治思想对中国式法治现代化的创新性贡献［J］.南华大学学报（社会科学版），2023，24（6）：24-28.

［177］许中缘.政治性、民族性、体系性与中国民法典［J］.法学家，2018（6）：32-48.

［178］亚里士多德.政治学［M］.吴寿彭，译.北京：商务印书馆，1965.

［179］闫海.论政治法与法政治学——从政治与法律关系的契入［J］.太平洋学报，2010，18（9）：1-9.

［180］闫佳.中国式法治现代化的科学内涵和实践路径［J］.中国法治，2023（4）：26-33.

［181］杨开峰，等.中国之治与中国式现代化［M］.北京：中国人民大学出版社，2024.

［182］杨立新，李怡雯.民法典编纂中的民法学研究转型与跨越——2019年民法学理论研究成果综述［J］.人民检察，2020（2）：15-27.

［183］杨立新.民法人格权编的政治基础与学术立场、立法技术的统一［J］.法学杂志，2018，39（7）：1-15.

［184］杨宗科.中国式法治现代化的基本特征［J］.中国法治，2024（2）：14-18.

［185］姚建宗.论法律与政治的共生：法律政治学导论［J］.学习与探索，2010（4）：59-63.

［186］姚邢.充分发挥法治对发展新质生产力的保障作用［N］.解放军报，2024-03-18（07）.

［187］叶青.中国式法治现代化的逻辑和探索［M］.上海：上海人民出版

社，2023.

［188］于承良.政治法治化与社会主义政治文明建设［J］.理论月刊，2004（11）：52-53.

［189］余艺.民法法典化的政治向度与核心价值之实现［J］.甘肃政法学院学报，2008（1）：137-142.

［190］喻中.政治法学是什么［N］.法制日报，2012-02-15（10）.

［191］喻中.中国式法治现代化的建构方案［J］.法律科学（西北政法大学学报），2023，41（2）：16-26.

［192］岳川夫，胡健.政治文明的核心：建设法治化的执政党［J］.南都学坛，2004（1）：113-116.

［193］曾堉林.中国式现代化进程中的政治发展［J］.江苏海洋大学学报（人文社会科学版），2024，22（4）：24-32.

［194］张海涛.政治与法律的耦合结构：党内法规的社会系统论分析［J］.交大法学，2018（1）：76-88.

［195］张昊楠，郝铁川.习近平坚定中国法治自信的提出理据与方法论析［J］.毛泽东邓小平理论研究，2024（2）：8-20.

［196］张红.论政治文明和法治的关系［J］.辽宁行政学院学报，2011，13（4）：50-51.

［197］张剑平，肖北庚.论法治建设“一体三面”的解构与融通［J］.河北法学，2017，35（11）：2-13.

［198］张珺皓.论中国式法治现代化中“法治场域”概念的证立［J］.湖南社会科学，2024（2）：121-134.

［199］张磊.中国式法治现代化经验的历史性总结［J］.理论研究，2023（2）：64-71.

［200］张鸣起.民法典分编的编纂［J］.中国法学，2020（3）：5-28.

［201］张苏敏，朱永红.论法治与政治文明的关系［J］.河北法学，2005（3）：157-160.

［202］张文显.“中国式法治现代化”的语义和意义分析［J］.东方法学，2024（4）：5-17.

[203] 张文显.法理学 [M].北京：高等教育出版社，2011.

[204] 张文显.法治现代化的“共同特征”和“中国特色”[J].政治与法律，2024（2）：5-17.

[205] 张友连.论公共政策与侵权责任立法的发展 [J].苏州科技大学学报（社会科学版），2017，34（1）：25-31.

[206] 张友连.侵权责任规范的公共政策分析 [J].河北法学，2013，31（4）：74-81.

[207] 张玉敏.新中国民法典起草五十年回顾与展望 [M].北京：法律出版社，2010.

[208] 章礼强.对中国民法学研究方法的思考 [J].求索，2003（4）：59-62.

[209] 赵理富.论中国共产党执政行为的法治化 [J].武汉大学学报（哲学社会科学版），2013，66（5）：53-59.

[210] 赵志勋.中国式现代化的基本理论研究 [M].北京：社会科学文献出版社，2023.

[211] 中共中央党史和文献研究院.习近平总书记关于总体国家安全观论述摘编 [M].北京：中央文献出版社，2018.

[212] 中共中央文献研究室.改革开放三十年重要文献选编（上）[M].北京：中央文献出版社，2008.

[213] 中共中央文献研究室.改革开放三十年重要文献选编（下）[M].北京：中央文献出版社，2008.

[214] 中共中央文献研究室.三中全会以来重要文献选编（上）[M].北京：中央文献出版社，2011.

[215] 中共中央文献研究室.三中全会以来重要文献选编（下）[M].北京：中央文献出版社，2011.

[216] 中共中央文献研究室.十八大以来重要文献选编（上）[M].北京：中央文献出版社，2014.

[217] 中共中央文献研究室.十八大以来重要文献选编（中）[M].北京：中央文献出版社，2016.

[218] 中共中央文献研究室.十八大以来重要文献选编（下）[M].北京：

中央文献出版社，2018.

［219］中共中央文献研究室.十二大以来重要文献选编（上）［M］.北京：中央文献出版社，2011.

［220］中共中央文献研究室.十二大以来重要文献选编（中）［M］.北京：中央文献出版社，2011.

［221］中共中央文献研究室.十二大以来重要文献选编（下）［M］.北京：中央文献出版社，2011.

［222］中共中央文献研究室.十九大以来重要文献选编（上）［M］.北京：中央文献出版社，2019.

［223］中共中央文献研究室.十九大以来重要文献选编（中）［M］.北京：中央文献出版社，2021.

［224］中共中央文献研究室.十六大以来重要文献选编（上）［M］.北京：中央文献出版社，2011.

［225］中共中央文献研究室.十六大以来重要文献选编（中）［M］.北京：中央文献出版社，2011.

［226］中共中央文献研究室.十六大以来重要文献选编（下）［M］.北京：中央文献出版社，2011.

［227］中共中央文献研究室.十七大以来重要文献选编（上）［M］.北京：中央文献出版社，2011.

［228］中共中央文献研究室.十七大以来重要文献选编（中）［M］.北京：中央文献出版社，2011.

［229］中共中央文献研究室.十七大以来重要文献选编（下）［M］.北京：中央文献出版社，2011.

［230］中共中央文献研究室.十三大以来重要文献选编（上）［M］.北京：中央文献出版社，2011.

［231］中共中央文献研究室.十三大以来重要文献选编（中）［M］.北京：中央文献出版社，2011.

［232］中共中央文献研究室.十三大以来重要文献选编（下）［M］.北京：中央文献出版社，2011.

[233] 中共中央文献研究室.十四大以来重要文献选编（上）[M].北京：中央文献出版社，2011.

[234] 中共中央文献研究室.十四大以来重要文献选编（中）[M].北京：中央文献出版社，2011.

[235] 中共中央文献研究室.十四大以来重要文献选编（下）[M].北京：中央文献出版社，2011.

[236] 中共中央文献研究室.十五大以来重要文献选编（上）[M].北京：中央文献出版社，2011.

[237] 中共中央文献研究室.十五大以来重要文献选编（中）[M].北京：中央文献出版社，2011.

[238] 中共中央文献研究室.十五大以来重要文献选编（下）[M].北京：中央文献出版社，2011.

[239] 中共中央文献研究室.习近平关于全面依法治国论述摘编[M].北京：中央文献出版社，2015.

[240] 中共中央文献研究室.习近平关于社会主义政治建设论述摘编[M].北京：中央文献出版社，2017.

[241] 中共中央文献研究室.习近平关于协调推进“四个全面”战略布局论述摘编[M].北京：中央文献出版社，2015.

[242] 中国式法治现代化道路[N].中国社会科学报，2021-10-15(11).

[243] 中央文献编辑委员会.邓小平文选（第二卷）[M].北京：人民出版社，1993.

[244] 中央文献编辑委员会.邓小平文选（第三卷）[M].北京：人民出版社，1993.

[245] 中央文献编辑委员会.胡锦涛文选（第二卷）[M].北京：人民出版社，2016.

[246] 中央文献编辑委员会.胡锦涛文选（第三卷）[M].北京：人民出版社，2016.

[247] 中央文献编辑委员会.江泽民文选（第二卷）[M].北京：人民出

版社，2006.

［248］中央文献编辑委员会.江泽民文选（第三卷）［M］.北京：人民出版社，2006.

［249］中央文献编辑委员会.江泽民文选（第一卷）［M］.北京：人民出版社，2006.

［250］钟枢.领导、法治与政治文明建设［J］.现代法学，2002（6）：15-21.

［251］周叶中，林骏.论新时代中国特色社会主义法治话语体系创新［J］.江汉论坛，2019（1）：130-136.

［252］周佑勇.习近平法治思想对推进中国式法治现代化的理论创新［J］.学习与探索，2024（6）：1-9.

［253］周祖成.法律与政治：共生中的超越和博弈［J］.现代法学，2012，34（6）：56-63.

［254］朱与墨，刘欣欣.民法：市场经济的法宝、政治文明的基石［J］.南华大学学报（社会科学版），2004（1）：63-66.

［255］祝天智.农地三权分置改革的政治学分析［J］.学术界，2017（8）：101-111.

［256］卓泽渊.法政治学研究［M］.北京：法律出版社，2011.

［257］卓泽渊.论法政治学的创立［J］.现代法学，2005（1）：3-13.

［258］卓泽渊.依法执政：政党政治法治化的表现与实现路径［J］.国家检察官学院学报，2011，19（6）：51-58.

［259］邹东升，杨尚东.中国法治现代化的本质内涵与实践路径［J］.国家治理，2022（16）：16-21.

［260］最高人民法院民法典贯彻实施工作领导小组.中华人民共和国民法典理解与适用［M］.北京：人民法院出版社，2020.

［261］最高人民法院物权法研究小组.中华人民共和国物权法条文理解与适用［M］.北京：人民法院出版社，2007.

［262］以法治推动高质量发展［N］.人民日报，2024-04-03（09）.